ÉTUDES

DE LINGUISTIQUE

ET

D'ETHNOGRAPHIE

PAR

A. HOVELACQUE et Julien VINSON

PARIS

C. REINWALD ET Cie, LIBRAIRES-ÉDITEURS

15, RUE DES SAINTS-PÈRES, 15

1878

ÉTUDES DE LINGUISTIQUE

ET

D'ETHNOGRAPHIE

Paris. — Typographie Paul Schmidt, rue Perronet, 5.

ÉTUDES

DE LINGUISTIQUE

ET

D'ETHNOGRAPHIE

PAR

A. HOVELACQUE et Julien VINSON

PARIS

C. REINWALD ET CIE, LIBRAIRES-ÉDITEURS

15, RUE DES SAINTS-PÈRES, 15

1878

TABLE DES MATIÈRES

AVANT-PROPOS

Ce livre n'a d'autre but que d'appeler l'attention sur quelques-uns des graves problèmes de la science contemporaine, et de provoquer l'étude de plus en plus approfondie de certaines questions d'ethnographie linguistique. Simple recueil de monographies, publiées dans différentes feuilles ou revues périodiques, il aura peut-être quelque intérêt pour les personnes qui, préoccupées de la marche générale des idées, ne dédaignent aucune discussion de détail.

Les divers articles réunis ci-dessous ont conservé leur forme primitive. On n'y a guère corrigé que les erreurs matérielles évidentes, et les seules additions qui ont été admises ne portent que sur des questions accessoires.

On voudra bien excuser un certain nombre de répétitions, la minutie de quelques explications, la sécheresse de plus d'un passage; on voudra bien tenir compte de la nature des journaux où ces articles ont vu le jour, du public auquel ils s'adressaient.

Les auteurs souhaiteraient que dans ces morceaux rapprochés sans un lien bien visible qui les rattache l'un à l'autre, on découvrît cependant assez d'unité pour accepter la réunion de ces diverses études en un seul et même volume. Il n'en est point, en tout cas, qui ait été inspirée par l'esprit de système (au sens défavorable du mot); on reconnaîtra qu'elles procèdent toutes de la méthode d'observation et d'expérience. Classé dans l'ordre logique des sujets traités, chaque article porte sa date et l'indication du recueil dans lequel il a paru.

ÉTUDES

DE LINGUISTIQUE

ET

D'ETHNOGRAPHIE.

LA VIE DU LANGAGE [1]

I.

Ce qui distingue la linguistique moderne des spéculations du passé sur l'origine et la nature des langues, c'est que cette science, toute contemporaine, a reconnu et proclamé qu'il existait une *vie du langage;* que chaque langue passait inévitablement par telles ou telles périodes biologiques; en d'autres termes, qu'elle partageait le sort commun à tous les organismes, à toutes les fonctions naturelles.

La vérité de ce fait éclate aux yeux de tout observateur. Prenons un système linguistique quelconque, prenons-les tous les uns après les autres : il n'en est point qui ne se présente à nous dans un état de mobilité et de variation constantes. Il suffit d'un peu d'attention, il suffit d'un peu de méthode, pour découvrir que chaque langue a sa période

[1] Extrait de la *République française* du 20 juillet 1877.

de *formation*, sa période de *croissance*, sa période de *plénitude*, sa période de *dégénérescence*.

Nous ne parlons ici que des formes mêmes du langage, et nous écartons le côté purement littéraire de la question ; par ce terme de *dégénérescence* nous n'entendons en aucune façon la décadence de la littérature : il ne s'applique, dans notre idée, qu'à l'usure et à la dégradation des mots. C'est un point que nous devons signaler avant tout, pour éviter toute espèce de malentendu. Une langue dont les formes sont des mieux conservées (c'est, par exemple, le cas du sanskrit) peut avoir une riche et belle littérature ; mais nous pouvons aussi constater que dans tels ou tels autres idiomes, le développement littéraire coïncide avec une grande dégénérescence de la forme des mots. La langue des vieux chants religieux et des vieilles lois du peuple romain est certainement plus près des origines latines que ne l'est la langue de Lucrèce et de Virgile : or, dans cette dernière, quel progrès littéraire, mais aussi quelle dégradation dans la forme grammaticale des mots ! Sans déprécier la littérature française du douzième et du treizième siècle, il est permis de la trouver de beaucoup inférieure à celle du dix-huitième ; et pourtant la langue d'oïl à deux cas l'emporte considérablement, en ce qui concerne sa grammaire, sur celle de Voltaire et de Diderot.

Distinguons donc, avant tout, ces deux côtés bien différents, et très-indépendants l'un de l'autre, de la vie du langage, et répétons que nous ne nous occupons en ce moment que du développement et de la décadence de la forme des mots.

II.

On peut reconnaître deux grandes périodes dans la vie d'une langue. La première est préhistorique ; la seconde, au contraire, se place dans le cours de l'histoire. Il suffit de dire d'une façon générale, que la partie préhistorique de la vie du langage est l'époque de la formation, de la constitution organique des mots. Cette première période échappe, sans doute, à l'investigation directe; mais nous pouvons cependant nous rendre un compte plus ou moins exact de ce qu'elle a pu être, en analysant méthodiquement les éléments du langage, en procédant à l'anatomie comparée des formes (plus ou moins bien conservées) que nous livre la seconde période de la vie du langage. C'est ainsi que l'on a pu restituer la langue commune indo-européenne. En 1786, William Jones proclamait la parenté du sanskrit, du persan, du grec, du latin, des langues germaniques, des langues celtiques; Bopp démontrait plus tard cette parenté par l'analyse même des formes linguistiques; Chavée établissait ensuite le fait, communément accepté, que toutes les langues indo-européennes ne sont que des variétés d'une langue unique, et il entreprenait dès 1849, dans sa *Lexiologie indo-européenne*, la reconstitution organique des mots de cette langue commune « en rétablissant le type original à l'aide de ses variétés les mieux conservées; » enfin, Schleicher, dont la mort prématurée a été pour la science du langage une perte considérable, publiait son *Compendium*, cet excellent manuel de la linguistique indo-européenne, qui prend pour point de départ les formes organiques reconstituées et expose, avec la plus rigoureuse et la plus sûre méthode, leurs modes et transformations successives et les lois principales de leur variabilité.

L'étude comparée des langues sémitiques est moins avancée. Un certain nombre d'auteurs (Ewald, Frédéric Müller, Renan) ont déjà tenté cependant les premiers essais de restitution de la langue commune qui a donné naissance au chaldéen, à l'assyrien, à l'hébreu, au phénicien, à l'arabe, à l'himyarite. On arrivera, cela est hors de doute, à un heureux succès; il n'y a là qu'une question de temps. Le premier volume du célèbre ouvrage de M. Renan sur les langues sémitiques est consacré à l'histoire de ces idiomes : le second doit nous donner leur grammaire comparée ; nous y trouverons la reconstitution des formes communes, le vrai pendant du manuel de Schleicher. L'étude très-complexe des langues altaïques (samoyède, finnois, turc, magyar, mongol, mandchou) ne nous permet pas d'espérer la prochaine publication d'une grammaire altaïque comparée ; mais nous avons un meilleur et plus prochain espoir pour la famille des idiomes dravidiens (tamoul, télinga, kanara, etc.). Étudiés par Caldwell dans leurs plus petits détails, ces idiomes ont déjà fait le sujet de sérieux travaux synthétiques dus à M. Julien Vinson.

L'anatomie des formes actuelles du langage permet donc de restituer les formes à jamais perdues et de pénétrer dans la période préhistorique du développement et du mode de croissance de ces mêmes formes.

Si maintenant nous étudions la période historique de la vie du langage, un fait nous frappe tout d'abord, qui, d'ailleurs, a déjà été constaté plus d'une fois. Dans cette seconde période, que nous pouvons suivre pas à pas, dont nous pouvons connaître par un examen direct les différentes phases, nous constatons tout de suite que plus la civilisation d'un peuple marche d'un pas rapide, plus aussi la vie de sa langue est précipitée. Quels sont, par exemple, de tous les idiomes indo-européens ceux qui sont entrés depuis le plus longtemps dans la voie de la dégénérescence et de la décadence des formes ? Certes la réponse est aisée. Ce sont les idiomes d'origine latine, ce sont les langues issues du latin vulgaire, les langues romanes ou novo-latines : le français, l'italien, l'espagnol. Et cela n'est pas étonnant : la civilisation latine, en effet, est celle qui a franchi les plus grands pas depuis bientôt deux mille ans. Les langues germaniques ne viennent qu'au second rang, les langues slaves qu'au troisième.

Du grec moderne il n'y a rien à dire, car cet idiome n'est sorti du bas-empire et du moyen âge que pour tomber sous la domination turque; et certes, ce n'était pas là une condition bien favorable de vitalité. De tous les idiomes indo-européens, il est aisé de reconnaître que le plus parfaitement conservé, le plus rapproché par ses formes de la langue commune indo-européenne, est, en Europe, celui dont la littérature est la moins développée : nous voulons dire le lithuanien. Pressée par le russe, le polonais et l'allemand, la langue lithuanienne n'a plus sans doute une longue carrière à parcourir, mais il est à peu près certain que jusqu'à son dernier jour elle restera fidèle à ses formes remarquablement conservées; or, de tous les pays européens de langue aryenne, la Lithuanie, assurément, est l'un de ceux sur lesquels la civilisation moderne a eu le moins de prise.

L'exemple que nous prenons dans l'ensemble d'une grande famille linguistique, nous pourrions le tirer tout aussi bien d'une branche particulière de cette famille. Il nous suffirait de jeter les yeux sur les langues germaniques. Si nous comparons l'anglais actuel, une des formes du bas allemand, à l'islandais, autre idiome germanique, nous remarquons du premier coup d'œil, combien ce dernier a peu varié depuis les premiers monuments que nous en connaissons; nous sommes frappés de son rapprochement extraordinaire avec le type commun de la famille germanique, et par contre, nous voyons tout de suite à quel point l'anglais s'est éloigné de ce même type. La distance est grande déjà entre l'anglais actuel et celui de Shakespeare (qui cependant peut être appelé de l'anglais moderne), mais quelle différence si nous remontons à l'ancien anglais de l'an 1300, puis à l'anglo-saxon du VII° siècle!

III.

Au surplus un fait bien curieux peut se présenter dans la vie du langage. Il peut arriver qu'un seul et même système linguistique, qu'une seule et même langue commune, n'entre pas d'un seul coup — et, s'il est permis de s'exprimer ainsi, tout d'une pièce — dans la période historique de sa vie. Les langues de la Malaisie (par exemple le malai proprement dit et le javanais) et les langues de la Polynésie (idiome de Taïti, des îles Marquises, etc.) ont formé jadis une seule et même famille, c'est-à-dire qu'une seule et même langue mère a donné naissance aux langues malaies et aux langues polynésiennes. Ces deux branches, cependant, offrent entre elles de profondes différences; non-seulement de grandes diversités lexiques, mais encore (ce qui est bien autrement grave) de grandes diversités d'ordre grammatical.

D'où vient cela?

La réponse est aisée. Cela provient de ce fait que les langues du groupe malai et les langues du groupe polynésien, bien qu'appartenant à une seule et même famille, bien que provenant d'une seule et même langue mère, ne sont pas entrées en même temps les unes et les autres dans la vie historique. Les langues polynésiennes ont dû (pour une cause que nous n'avons pas à rechercher ici) se détacher d'assez bonne heure des langues malaies. Tandis que ces dernières poursuivaient lentement et graduellement leur âge de formation et de développement, les langues polynésiennes entraient, de leur côté, dans la période de dégénérescence, avant que leur structure eût été parachevée. Le groupe polynésien est frère du malai, mais il n'a pas atteint et n'atteindra jamais la perfection des formes de ce dernier.

IV.

Le phénomène linguistique de la décadence des formes ne se produit pas au hasard. Cette décadence a ses règles et ses principes; il ne sera peut-être pas sans intérêt de passer en revue quelques-uns de ces derniers, sur le terrain des langues indo-européennes. Nous pouvons nous livrer à cet examen sans crainte de nous perdre à des détails trop spéciaux.

Si nous nous occupons d'abord de la décadence des formes dans la phonétique, c'est-à-dire de la variation du changement des consonnes et des voyelles organiques et primitives des mots, nul doute qu'il ne faille placer en première ligne la tendance à faire un *moindre effort* dans la prononciation. Prenons, par exemple, des mots latins, des verbes dont la syllabe radicale comporte un *a*, comme *facere*, faire, *jacere*, jeter. Si l'on veut faire de ces verbes simples des verbes composés, en leur préfixant une préposition, il advient que la voyelle radicale *a* s'amoindrit, s'atténue, se change en *i* : on dit *reficere,* refaire, *conficere,* confectionner, *rejicere,* rejeter, *dejicere,* jeter à bas, *conjicere,* jeter ensemble, réunir. En observant bien, on découvre qu'il n'y a ici qu'un phénomène de moindre effort.

Nous devons ranger dans la même catégorie de faits l'assimilation, qui est le résultat plus ou moins parfait de l'attrait, de l'attraction, qui existe entre différentes consonnes ou voyelles. Voici, par exemple, la consonne labiale *v* : cette consonne, en latin, tend presque toujours à labialiser (c'est-à-dire à s'assimiler) la voyelle *a* avec laquelle elle est en contact. Tandis que le sanskrit et le lithuanien disent *avis*, la brebis, le latin dit *ovis;* tandis que le sanskrit dit *navas,* nouveau, le latin dit d'abord *novos,* puis *novus;* tandis que le sanskrit dit *vas,* vous, le latin dit *vos*. C'est là un exemple d'assimilation d'une voyelle à une consonne. Fort souvent, c'est entre deux consonnes consécutives qu'a lieu l'assimilation. Tandis, par exemple, que le latin respecte dans les mots *noctem, actus, septem*, la concurrence, le heurt de deux consonnes d'ordre différent, l'italien, faisant un pas dans la dégénérescence des formes, assimile totalement la première de ces consonnes à la seconde et dit : *notte, atto, sette.*

Ces quelques lignes suffisent sans doute, pour ce qui concerne la décadence des formes sous le rapport de la phonétique. Si nous envisageons maintenant le côté de la constitution même des mots, nous nous trouvons en présence de phénomènes non moins intéressants.

Tandis, par exemple, que le latin, dans sa déclinaison, possède pour le mot *chien* les différentes formes *canis, canem, cani, cane,* la langue d'oïl, la langue française du moyen âge (qui eut sa belle période à l'époque de Philippe-Auguste), réduisit au nombre de deux les divers cas du latin. Elle dit *li chiens* pour le cas sujet, et *le chien* pour le cas régime. Le français moderne trouve que deux cas sont encore trop de luxe, et il conserve seulement la seconde forme, *le chien*, qui lui sert tout à la fois de sujet et de régime. Nous parlons du français... mais nous eussions pu parler aussi bien du persan actuel, qui a perdu, lui aussi, les cas de la déclinaison que possédait son ancêtre, le perse ancien, la langue de Darius; nous eussions pu citer l'arabe vulgaire, l'arabe parlé, qui néglige entièrement, lui aussi, les désinences dont l'arabe de la littérature se sert pour indiquer les cas.

Aux langues qui en arrivent, avec le temps, et grâce à leur vie historique, à cette simplification, à cette décadence des formes, on donne le nom de *langues analytiques,* tandis que l'on appelle *langues synthétiques* celles dont la dégénérescence n'a pas été poussée aussi loin.

V.

Dans les langues synthétiques les mieux conservées, on garde, jusqu'à un certain point, la notion plus ou moins précise du rôle que joue dans un mot chacun des éléments qui le composent ; mais peu à peu le sens propre de chacun de ces éléments constitutifs arrive à s'oblitérer. En d'autres termes, on perd de plus en plus, et de jour en jour, le sentiment de la fonction naturelle des divers éléments dont les mots se trouvent formés.

Et cela n'est pas tout ! Il peut arriver, il arrive en effet, dans la suite des âges, que le sens des diverses parties composantes d'un mot s'étant tout à fait oblitéré, le sens même de ce mot tout entier en vienne à varier. C'est ce que peuvent démontrer un ou deux exemples empruntés à notre langue. Le mot *danger*, qui signifie péril, risque, provient d'un mot bas latin *dominiarium*, dont le sens était celui de pouvoir, puissance. *Être en dangier* de quelqu'un voulait dire, dans la vieille langue d'oïl du moyen âge, *être au pouvoir* de quelqu'un. Froissart écrit, au quatorzième siècle, que les cardinaux étaient au danger des Romains. Être au danger de quelqu'un, c'est être en risque, en péril. De là l'équivalence actuelle des mots danger et péril. Ici ce n'est pas seulement la fonction des divers éléments du mot dont on a perdu le souvenir : le sens du terme tout entier a évolué. Toutefois, dans le lexique du droit féodal, danger conserve encore aujourd'hui son ancien sens, celui de puissance, de pouvoir.

Voici un autre mot, le mot *exterminer*, qui est absolument dans les mêmes conditions. Ce mot, qui signifie anéantir, faire disparaître, provient d'un verbe latin, lequel est composé de la préposition *ex*, dehors, et de *terminus*, borne, limite. Or, ce verbe latin signifie, comme l'indique son origine, chasser, bannir. En vieux français, dans la langue d'oïl, extermination voulait dire bannissement, expulsion. Le sens moderne anéantir, faire périr, est tout à fait secondaire ; c'est un sens donné par extension et qui ne répond que d'une façon très-indirecte à la valeur même des premiers éléments dont le mot a été formé.

VI.

Il y aurait à énumérer bien d'autres phénomènes de la décadence du langage que les variations des sons, les variations de la formation même des mots et les variations de sens. C'est ainsi que nous pourrions parler des nombreuses formes dues à une analogie plus ou moins heureuse : le pluriel latin *arma*, les armes, donne naissance au mot français singulier, l'arme. Par contre, le latin *ferrum* n'a pas de pluriel, et le français dit cependant : tous les fers connus. Une très-grande partie des adverbes français qui se terminent par la syllabe *ment* ne sont dus qu'à une formation analogique. Cette syllabe à son origine dans le latin *mens, mentem,* esprit. Loyalement, bonnement, veulent dire : avec un esprit loyal, avec un bon esprit. Eh bien, par analogie, on forma les mots récemment, nouvellement, tardivement, qu'on ne peut expliquer en les prenant à la lettre, et comme s'ils signifiaient : avec un esprit récent, un esprit nouveau, un esprit tardif.

Voici un exemple d'autre espèce, toujours emprunté à cette langue. C'est la perte sporadique de la notion de l'article. Nous disons : la luette, le lendemain, le loriot, le lierre, au lieu de dire, comme on le faisait autrefois, l'uette, l'endemain, l'oriot, l'hierre. Nous avons perdu la notion de ce fait que dans les mots loriot, luette, lendemain, il y a déjà un article uni au nom. Quand le patois picard dit *l'uriot* et *l'hierre,* il est bien plus près du latin *(aureolus, hedera)* que la langue littéraire. Lierre, loriot, lendemain, luette sont parfaitement français : *lévier* le deviendra, et, à un moment donné, la forme actuelle *évier* (*aquarium* en latin) sera pédantesque. Le dictionnaire académique du vingtième siècle, ou du vingt et unième, apprendra à nos descendants qu'évier est vieux et prétentieux.

Parlerons-nous des changements de genre et des changements de nombre? Des mots viande, légende, offrande, qui représentent tout autant de pluriels neutres du latin *(vivenda, legenda)*? D'orbite, essentiellement féminin jadis (latin : *orbita)*, qui devient en ce moment masculin dans plusieurs de ses acceptations ? D'alvéole, essentiellement masculin (latin : *alveolus*), qui devient féminin ? Les exemples se présentent en foule, et nous n'aurions que faire d'insister sur un sujet aussi connu.

Nous devons, en tout cas, avant de terminer, attirer d'une façon toute particulière l'attention de ceux qu'intéresse cette question de la vie du langage, sur la grande importance linguistique des patois, ces racines (comme a dit M. Littré) par lesquelles les grandes langues littéraires tiennent au sol. Les patois ne sont autre chose que des anciens dialectes qui n'ont pu obtenir la qualité d'idiomes littéraires. En France, dans la seconde moitié du dixième siècle, l'usurpation de la famille des Capets, qui fixa à Paris le siége de la monarchie, commença du même coup à faire passer à la condition de simples patois les dialectes de la langue d'oïl autres que celui de l'Isle de France : le normand, le picard, le bourguignon. Mais il est aisé de montrer que les patois français se sont souvent mieux préservés de la décadence linguistique que ne l'a fait la langue de la littérature. Quand le picard dit cagne et caine, caleur, camp, kien, il est plus rapproché du latin *catena, calor-em, campus, canis*, que ne l'est le français chaîne, chaleur, champ, chien. En berrichon, « bailler » a couramment le sens de donner, tandis que le français littéraire n'emploie plus ce mot que dans un certain nombre d'expressions très-déterminées et très-rares : bailler à ferme, bailler par contrat. Dans les patois du nord « clore un huis » *(claudere ostium)* est une expression courante : nous devons dire « fermer une porte », car le verbe clore ne se dit plus en ce sens, au moins d'une façon active ; on dit qu'une porte ne clôt pas, qu'une porte est close, mais non point clore une porte. Quant au mot huis, nous ne le possédons plus que dans les formules telles que celle-ci : « à huis-clos ».

VII.

Après avoir vu comment vivent les langues, comment elles passent d'une période préhistorique de formation à une période historique de décadence, il nous reste à rechercher comment elles meurent.

Elles s'éteignent comme s'éteignent les nations et souvent les individus : elles périssent par la concurrence vitale, elles périssent dans une lutte malheureuse pour l'existence. C'est là un fait historique, c'est là un fait qui se passe sous nos yeux : c'est le sort actuel des langues américaines, du basque, des langues celtiques. Un nombre considérable d'idiomes ont disparu dans l'antiquité : le grec et le turc ont étouffé des dizaines de langues dans l'Asie-Mineure, le latin a eu raison de l'étrusque, de l'osque, de l'ombrien ; l'arabe a fait disparaître le copte qui représentait l'ancien égyptien.

La mort de la langue d'un peuple est due souvent à l'anéantissement politique du peuple qui parlait cette langue ; elle est due surtout à la supériorité de la civilisation du conquérant. L'arabe, au moyen âge, n'a pu s'implanter en Espagne ; dans la péninsule des Balkans, la langue des Osmanlis n'a pu avoir raison du serbe, du bulgare et du grec. Par contre, les Romains ont donné leur langue à la

Gaule, à l'Espagne et à une partie importante de la région du bas Danube. C'est que, dans ces différents pays, ils n'apportaient point seulement le fait d'une conquête brutale; ils arrivaient avec une civilisation de beaucoup supérieure à celle des indigènes. Mais ils mirent aussi la main sur la Grèce et ne purent lui donner leur langue ; la raison en est simple, et ce fait confirme merveilleusement tout ce qui précède. Rome avait tout à donner aux Gaulois, aux Ibères, aux Daces : elle avait tout à recevoir de la culture hellénique.

Au surplus, les langues n'ont pas toujours cédé sans résistance devant une civilisation supérieure. Il y a deux cents ans on parlait encore sur les côtes de la Baltique, entre la Vistule et le Niémen, une langue sœur du lithuanien, le vieux prussien. Cette langue avait mis quatre cents ans à s'éteindre. C'est vers la fin du treizième siècle que les chevaliers teutoniques, avant-garde du germanisme et du christianisme, avaient entrepris la guerre civilisatrice, le *culturkampf*, contre ses malheureuses populations païennes. La lutte fut plus longue qu'on aurait pu le supposer, mais l'issue en était certaine, et le droit du plus fort devait être une fois encore le meilleur.

A. H.

LA CLASSIFICATION DES LANGUES

EN ANTHROPOLOGIE[1]

Une classification n'est pas moins difficile à établir en linguistique que dans les autres sciences naturelles. Il est clair que, pour saisir plus facilement et plus rapidement les ressemblances des choses et leurs différences, l'esprit humain cherche sans cesse à grouper les phénomènes d'une façon systématique, à créer des types plus ou moins factices, plus ou moins conventionnels ; mais toutes ces répartitions, parfois attrayantes, parfois trop invraisemblables, toujours subjectives, la nature les ignore.

L'espèce, dans l'ordre des sciences naturelles, ne se définit pas, ne se délimite pas. Non-seulement l'espèce n'est point permanente : en fait, elle ne revêt aucune forme palpable, elle n'a point de caractéristique absolue. Nous ne devons accorder à toute classification spécifique qu'une valeur très-relative, et nous ne pouvons affirmer que les classifications linguistiques n'échappent pas plus que toutes les autres à cette condition éminemment précaire.

C'est ce qu'il nous est facile de démontrer.

Nous nous proposons d'examiner en quelques pages la valeur des différentes classifications qui ont été proposées pour les langues.

[1] Extrait de la *Revue d'anthropologie,* t. VII, 1878.

I.

En premier lieu, nous avons à nous demander si le classement par ordre géographique leur est applicable. Peut-on parler successivement, dans un enseignement oral ou écrit, des langues de l'Europe, des langues de l'Asie, des langues de l'Afrique, des langues de l'Amérique, des langues de l'Océanie?

La réponse à cette première question est évidemment négative. Non, l'on ne peut en aucune façon classer les langues en s'en rapportant uniquement à leur distribution géographique. Nombre de fois, dans le cours de l'histoire, cette répartition géographique a été bouleversée par les migrations des peuples, par les conquêtes, par les empiétements de tels ou tels idiomes, plus favorisés, sur tels ou tels autres idiomes dont la force de résistance était moindre.

Prenons, par exemple, les idiomes indo-européens, et parmi eux le grec et les langues de l'Inde du Nord, idiomes assez proches parents les uns des autres. Eh bien, le grec est séparé de ces langues aryennes de l'Inde septentrionale par des idiomes altaïques, tels que le turc, le kalmouk, le turcoman.

Et ces langues altaïques forment-elles, elles-mêmes, une chaîne continue? Il s'en faut de beaucoup. En Occident, en pleine Europe centrale, elles ont une sentinelle avancée, le magyar, que des idiomes indo-européens (le roumain, le serbe, le ruthène) englobent de toutes parts, et qui se trouve ainsi complétement séparé de ses parents plus ou moins proches, le finnois, le tchérémisse, le turc.

Traversons le continent asiatique, parcourons-le latitudinalement de l'est à l'ouest : combien de familles linguistiques différentes nous allons rencontrer !

Ce sera d'abord deux idiomes agglutinants : le japonais

et le coréen ; — puis des langues monosyllabiques : le chinois, le birman ; — à nouveau des idiomes agglutinants, ainsi le mongol ; — puis des langues à flexion, telles que les dialectes de l'Inde du Nord : le kachmiri, le pendjabi ; — une fois encore des idiomes agglutinants : le bouroute, le kirghiz ; — à leur suite, des langues à flexion, comme le persan ; — après ce dernier, le turc, qui est une langue agglutinante ; — puis une langue sémitique, c'est-à-dire une langue à flexion, l'arabe.

Et notons bien ceci, que de ce fait que deux ou plusieurs langues sont monosyllabiques (le chinois, le birman, etc.), il ne s'ensuit pas qu'elles se trouvent parentes les unes des autres ; — de ce fait que deux ou plusieurs langues sont agglutinantes (le japonais, le mongol), il ne s'ensuit pas qu'elles soient également parentes ; — que du fait, enfin, que deux langues connaissent le phénomène de la flexion, il n'est dit en aucune façon qu'elles proviennent d'une seule et même langue mère. En aucune façon ! Nous dirons quelques mots, plus loin, de ces trois états de la structure possible des langues : monosyllabisme, agglutination, flexion.

Quoi qu'il en soit, cette traversée en écharpe du continent asiatique, parcouru du nord-est au sud-ouest, comme nous venons de le faire, ne laisse aucun doute sur l'impossibilité absolue qu'il y a à classer les langues par ordre géographique.

On commencerait cette tentative par n'importe quel centre ou quelle extrémité de l'une quelconque des cinq parties du monde, que l'on serait arrêté à chaque instant. Dans les conditions actuelles, la répartition géographique des langues ne respecte ni les liens de parenté de ces langues, ni leurs analogies morphologiques.

Voilà donc un premier système qu'il faut écarter sans hésitation.

II.

Nous avons à parler plus longuement d'un autre mode de classification : la classification dite généalogique.

Au commencement de ce siècle, Bory Saint-Vincent paraît avoir appelé le premier l'attention des naturalistes sur l'importance des caractères ethniques tirés de la chevelure. Isidore Geoffroy Saint-Hilaire insista sur cette remarque, et aujourd'hui nombre d'auteurs (entre autres M. Hæckel) ont définitivement admis la classification des races humaines établie sur les ressemblances ou les différences de la chevelure.

Si nous n'acceptons point cette classification comme étant une classification absolue, nous reconnaissons volontiers, cependant, le rôle important que joue le revêtement pileux dans la description des races. Il y a là, sans doute, un caractère considérable, un caractère de premier ordre ; mais d'autres caractères sont, eux aussi, de premier ordre. S'ils ne s'accordent pas tous les uns avec les autres (et c'est précisément le cas), il faut bien en conclure qu'une seule espèce de caractères ne peut suffire à opérer le classement des races humaines.

Voici, d'ailleurs, quelle est la classification de MM. Frédéric Müller et Hæckel, fondée (comme nous l'avons dit) sur les observations précédentes de Bory Saint-Vincent et d'Isidore Geoffroy Saint-Hilaire.

Les hommes sont d'abord distingués d'après le caractère laineux ou lisse de leurs cheveux. De là deux groupes principaux : celui des *ulotrikhes* et celui des *lissotrikhes*. Chacun de ces groupes est subdivisé à son tour en deux variétés : cheveux laineux implantés en touffes, cheveux laineux implantés en toison : telles sont les variétés du premier groupe, des ulotrikhes ; cheveux lisses et raides, cheveux lisses et souples : telles sont les deux variétés des lissotrikhes.

A ces deux genres, à ces quatre variétés, correspondent, selon cette théorie, douze races humaines : quatre races à cheveux laineux (ulotrikhes), huit races à cheveux lisses (lissotrikhes). Voici, d'ailleurs, quelle est la table de M. Frédéric Müller, reproduite par M. Hæckel :

Cheveux lisses. . . .	en touffes. . . .	hottentots.
		papous.
	en toison. . . .	nègres.
		cafres.
Cheveux laineux. . . .	raides	australiens.
		hyperboréens.
		américains.
		malais.
		mongols.
	souples.	dravidiens.
		nubiens.
		méditerranéens.

Cette classification généalogique, on a voulu, disons-nous, l'appliquer non-seulement aux races, mais encore aux langues. Or, à ces deux points de vue, elle nous semble éminemment vicieuse.

La question spécialement ethnique n'est point le but de cette notice ; nous ne pouvons, cependant, la passer complétement sous silence. Comme il s'agit ici d'une classification linguistique établie sur cette classification ethnique, nous devons rechercher, avant tout, si cette dernière est ou non acceptable.

La critique en est fort aisée.

Voici, par exemple, groupés dans une seule et même classe, sous prétexte qu'ils ont tous deux une chevelure laineuse implantée en touffes, en buissons, le Bochiman de l'Afrique méridionale et le Papou des Nouvelles-Hébrides. Mais est-il possible de négliger, en faveur de cette seule caractéristique, les autres caractères (et ils sont très-nombreux et très-importants) qui différencient le Bochiman du Papou ? Le premier a la peau d'un jaune brun, le second a la peau noire ; le premier est d'une taille remarquablement petite (140 centimètres), le second d'une taille plutôt moyenne ; le premier se distingue par le développement graisseux de la région fessière, connu sous le nom de stéatopygie : rien de semblable chez le second ; le Bochiman est très-dolichocéphale (son indice dépasse à peine 72) ; l'indice céphalique moyen du Papou est plus élevé, encore qu'il rentre parmi les dolichocéphales ; le premier est presque glabre, le second a le système pileux assez développé.

La seconde série, celle qui comprend les Nègres guinéens et les Cafres, est sans doute plus homogène au point de vue ethnique ; mais dans la troisième, sous prétexte d'une communauté de cheveux lisses et raides, il est clair que l'on a réuni des individus fort distincts les uns des autres. Prenons au hasard entre les cinq variétés de ce groupe, prenons, pour les comparer, les Australiens et les Mongols. La différence entre eux est considérable, aussi considérable qu'entre un Européen et un Bochiman. L'Australien, en effet, a le système pileux très-développé ; le Mongol, au contraire, fort peu ; le premier a le teint noir, le second blanc jaunâtre ; le premier est très-dolichocéphale, le second est brachycéphale ; le premier est de grande taille, le second de petite taille ; l'Australien a le nez gros et est fort prognathe, le Mongol a le nez petit et est modérément prognathe.

Et notons que cette classification ne s'en tient pas seulement à quatre classes (cheveux laineux en touffes, cheveux laineux en toison, cheveux lisses et raides, cheveux lisses et souples), puisqu'elle réunit les deux premières de ces quatre classes en un seul groupe (cheveux laineux) et les deux dernières en un seul autre groupe (cheveux lisses). Voilà donc, en fin de compte, le Bochiman et le Nègre classés en un seul groupe, et de même le Mongol et le Dravidien, l'Australien et l'Européen ! Nous avons beau ne pas accepter, plus que ne le font MM. Frédéric Müller et Hæckel, la théorie de la fixité des espèces et de la permanence des races, nous nous refusons à négliger en faveur d'un caractère commun une foule de caractères différentiels non moins importants.

Mais, dans ce tableau soi-disant généalogique, pouvons-nous trouver une classification des langues ?

En aucune façon, ainsi qu'il est facile de le démontrer.

Nous remarquons tout d'abord que dans les quatre variétés il se trouve des langues agglutinantes. Cette dispersion ne nous effraye pas, nous savons fort bien que les idiomes de structure agglutinante sont loin d'appartenir tous à une seule et même famille ; mais ce qui ne peut pas ne pas nous étonner profondément, c'est de voir à côté les unes des autres la langue des Hottentots et celle des Papous ; dans un autre sous-groupe, les langues américaines à côté du malai. Que dire surtout du rapprochement établi entre les idiomes des nègres guinéens et les dialectes cafres ? Il y a là deux systèmes morphologiques absolument distincts : les nègres guinéens n'ont que des idiomes à suffixes (c'est-à-dire qu'ils constituent leurs mots en plaçant la racine avant l'élément dérivatif), tandis que le Cafre, le Sétchouana et leurs congénères emploient, en principe, la dérivation par préfixes, et placent dans la constitution du mot, l'élément dérivatif, l'élément de relation, avant la racine même.

Dans une des branches de la troisième variété, dans la branche mongole, nous trouvons, non-seulement des idiomes agglutinants très-distincts les uns des autres (tels que le finnois et le japonais), mais encore, à côté de ces idiomes agglutinants, nous rencontrons des langues monosyllabiques, comme le chinois, le siamois, le birman, l'annamite !

Même remarque sur la dernière branche de la quatrième variété. Cette branche comprend, en effet, des idiomes aussi éloignés, aussi distincts les uns des autres que le sont les langues sémitiques, les langues indo-européennes et le basque.

Ainsi, au point de vue purement linguistique, cette prétendue classification généalogique est aussi défectueuse qu'au point de vue anatomique. En fait, elle n'est ni ethnique ni linguistique. A la vérité, M. Frédéric Müller admet que les races humaines, ses douzes grandes races, se sont formées avant la constitution même des langues ; mais alors il n'y a plus concordance entre l'origine linguistique et l'origine ethnique, et le tableau que nous avons reproduit n'a plus aucune valeur.

III.

A côté de la classification géographique dont nous avons parlé en premier lieu, à côté de la classification dite généalogique, il existe une autre catégorie de groupements des langues, à laquelle nous devons au moins une mention. Ce sont les classifications qui se décernent à elles-mêmes le nom de psychologiques. Cette étiquette n'est point trompeuse, ou, du moins, elle ne peut nous faire prendre le change sur sa propre valeur. Ici, comme partout ailleurs, elle couvre les théories les plus fantaisistes. Les classifications psychologiques ont la prétention de reposer sur l'étude des procédés idéologiques, sur les façons qu'emploient les différents idiomes pour formuler les opérations. Au fond, elles ne se soucient nullement de la forme même des mots. Or, l'examen de cette forme même des mots et des éléments qui les constituent, tel est précisément le sujet de la linguistique.

C'est dire que les nombreuses et très-contradictoires classifications dites psychologiques n'ont au point de vue scientifique aucun intérêt. Elles ne relèvent point de l'étude véritable de la linguistique ; elles appartiennent aux spéculations vagues et oiseuses de la métaphysique. Nous ne voulons point nous y arrêter.

IV.

C'est Guillaume Schlegel qui présenta le premier (si nous ne nous trompons), en 1818, la classification reposant sur l'examen et l'étude de la forme des mots, et qui est dite, par ce fait, classification morphologique.

Sous le rapport de leur structure, les langues parurent à Schlegel se grouper en trois grandes classes. La première classe, la plus simple, comprenait les idiomes sans aucune structure grammaticale. Le mot, ici, c'est la racine même. Ces idiomes sont appelés isolants ou monosyllabiques. Il est certain qu'à première vue une phrase composée d'une suite de racines pures et simples nous paraît (à nous qui sommes habitués à des langues dans lesquelles les éléments de dérivation jouent un rôle considérable) tout à fait extraordinaire. Si le mot est constitué par la racine pure et simple, et s'il n'y a pas d'autres mots que des racines invariables, comment reconnaître que ce mot exprime le singulier ou le pluriel? qu'il est substantif ou adjectif? qu'il est nom ou qu'il est verbe? qu'il est actif ou passif? qu'il indique le passé, le présent ou le futur? Voilà une série de questions assez naturelles, mais qui ne sont embarrassantes qu'au premier moment. Il est vrai que les langues monosyllabiques (le chinois, le birman, le siamois) n'ont en réalité aucune espèce de formes grammaticales, mais elles ont toutes une syntaxe dont les lois sont fort rigoureuses. Chaque mot a sa place marquée dans la phrase, et c'est cette position même par lui occupée qui lui donne la qualité de nom ou de verbe, la valeur de substantif ou d'adjectif, et ainsi de suite.

Dans la seconde classe, dans la classe des langues agglutinantes, un progrès considérable a été opéré. Certaines racines ont perdu une partie de leur valeur propre et primitive ; elles ont abdiqué une part de leur indépendance, et sont venues s'accoler à d'autres racines (celles-ci conservées dans toute leur intégrité) pour leur servir d'éléments de relations. En autres termes, dans les langues agglutinantes (ou agglomérantes), une partie du mot est formée d'une racine principale, indiquant la signification fondamentale de ce mot ; l'autre partie est formée d'une ou plusieurs racines accessoires, indiquant les relations et les modes d'être divers de la racine capitale. La plupart des langues de l'univers rentrent dans la classe des langues agglutinantes : dans l'Océanie, les idiomes australiens ; en Amérique, les langues des aborigènes ; en Afrique, les langues des nègres ; en Asie, les langues altaïques ; en Europe, le basque, pour ne citer qu'une seule famille dans chaque partie du monde.

De même que l'agglutination était sortie du monosyllabisme, de même la flexion sortit de l'agglutination. La flexion, cette troisième sorte de structure des mots, consiste en ce fait, qu'une racine peut éprouver une modification phonique capable d'indiquer les diverses relations de cette racine. C'est ainsi qu'en arabe (vulgaire), l'on dit : *katal*, il tua ; *kutil*, il fut tué ; *katil*, tuant. Les langues à flexion sont les langues indo-européennes (langues romanes, celtiques, germaniques, slaves, grec, persan, etc.), et les langues sémitiques (arabe, hébreu, etc.).

Cette classification morphologique est, à nos yeux, la seule classification acceptable. Sans doute, elle n'est pas absolue ; les langues monosyllabiques ont parfois des tendances à l'agglutination ; certaines langues agglutinantes présentent des traces de flexion. D'autre part, les langues agglutinantes possèdent nombre de mots purement monosyllabiques, et les langues à flexion offrent bien des formes agglutinées, et même des formes monosyllabiques. Mais, d'une façon générale, on ne peut se tromper sur ce caractère morphologique.

Il est relatif, sans doute, mais, en somme, on le saisit assez facilement.

En tout cas, il faut se garder de confondre cette analogie de structure avec la parenté proprement dite. Deux idiomes peuvent être, l'un et l'autre, monosyllabiques, — ou agglutinants, ou flexionnels, — sans avoir aucun lien de parenté. Le basque et le japonais sont tous deux agglutinants, mais leurs racines sont complétement distinctes; l'arabe et les idiomes indo-européens sont également flexionnels, mais ils ne se rattachent point à une mère commune. Nous avons affaire ici à des langues que leur évolution a pu amener au même degré de développement, mais dont les origines sont tout à fait indépendantes.

A. H.

LES LANGUES DE L'AFRIQUE[1]

L'ethnographie linguistique de l'Afrique est beaucoup plus compliquée que celle de l'Europe. Les langues actuellement parlées en Europe (nous ne nous occupons point des races) appartiennent presque toutes à la famille aryenne, ou indo-européenne : l'irlandais et le bas breton comme le grec, les langues romanes comme les langues slaves, l'allemand et l'anglais comme le lithuanien. En dehors de la famille linguistique indo-européenne, on ne trouve en Europe qu'un idiome complétement isolé, le basque, et quelques langues d'origine ouralo-altaïque, telles que le lapon, le finnois, le magyar et le turc.

En Afrique, la variété des langues est bien plus considérable. Nous nous proposons de passer en revue les différentes familles linguistiques que l'on rencontre aujourd'hui sur ce continent, et de tracer approximativement les limites dans lesquelles chacune d'elles se trouve cantonnée.

I.

Entre toutes les populations africaines, nous pouvons même dire entre toutes les populations du globe, la race des *Bochimans* nous apparaît comme l'une des moins élevées. La taille du Bochiman est des plus petites; la couleur de sa peau varie du café au lait à la nuance du bois de noyer clair; ses cheveux crépus sont implantés par touffes, par

[1] Extrait de la *République française* du 16 mars 1877.

buissons; son crâne est allongé; ses traits sont épatés, épais et grossiers. La femme bochimane est connue par sa stéatopygie, c'est-à-dire par le développement graisseux considérable de sa région fessière. Si tant est que l'on puisse employer avec plus ou moins d'exactitude le mot de race pure, ce terme s'applique légitimement aux Bochimans.

Le nom que nous leur donnons est d'origine hollandaise; il signifie *homme des bois*. Les Hottentots, leurs voisins, leur donnent le nom de *sân,* qui a le sens d'*indigènes*, d'*aborigènes*. Et de fait, dans l'état actuel de nos connaissances, nous ne pouvons regarder les Bochimans que comme les véritables indigènes de l'Afrique méridionale. Leur civilisation n'a jamais été que très-rudimentaire; ils n'ont rien absolument d'un peuple dégradé, et l'occupation des Hollandais et des Anglais les a simplement refoulés dans l'intérieur des terres. A vrai dire, elle a été aussi la cause la plus active de leur extinction graduelle. Les Bochimans vivent dispersés en un grand nombre de petites tribus, serrés par les Hottentots, par les Cafres et par les colons européens du Cap.

Les différents dialectes parlés par les Bochimans sont vraisemblablement parents les uns des autres, et remontent tous à une origine commune. On n'en connaît jusqu'à présent que fort peu de chose. Toutefois, on sait qu'il s'agit ici d'une langue agglutinante, c'est-à-dire d'une langue dont les mots sont formés par la juxtaposition très-intime de différentes racines dont l'une garde sa valeur primitive tandis que les autres ne servent plus, quant au sens, que d'éléments accessoires. Nous aurons plus d'une fois dans le cours de cet exposé à citer des exemples de cette forme de composition. La phonétique des dialectes bochimans a ceci de particulier qu'elle compte parmi ses consonnes un certain nombre de claquements, très-variés, très-distincts les uns des autres, six ou sept, assure-t-on. Nous retrouverons tels et tels de ces claquements dans la langue des Hottentots, dans certains dialectes de la langue des Cafres. Chez les Bochimans, nous pouvons les considérer comme originaux; c'est de leur langue qu'ils ont passé à celles de leurs voisins.

En définitive, la langue des Bochimans est encore assez peu connue, mais on peut admettre sans grande chance d'erreur qu'elle est indépendante des autres systèmes linguistiques, tout comme la race elle-même des Bochimans est indépendante des autres races humaines.

II.

Nous n'en dirons pas autant des *Hottentots.*

Le naturaliste ne saurait définir une race hottentote. Ni par les caractères ostéologiques, ni par les caractères extérieurs, les Hottentots ne forment un groupe anthropologique. On peut voir au Muséum d'histoire naturelle, à Paris, un grand nombre de crânes hottentots : il a été impossible d'en composer une série quelconque. Selon toute vraisemblance, les Hottentots ne sont que des Bochimans plus ou moins métissés. Il est supposable qu'ils ont dans les veines une part plus ou moins considérable de sang cafre. En tout cas, ils tiennent des Bochimans l'implantation particulière des cheveux en espèce de petits bouquets, et une certaine stéatopygie chez les femmes.

Leur langue procède-t-elle de la langue aborigène des Bochimans? Le fait est possible, il est peut-être vraisemblable, mais, jusqu'à ce jour, il n'est pas démontré. On y retrouve, au nombre de quatre, les claquements dont nous avons parlé tout à l'heure; dans l'écriture, on les représente par un trait vertical (I), par deux traits (II), par un point d'exclamation (!), etc. Les autres consonnes du hottentot sont assez nombreuses, et la gamme de ses voyelles est fort riche ; il possède, dit-on, une douzaine de diphthongues.

Quant à la grammaire elle-même, elle est nettement agglutinative : la racine se place au commencement du mot, les éléments dérivatifs à la suite de la racine. Ces éléments dérivatifs ont une forme pour le singulier, une forme pour le duel, une forme pour le pluriel, et, d'autre part, ils sont eux-mêmes différents selon que le mot est sujet ou bien qu'il est régime, ou bien encore qu'il constitue un vocatif, une interjection. Il en résulte finalement, pour un seul et même mot, neuf formes différentes possibles. Au premier coup d'œil, cela nous semble, à nous qui sommes habitués à la grande simplicité, à l'analytisme des langues romanes, d'une difficulté considérable. Pourtant il n'en est pas ainsi. Le mot hottentot se compose sans doute de bien des éléments divers, mais le rôle et la fonction de ces éléments sautent immédiatement aux yeux, et, en fait, parmi toutes les langues agglutinantes, le hottentot est l'une des plus claires, nous dirions volontiers des plus enfantines, par la structure de ses formes.

Ajoutons que s'il se présente en hottentot des mots homophones, c'est-à-dire ayant le même son bien que possédant un sens différent (comme en français *fin,* délié, menu, et *fin,* terme, but), on distingue ces homophones en les chantant chacun sur un ton différent. C'est ainsi que le mot *!kaib* signifie obscurité, lieu, ou linge, selon qu'on lui donne telle ou telle intonation.

Quant à l'accent, c'est-à-dire l'élévation de la voix sur une syllabe du mot, il tombe toujours sur la première syllabe, qui, ainsi que nous l'avons dit, est toujours la syllabe radicale. S'agit-il d'un mot composé, c'est-à-dire de deux mots réunis pour n'en faire qu'un seul, pour faire un mot complexe, l'accent appartient au mot principal.

Ajoutons enfin que l'idiome hottentot se divise en trois

dialectes. Le *nama* est de beaucoup le plus important. Il est parlé par vingt mille individus environ. Vers le nord, il confine au héréro (langue du groupe bantou dont nous parlerons tout à l'heure); au sud, il est borné par le fleuve Orange; à l'est, par le désert de Kalahari; à l'ouest, par l'Atlantique. C'est beaucoup plus à l'est qu'est parlé le dialecte *kora*, aux environs du vingt-neuvième degré de latitude, vers les rivières Vaal, Modder et Calledon. Ce dialecte, assez rapproché du précédent, est en voie d'extinction rapide. Enfin le *hottentot du Cap* est à peu près éteint; le hollandais, le cafir l'ont presque entièrement étouffé.

III.

Les langues du *groupe bantou* sont bien autrement importantes par leur extension géographique que celles des Bochimans et des Hottentots. On a évalué au quart de la population totale de l'Afrique le nombre des individus parlant l'un quelconque des nombreux idiomes de cette famille. Au sud, les langues du groupe bantou atteignent les environs du Cap; au nord, elles dépassent un peu la ligne équatoriale, tant sur la côte occidentale que sur la côte orientale de l'Afrique.

C'est un nom purement conventionnel, et d'autre part très-défectueux, que celui de langues des Cafres qui a été donné maintes fois aux différentes langues du groupe bantou. D'origine sémitique, le nom de Cafre veut dire *infidèle*; après avoir été appliqué à toutes les populations du sud-est de l'Afrique, il s'est trouvé limité, restreint de plus en plus, et on ne le donne aujourd'hui qu'aux tribus qui s'étendent du nord-est de la colonie européenne du Cap jusqu'à la baie de Délagoa. Le terme de *bantou* est de beaucoup préférable. C'est le pluriel du mot qui signifie homme et qui s'applique par extension à la langue elle-même. Avant de parler de la structure des idiomes de cette famille, disons quelques mots de l'aire géographique qu'elle occupe.

Pour l'ordinaire, on la divise en trois branches. La branche orientale comprend, du nord au sud, les langues du pays de Zanzibar, celles de la région du Zambèze, enfin le zoulou et le cafir un peu au nord-est de la colonie du Cap.

La seconde branche comprend des idiomes du centre même de l'Afrique, le tékéza et le sétchouana.

A l'ouest enfin, la troisième branche, s'étendant sur la côte de l'Atlantique, dépasse l'équateur de quelques degrés et confine aux langues des Nègres guinéens avec lesquels elle n'a rien de commun. Du nord au sud, ce troisième groupe comprend, entre autres idiomes, la langue de Fernando-Po, le mpongoué, la dikélé, l'isoubou, le congo, la langue d'Angola, et le héréro qui confine vers le sud à un dialecte hottentot.

Nous n'avons à dire rien de particulier des voyelles et des consonnes du groupe bantou, si ce n'est que nous retrouvons parmi ces dernières une partie des consonnes claquantes que possèdent les Bochimans et les Hottentots. C'est aux uns ou aux autres qu'elles auraient été empruntées, plutôt aux Bochimans qu'aux Hottentots. En tout cas, elles ne se présentent que dans les dialectes voisins du territoire bochiman, par exemple dans le rameau cafir-zoulou. Plus on s'éloigne de ce voisinage, plus ces étranges consonnes deviennent rares. Ainsi, nous ne les rencontrons pas en mpongoué, l'un des idiomes septentrionaux du groupe occidental.

Mais la grande caractéristique des langues de cette famille, c'est le mode même de la formation des mots. Tandis que dans les langues agglutinantes des Hottentots et des Nègres guinéens la racine précède les éléments dérivatifs, il arrive, en principe, que dans le groupe bantou les éléments dérivatifs précèdent la racine. Dans le premier cas, la dérivation a lieu par *suffixes*, dans le second cas, elle a lieu par *préfixes*. Cela est un caractère de premier ordre. Certaines langues ne connaissent que la dérivation par suffixes (hottentot, langues australiennes, langues dravidiennes); d'autres usent à la fois de la dérivation par préfixes et de la dérivation par suffixes (langues maléo-polynésiennes) : le groupe bantou, il est bon de le répéter, emploie en principe la dérivation par préfixes. Ajoutons d'ailleurs que cette dernière famille ne se distingue pas seulement des familles linguistiques qui l'entourent par la structure de ses mots ; elle en diffère encore essentiellement par l'ensemble de son lexique. En définitive, le Cafre n'est parent du Nègre guinéen ni par la race, ni par la langue, et il occupe à tous égards une place particulière et indépendante dans l'ethnographie africaine.

IV.

C'est une question que nous n'avons pas à examiner ici que celle de savoir si tous les Nègres guinéens, les Nègres proprement dits, appartiennent à une seule et même race. Sur le terrain qui nous occupe, nous ne pouvons que constater un fait : l'irréductibilité entre elles d'un certain nombre de leurs langues. On a divisé en une vingtaine de groupes indépendants les uns des autres, et possédant chacun leur individualité propre, les idiomes des Nègres guinéens. Nous ne nous sentons pas en mesure de porter sur ce chiffre un jugement décisif. Peut-être faudra-t-il le réduire, peut-être faudra-t-il l'accroître. En tout cas, il est acquis, dès à présent, et bien acquis, qu'un nombre quelconque de leurs différents idiomes ne peuvent être réduits entre eux par des procédés scientifiques. Toutes ces langues appartiennent sans doute à la catégorie des langues agglutinantes, mais cela ne préjuge en rien une communauté d'origine. Elles forment toutes leurs mots en postposant à l'élément radical les éléments dérivatifs, c'est-à-dire en employant la dérivation par suffixes (et non, comme les langues des Cafres, la dérivation par préfixes) ; mais leurs grammaires et leurs lexiques se différencient nettement les uns des autres.

Nous n'énumérerons ici que quelques-uns d'entre les plus importants de ces idiomes.

Le *wolof* a un intérêt particulier au point de vue de la civilisation européenne. Les établissements français du Sénégal sont en rapports journaliers avec les Wolofs ; le wolof s'étend, au sud, sur une grande partie de la Sénégambie. Le *mandingue* occupe la moitié méridionale de la Sénégambie et le territoire de la haute Guinée. Le groupe *feloup* s'étend en général un peu plus au sud et comprend de nombreux idiomes. Dans la région nord-orientale du fleuve Niger, vers le quinzième degré de latitude septentrionale, est parlé le *sonraï,* entre Tombouctou et Agadès. Le *haousa*, dont les dialectes sont nombreux, est en quelque sorte la langue du Soudan : il n'y a point dans l'Afrique centrale d'idiome qui soit aussi répandu ; c'est la langue commerciale de ce vaste pays. Plus à l'est, aux environs du lac Tchad, est situé le groupe *bornou*. Passons rapidement sur le *krou*, l'*egbé*, l'*ibo*, qui nous ramènent tous vers la côte de l'Atlantique, et terminons en citant le groupe des langues du haut Nil (*chilouk, dinka, bari, nouer*) parlées au sud de la Nubie et à l'ouest de l'Abyssinie.

V.

Avec le *poul*, nous quittons les langues des Nègres. Les Pouls ou Peuls occupent un espace assez étendu vers le centre de l'Afrique, entre les dixième et vingtième degrés de latitude. Du côté de l'Atlantique, ils s'avancent jusqu'au Sénégal ; à l'est, ils atteignent les environs du lac Tchad.

Cette situation met la langue poule en rapport avec plusieurs langues parlées par les Nègres, mais on peut dire qu'elle s'en distingue nettement. M. le général Faidherbe a publié en 1875 (dans la *Revue de linguistique*) un *Essai sur la langue poule*, où la grammaire très-intéressante de cet idiome agglutinatif est clairement exposée. L'auteur se tient dans une grande réserve au sujet des relations du poul avec les langues parlées par les Nègres du Sénégal et de la Gambie. Nous partageons pleinement cette réserve et admettons même sans hésitation la distinction totale du poul et des idiomes dont il s'agit, le wolof et autres.

Les Pouls, ainsi que l'histoire nous l'enseigne, ne sont pas aborigènes de l'Afrique occidentale; c'est du centre même de l'Afrique qu'ils se sont dirigés vers le Sénégal, et, selon toute vraisemblance, c'est dans l'Afrique orientale qu'il faut chercher leurs traces précédentes.

Les *langues nubiennes* sont-elles parentes du poul? Les Nubiens sont-ils alliés aux Pouls sous le rapport de l'ethnologie? Ce sont là des questions auxquelles les documents aujourd'hui en notre possession ne nous permettent pas de donner une solution décisive.

Parmi les principaux idiomes de la Nubie, nous citerons le *nubien proprement dit*, parlé par les Barabras au nombre d'environ quarante mille individus, sur le cours du haut Nil, vers les vingt-unième et vingt-quatrième degrés de latitude; le *dongolavi*, un peu plus au sud; le *toumalé*, dans le sud du Korfodan; le *koldadji*, un peu plus à l'ouest. Ces différents idiomes avoisinent, eux aussi, plusieurs des langues parlées par les Nègres, entre autres celles du haut Nil, mais ils en sont entièrement distincts.

Comme toutes les autres langues dont nous avons parlé jusqu'ici, les langues nubiennes forment leurs mots par le procédé de l'agglutination.

VI.

Avant de parler des idiomes de l'Afrique septentrionale, nous devons ajouter qu'un autre idiome agglutinant, appartenant au groupe malai, a pénétré dans l'île de Madagascar : c'est le *malgache*.

Parent des dialectes parlés aux îles Philippines, de la langue de l'île de Formose (près de la côte chinoise) et de celle des îles Mariannes, parent aussi du javanais, le malgache est originaire de la Malaisie.

Il est donc parent, également, des langues de la Mélanésie (par exemple de celle de la Nouvelle-Calédonie) et des langues de la Polynésie. Ces deux derniers groupes forment, avec le groupe malai (le malgache et ses congénères), la famille linguistique appelée maléo-polynésienne.

On a tenté, mais sans succès, de rattacher cette famille à celle des langues indo-européennes ou à celle des langues ouralo-altaïques (finnois, mongol, mandchou, etc.); en réalité, elle est tout à fait indépendante. Elle appartient d'ailleurs d'une façon très-caractérisée à la catégorie des langues agglutinantes.

Dans les langues maléo-polynésiennes, les éléments qui viennent se juxtaposer à la racine principale pour dériver cette racine, c'est-à-dire pour constituer les mots, occupent parfois la première place, parfois la dernière : dans le premier cas, ce sont des préfixes; dans le second, ce sont des suffixes. Ainsi, dans la langue mélanésienne de Maré, *navose* « lien » provient de *vose* « lier » au moyen du préfixe *na*; dans un dialecte des Philippines, *putian* « blancheur » provient au contraire de *puti* « blanc » par l'agglutination du suffixe *an*. Or, dans le groupe malai, la dérivation peut être faite, non-seulement au moyen de la préfixation ou de la suffixation des éléments dérivatifs, mais encore au moyen de l'incorporation de ces éléments dans la racine elle-même. Nous ne relevons cette particularité que par ce fait que le malgache appartient (comme il a été dit plus haut) au groupe malai des langues maléo-polynésiennes. Ajoutons, d'ailleurs que le procécé de l'incorporation est également employé par beaucoup d'autres langues agglutinantes.

VII.

Nous avons à nous occuper à présent des idiomes parlés dans l'Afrique septentrionale.

La linguistique comprend, sous le nom de *langues khamitiques,* trois groupes d'idiomes, dont l'un a totalement disparu aujourd'hui, et dont des deux autres ont encore conservé, en Afrique, quelques représentants. Au premier appartenait l'ancien égyptien et son descendant le copte, qui fut remplacé par l'arabe.

Un second groupe de langues khamitiques comprend actuellement les langues auxquelles on donne le nom d'*éthiopiennes.* On en compte six : le *somâli,* parlé dans la région en forme de coin qui s'étend au sud du détroit de Bab-el-Mandeb; le *galla,* plus à l'ouest dans l'intérieur des terres; le *bedja,* parlé par les Hadendoas; le *saho;* le *dankâli;* enfin l'*agaou,* dans l'Abyssinie occidentale.

Le troisième groupe peut recevoir d'une façon générale le nom de *berbère.* Il représente l'ancien libyen qui s'étendait au nord de l'Afrique, à l'ouest de l'égyptien. Le libyen actuel, le berbère (pour l'appeler comme on le fait d'habitude), ne possède pas un nom commun s'appliquant à ses différents dialectes. Les noms de kabile et de tamachek sont des noms particuliers à telle ou telle tribu. On compte en Algérie de huit à neuf cent mille Berbères, ou plutôt de huit à neuf cent mille individus parlant les différents dialectes berbères. Nombre de véritables Libyens ont en effet désappris leur langue et se servent uniquement de l'arabe. Entre Arabes et Berbères la distinction est grande. On sait à quel point les premiers sont réfractaires à notre civilisation, tandis que l'on peut trouver dans les seconds d'utiles auxiliaires pour le développement de notre colonisation algérienne. Près des deux tiers des Berbères algériens se rencontrent dans le département d'Oran.

Les Berbères occupent en outre toute la partie méridionale du Maroc, de la Tunisie et de Tripoli, et dans l'intérieur du continent africain leurs différents dialectes avoisinent plusieurs langues des Nègres. Mais la limite de leur extension vers le sud est, comme on le conçoit sans peine, difficile à déterminer.

Beaucoup de mots arabes se sont glissés dans certains dialectes berbères. Ceux-ci d'ailleurs ont perdu toute espèce d'écriture propre, sauf le dialecte tamachek. L'écriture de ce dernier est difficile à lire; elle ne marque point les voyelles, elle ne sépare point les mots les uns des autres. En fait, il faut pour déchiffrer un texte tamachek connaître auparavant la langue elle-même.

Il n'est plus permis de douter aujourd'hui des liens de parenté qui unissent les langues khamitiques aux langues sémitiques. La différence du berbère et de l'arabe est sans doute considérable ; à première vue, ces deux idiomes paraissent tout à fait étrangers l'un à l'autre, et toute espèce de conversation est certainement impossible entre un Kabyle et un Arabe qui ne connaissent chacun que leur langue maternelle.

La linguistique, toutefois, a établi d'une façon formelle que le système des langues khamitiques et celui des langues sémitiques ont une origine commune. Cette communauté d'origine se décèle non-seulement par un certain fonds du lexique, mais avant tout par la grammaire, par le procédé de formation des mots. Nous ne savons où l'idiome commun sémito-khamitique a été parlé, mais nous savons qu'il a existé. Nous savons également que sa séparation en deux branches distinctes remonte à une époque qu'aucune chronologie ne peut déterminer. Les langues sémitiques ont fort peu varié durant toute leur période historique : ce fait nous dit assez quelle date lointaine nous devons assigner à leur séparation d'avec les langues khamitiques. Ces deux groupes se sont formés évidemment dans une période où leur langue commune était encore peu développée. En somme, la grammaire du Berbère est beaucoup moins riche que celle de l'Arabe.

VIII.

Une partie de l'Afrique, enfin, est occupée par des idiomes sémitiques, dont l'*arabe* est le représentant le plus important sous tous les rapports.

Après avoir passé par l'état de langues agglutinantes, les langues sémitiques (arabe, hébreu, syriaque, etc.) se sont élevées, comme les langues indo-européennes, à la condition de langues à flexion. La flexion, c'est la possibilité pour une racine d'exprimer, en se modifiant elle-même, une certaine modification du sens. Invariable dans les langues agglutinantes, la racine peut être variable dans les langues à flexion. Nous n'insisterons pas davantage sur un fait d'ordre aussi spécial et qui ne pourrait être examiné de près que dans une étude plus particulièrement grammaticale.

Après s'être substitué, en Asie, à plusieurs de ses congénères, l'arabe envahit l'Afrique du nord-est. Il fit bientôt passer le copte (descendant de l'égyptien ancien) à l'état de langue purement littéraire, et se répandit sur une grande partie du territoire où était parlé le berbère. Il le supplanta presque partout le long des côtes de la Méditerranée ; près de la mer, on ne trouve plus guère le berbère, en Algérie, que de Dellys à Bougie et entre Tenès et Cherchel.

Dans l'arabe littéraire, il ne saurait être question de dialectes; mais il n'en est pas de même pour l'arabe vulgaire; on en compte, chez lui, quatre principaux : ceux d'Arabie, de Syrie, d'Égypte, de Barbarie, dont les trois premiers sont très-peu éloignés les uns des autres.

A côté de l'arabe proprement dit il existe un rameau sémitique qui s'en rapproche considérablement : c'est le groupe des langues sémitiques de l'Arabie méridionale et de l'Abyssinie. Dans le sud de l'Arabie, c'est-à-dire en Asie, ce groupe est représenté aujourd'hui par l'ehkili. Les Sémites de l'Arabie du sud connurent et colonisèrent de bonne heure la côte africaine de la mer Rouge. Ils y portèrent l'idiome « ghez » qui n'est plus aujourd'hui qu'une langue liturgique. Vers le quatrième siècle de notre ère, le christianisme pénétra en Abyssinie, et ses livres sacrés y furent traduits en ghez. Aujourd'hui, à côté de cet idiome littéraire, on trouve comme langues courantes, comme langues populaires et parlées : l'*amharique*, dans l'Abyssinie du sud-ouest; le *tigré*, au nord; le *harari*, au sud-est. Tous sont parents du ghez, tous sont des idiomes essentiellement sémitiques.

L'Abyssinie est relativement peu civilisée, et il se peut que ses idiomes propres disparaissent un jour devant l'arabe. La cause en aura été, sans nul doute, à l'influence néfaste que les jésuites exercèrent dans cette contrée lorsqu'ils tentèrent de s'y implanter. Là, comme ailleurs, ils ne furent poursuivis que trop tard.

IX.

Nous voici au terme d'un bien rapide examen. Ce ne sont que les grandes lignes d'une ethnographie linguistique africaine que nous avons pu tracer. Il nous reste pour conclure à résumer cet exposé déjà si succinct.

En premier lieu, nous constatons que presque tous les

idiomes africains appartiennent à la catégorie des langues agglutinantes : idiomes des Bochimans, des Hottentots, du système bantou, des Nègres guinéens, des Pouls, des Nubiens, de Madagascar. Mais nous constatons également que, bien qu'appartenant par la structure de leurs mots à cette même catégorie, ces idiomes sont essentiellement distincts les uns des autres (sauf peut-être la langue des Bochimans et celle des Hottentots), en un mot, qu'ils ont chacun une origine indépendante. Nous relevons également ce fait que l'on trouve parmi eux les différentes formes de l'agglutination : agglutination par préfixes (système bantou), agglutination par suffixes (langues des Nègres), agglutination par préfixes, suffixes et infixes (malgache).

Nous constatons ensuite la multiplicité des idiomes des Nègres guinéens et leur distinction totale d'avec les langues du système bantou (zoulou, congo, etc.).

Enfin nous relevons ce fait important, au point de vue anthropologique, de la présence antique des Berbères sur le littoral méditerranéen, et nous apprenons une fois de plus, en voyant la langue arabe s'imposer à des milliers d'individus d'origine libyenne, que la langue, dans les époques historiques de l'humanité, n'est plus un caractère de race.

A. H.

LES ÉTABLISSEMENTS FRANÇAIS

DANS L'INDE[1]

L'article 2 de la loi constitutionnelle qui a doté la France d'une seconde Chambre législative, accorde un siége de sénateur à chacune de nos trois grandes colonies de la Martinique, la Guadeloupe et la Réunion. Parmi toutes les autres, l'Inde française a seule obtenu le même privilége, en raison, a dit le rapport, du chiffre élevé de sa population. Cet argument est évidemment d'une haute importance, et, dans un pays de suffrage universel, il est décisif; mais nous croyons qu'on aurait également pu en invoquer d'autres. Aussi nous a-t-il paru utile, au moment où l'attention publique vient d'être appelée, par la disposition constitutionnelle dont nous parlions tout à l'heure, sur notre plus vieil établissement de l'Asie, de consacrer à l'Inde française une de nos *Revues* hebdomadaires, et de réunir ci-après les principaux renseignements historiques et statistiques qui la concernent.

Ce fut seulement le 1er juin 1604 que fut autorisée par Henri IV la création d'une Compagnie des Indes, dans un but exclusivement commercial : un privilége de quinze ans lui était accordé. Elle ne semble pas avoir fait de brillantes affaires, car une seconde Compagnie fut organisée sept ans plus tard, et une troisième en 1642. Mais aucune des per-

[1] Extrait de la *République française* du 25 juin 1875.

sonnes qui étaient à la tête de ces entreprises n'avait songé à établir dans l'Inde proprement dite des comptoirs comme ceux que les Anglais et les Hollandais y avaient installés depuis quelque temps ; le but de ces premières associations commerciales était surtout l'île Saint-Laurent (Madagascar). Or, en 1666, une nouvelle Compagnie des Indes, autorisée par un édit rendu en août 1664 par Louis XIV, qui, dit-on, y mit de l'argent en son nom propre, choisit pour directeur de ses opérations commerciales dans l'extrême Orient François Caron, ancien employé au Japon de la Compagnie hollandaise. Caron ne tarda pas à se convaincre de la difficulté d'un établissement définitif à l'île Saint-Laurent (qu'on avait déjà rebaptisée île Dauphine) et fit voile résolûment pour le continent indien, où il arriva le 24 décembre 1667, à Cochin. Le 13 février 1668, il débarquait à Surate, où un firman d'Aurengzeb du 11 août 1666 avait permis la construction d'une loge française; c'est de cette époque que date notre colonie de l'Inde et que commencent les relations directes de la France avec la grande presqu'île transgangétique. La loge de Surate devint bientôt une véritable ville ou plutôt une réunion de maisons et de magasins que Caron fit entourer d'une enceinte fortifiée, et où des édits royaux établirent une administration complète. Il en fut de même à Mazulipatam, où le Grand-Mogol autorisa les Français à établir un comptoir le 9 décembre 1669, et à Calicut, où nos compatriotes créèrent une succursale de Surate l'année suivante. Mais Caron convoitait les possessions hollandaises de Ceylan et de la côte Coromandel; deux attaques à main armée mirent nos compatriotes en possession des colonies néerlandaises de Trinquemalé et de Saint-Thomé, qu'il fallut d'ailleurs bientôt évacuer précipitamment devant des forces supérieures. La garnison de Saint-Thomé se réfugia, en avril 1674, sur un terrain voisin que le roi du Tanjaour avait vendu, l'année précédente, à

François Martin, l'un des directeurs de la Compagnie, et où une mission de capucins s'était installée le 16 janvier 1674.

Ce territoire, de peu d'étendue, prit vite une grande importance. Les Indiens y accoururent en foule, et leurs fragiles paillottes (maisons de terre couvertes de paille) s'y groupèrent bientôt autour des habitations plus solides que les Européens avaient élevées. Cette ville naissante reçut des indigènes le nom de *Poudoutchéry* (en tamoul « nouveau village »), dont on a fait *Pondichéry*. François Martin, par son activité et son habileté, réussit en peu d'années à en faire un grand centre commercial; il prêta de l'argent au roi de Gingy et se le fit rendre en terres, de sorte que l'étendue du domaine de la Compagnie s'accroissait de plus en plus. Il fortifia la ville, au milieu de laquelle s'élevait, à l'endroit même des premières constructions européennes, le fort Louis : une vaste et large place occupe aujourd'hui l'espace que couvraient les bâtiments du fort. Mais, profitant de la guerre déclarée en Europe, les Hollandais vinrent, à la tête de plus de 4,000 hommes, s'emparer de Pondichéry le 6 septembre 1693. Ils durent pourtant le restituer en 1699, après la paix de Ryswick : ils avaient développé et augmenté les fortifications. Martin y revint avec le titre de gouverneur et de général. Une ère nouvelle de prospérité s'ouvrit pour Pondichéry, qui devint le chef-lieu de nos établissements. Le 25 septembre 1702, le conseil souverain de Surate y fut transféré; ce conseil, nommé, comme le gouverneur, par le roi, se composait de cinq membres : il centralisait toute l'autorité et pourvoyait à tous les emplois. Il va sans dire que le commerce était la principale préoccupation des agents et fonctionnaires français, surtout lorsque, en 1717, des lettres patentes du régent eurent continué à la Compagnie occidentale de Law, qui prit le nom de Compagnie perpétuelle des Indes, les privilèges de la Compagnie de 1664.

Il ne saurait entrer dans le cadre de cette étude de raconter les principaux épisodes de l'histoire de Pondichéry et de l'Inde française ; il suffira de rappeler que, sous la direction de gouverneurs intelligents comme Lenoir, Dumas et l'illustre Dupleix, la puissance française devint prépondérante dans le Décan. Les chefs indigènes nous respectaient et notre colonie atteignait un état de splendeur que Martin lui-même n'aurait osé rêver. C'est sous Dumas que commença à s'accentuer la rivalité des Anglais. Sous Dupleix, la lutte s'engagea : La Bourdonnais prit Madras et le fort Saint-Georges, le 21 septembre 1746, et Dupleix força l'amiral Boscawen à lever, le 17 octobre 1748, le siége qu'il avait mis devant Pondichéry le 6 du mois précédent. Mais des intrigues commerciales, des jalousies individuelles, amenèrent le rappel de Dupleix, et la décadence commença. Le malheureux Lally, malgré tous ses efforts, fut battu par Clive, le véritable fondateur de l'empire britannique des Indes, et la capitulation de Pondichéry, le 15 janvier 1761, marque la chute définitive de notre influence, en dépit de l'intéressante tentative de 1783, où Bussy et Suffren soutinrent vaillamment l'honneur du nom français et cherchèrent à reprendre les vastes projets de Dupleix. Pondichéry fut pris encore deux fois, le 17 octobre 1778 et le 23 août 1793, par les Anglais, qui nous le rendirent démantelé le 4 décembre 1816. Les traités de 1815 nous ont interdit d'élever dans nos établissements aucune fortification, et d'y entretenir d'autres troupes que celles qui sont strictement nécessaires au maintien de l'ordre.

Ces établissements ont constamment suivi le sort de leur chef-lieu. Celui de Chandernagor avait été autorisé par un firman d'Aurengzeb du 10 juin 1687 ; celui de Mahé date de 1721 ; celui de Yanaon de 1725. Karikal et son territoire nous furent vendus le 17 juillet 1738 par le roi du Tanjaour, Sahodji, pour la somme de 40,000 chakras, et nous en prîmes possession le 14 février suivant. En 1793, nous avions encore, outre ces cinq villes et les villages qui en dépendaient, huit loges ou factoreries à Surate, Mazulipatam, Balassore, Calicut, Cassimbazar, Jougdia, Dacca et Patna, c'est-à-dire que dans ces diverses possessions anglaises il y avait une maison qui nous appartenait en toute propriété, et où nous jouissions d'un privilége absolu de juridiction. Tous ces établissements nous ont été restitués en 1816 et 1817, sauf les loges de Cassimbazar, Patna et Jougdia. En 1857, sur les réclamations de M. Hayes, chef de service à Mahé, plusieurs villages dépendant de cette ville, qui avaient été indûment retenus par les Anglais en 1816, ont fait retour à la France.

Depuis cette époque, la superficie totale du territoire français dans l'Inde est de 49,622 hectares inégalement répartis. Pondichéry, situé sur la côte Coromandel, contient, avec les deux districts secondaires de Villenour et Bahour, 29,122 hectares, entrecoupés de beaucoup de petites enclaves anglaises; on y compte 93 *aldées* ou villages principaux et 141 hameaux; la ville de Pondichéry occupe 212 hectares (61 pour la ville blanche, habitée exclusivement par les Européens et descendants d'Européens, et 151 pour la ville noire). Karikal, sur la côte Coromandel, commande aux quatre *maganoms* ou districts subordonnés de Tirounallâr, Nellajendour, Nédouncadou et Kotchéry, et comprend 107 aldées; la surface totale de l'établissement est de 13,515 hectares. La distance de Pondichéry à Karikal est d'un degré en latitude et de sept minutes en longitude; la ville de Karikal est voisine de Tranquebar, ancien chef-lieu des possessions danoises; elle est située à cinq kilomètres environ de la mer, tandis que Pondichéry est bâti sur le rivage même. Karikal est sur l'Arselar, une des branches du Kavery; beaucoup d'autres cours d'eau, la plupart presque à sec pendant la plus grande partie de l'année, mais changés en véritables torrents à l'époque des moussons (mars et octobre), arrosent nos deux principaux établissements. Yanaon, sur la côte d'Orixa, à quatre lieues au nord de l'embouchure du Godavery, est d'un bien moindre intérêt : il ne réunit en tout que 1,429 hectares, non compris la loge de Mazulipatam et l'aldée de Francepett, habitées par trois cents Indiens environ. Chandernagor, dans le Bengale, est bâtie sur l'Hougly, un des bras du Gange, à sept lieues de Calcutta, auquel un chemin de fer la relie : la ville est grande, mais le territoire français qui en dépend ne mesure que 940 hectares. Mahé, sur la côte occidentale de l'Inde, entre Calicut et Surate, est le chef-lieu d'un groupe d'aldées dont la superficie totale est de 5,909 hectares.

La population de l'Inde française est relativement considérable : elle s'élevait, au 1er janvier 1873, à 266,784 habitants, dont seulement 1,395 blancs ou Européens et 1,490 mulâtres. Ces chiffres se partagent inégalement entre les deux sexes : les hommes sont en plus grand nombre que les femmes, excepté dans la population mixte. Le mouvement annuel de la population est très-satisfaisant; en 1872, les naissances ont de beaucoup excédé les décès dans les trois établissements importants; le contraire s'est produit à Yanaon et à Chandernagor; mais la population n'y est que de 5,647 et 23,367 habitants, tandis qu'on en compte 8,345 à Mahé, 92,516 à Karikal, et 136,899 à Pondichéry[1]. Le 28 mai 1871, lors de l'élection d'un représentant à l'Assemblée nationale, il y avait 47,424 électeurs inscrits, chiffre de beaucoup supérieur à celui de toute autre colonie[2]. Il faut remarquer, en effet, que l'Inde est de tous points assimilable

[1] Au 1er janvier 1876, ces chiffres étaient : population totale, 271,460, dont 1,646 blancs et 1,485 mulâtres. — Pondichéry, 143,488; Karikal, 91,468; Chandernagor, 22,575; Mahé, 8,469; Yanaon, 5,460. — En 1875, les décès ont excédé les naissances à Chandernagor, Karikal et Yanaon.

[2] En 1876, il y avait 57,315 électeurs inscrits.

à un quelconque de nos départements; la population n'en est en aucune façon immigrée, comme à la Martinique ou à la Réunion, par exemple; il n'y a jamais eu d'esclaves, et les colons n'y ont jamais eu recours qu'à des travailleurs libres, pris dans une race indigène ayant ses mœurs, ses lois et son culte particulier. Il est utile de faire remarquer, à ce propos, que la très-grande majorité des Indiens français n'est ni protestante ni catholique; elle est restée fidèle aux vieilles croyances brahmaniques. Une portion importante de nos « sujets » suit le culte musulman; ce sont les descendants des envahisseurs persans, qui possédaient le pays quand les Européens y arrivèrent. Quelques autres se disent chrétiens; mais ces chrétiens nominaux ont conservé, par une étrange condescendance des missionnaires, tous les préjugés de l'institution des castes, et, dans leurs églises, une place séparée est affectée aux parias impurs. Nous ne saurions, pour le moment, indiquer de chiffres complets, mais les suivants pourront donner une idée de la situation exacte : en 1856, on inscrivait à Karikal 77 personnes comme protestantes, 5,024 comme catholiques, 6,829 comme musulmanes, 5,531 comme vichnouvistes et 32,087 comme çivaïstes.

Le climat de nos établissements, principalement celui de Pondichéry et de Karikal, est généralement salubre. On sait que, sur la côte Coromandel, les vents soufflent du nord-est de novembre à mars, et du sud-ouest d'avril à octobre. Les changements de *moussons* sont marqués par des tempêtes, des cyclones, accompagnés de pluies torrentielles qui durent une semaine tout au plus. Pendant la saison fraîche des vents du nord, la température varie de 25 à 28 degrés centigrades; pendant la saison chaude, de 31 à 41; mais il n'y a jamais de variations brusques, c'est à peine si l'on observe pendant la nuit une baisse thermométrique de 2 à 3 degrés.

Le mouvement commercial de Pondichéry seul, en 1872,

a été le suivant : 351 navires ont mouillé sur sa rade, important pour plus de six millions de marchandises, tandis que 348 autres en exportaient pour plus de huit millions[1]. Les produits exportés sont ou ceux des industries locales, comme les toiles bleues dites *guinées*, les huiles de coco et de palmachristi, l'indigo, ou les fruits des cultures indigènes, tels que le riz, le café, le tabac, le coton, etc. Il nous paraît intéressant, à ce propos, de jeter un coup-d'œil rapide sur le système agricole de l'Inde, qui est totalement ignoré en Europe.

Les Européens ont succédé, dans la possession du sol, aux souverains musulmans qui avaient conquis le pays à main armée sur les despotes indigènes. Et par droit de conquête et par droit d'hérédité, si ce mot n'est pas excessif appliqué à la substitution des vassaux du Grand-Mogol aux râdjâs natifs, les princes musulmans étaient en principe, au dernier siècle, propriétaires exclusifs de toutes les terres cultivées ou incultes. Par faveur, par commisération ou comme rémunération de leur travail, le souverain abandonnait aux détenteurs réels du sol une part de la récolte; les cultivateurs avaient, du reste, d'autres redevances à payer. D'après de vieux poèmes tamouls, et suivant toutes les traditions, la part du roi était jadis d'un sixième; un douzième était attribué aux brahmes et un huitième à la divinité locale. Le gouvernement français conserva les habitudes anciennes; avant 1788, les habitants de Karikal payaient à l'Etat, en nature, 35 pour 100 de la récolte, et il ne leur restait, toutes redevances payées, que 39 pour 100. Hâtons-nous d'ajouter qu'une pareille situation n'existe plus ; dès 1824, on admit le principe des concessions de terres aux indigènes; un décret du 16 janvier 1854 a reconnu aux déten-

[1] En 1875, 383 navires; importations, 4,318,675 fr.; exportations, 6,990,334 fr. 40.

teurs du sol la qualité de propriétaires incommutables et établi sur les terres cultivées l'impôt foncier en argent, réservant seulement à l'Etat un privilége pour assurer le recouvrement de cet impôt. A Pondichéry, la propriété est individuelle; mais à Karikal, les terres de chaque aldée ou village sont en général indivises : les propriétaires communs, connus sous le nom de *mirasdars*, font cultiver les champs par des fermiers que nos agents appellent des *sous-habitants* et qui ont sous leur dépendance, comme ouvriers manœuvres, les *panéals*, sorte de serfs volontaires dont la condition est excessivement dure.

Outre l'impôt foncier, les habitants des établissements français de l'Inde ne paient que de faibles contributions indirectes: ils n'ont à subir ni le timbre, ni l'enregistrement, ni les droits de douane. Le budget local des recettes se compose de l'impôt foncier pour un tiers, des droits d'octroi sur les spiritueux et le tabac pour un autre tiers, et, en outre, des produits de ventes diverses, d'amendes, de rentes sur l'État: pour 1874, il s'élève à 1,689,409 fr. 26 [1]. Les dépenses sont toujours inférieures ou tout au plus égales aux recettes. Dans la répartition par établissements des détails du budget, on voit que Pondichéry seul est en déficit, mais que la différence est comblée par les quatre autres cantons. La colonie se suffit donc à elle-même. Quant aux dépenses d'administration qui doivent être à la charge de la métropole, elles figurent pour une somme de 532,643 fr. sur le budget de l'État; mais la caisse de Pondichéry verse tous les ans au Trésor une somme de un million, payée par le gouvernement anglais, en vertu de la convention du 7 mars 1815, qui nous a enlevé, moyennant cette indemnité, le droit de fabriquer le sel et l'opium sur notre territoire. Le sel nécessaire à la consommation locale est livré par le gou-

[1] Le budget de 1877 s'élève à 1,694,376 fr. 47.

vernement anglais aux agents du domaine français, qui le revendent aux habitants. Ces dispositions avaient pour but de rendre plus complet le monopole de la Compagnie anglaise des Indes [1]. Quoi qu'il en soit, on peut dire que l'Inde est la seule colonie française qui, loin de coûter à la métropole, soit au contraire pour elle une source de revenus.

Le régime administratif de l'Inde française a été réglé par une ordonnance royale du 23 juillet 1840, qui donne au gouverneur un pouvoir discrétionnaire et place à côté de lui un conseil composé des deux grands chefs de service, l'ordonnateur et directeur de l'intérieur, le procureur général. Toutes les administrations se résument, en effet, en deux corps distincts : la magistrature, sous les ordres du procureur général, et tous les autres fonctionnaires, civils et militaires, sous les ordres de l'ordonnateur. La plupart des emplois civils sont confiés à des agents hors cadre du commissariat de la marine. Les établissements secondaires sont commandés par ce qu'on appelle les chefs de service. Mais le gouverneur est le chef suprême ; son pouvoir est exorbitant, et les seules personnes capables d'indépendance, les magistrats, ne sont pas abrités contre ses caprices par le précieux privilége de l'inamovibilité. Un exemple suffira à montrer les inconvénients de ce système : bien que les principales lois françaises aient été promulguées, avec les réserves et les tempéraments nécessaires en présence des vieilles coutumes indoues, la presse est encore soumise à l'arbitraire du gouverneur. Aucun journal indépendant n'a jamais pu être établi à Pondichéry ; le *Courrier de l'Inde*

[1] On sait que cette Compagnie a été supprimée par un *bill* du Parlement, après l'insurrection des *Cipayes* (soldats indiens), en 1857. Depuis cette époque, l'Inde dépend directement de la couronne anglaise, et le gouverneur général porte le titre de vice-roi. — La Compagnie française avait été supprimée de la même manière en 1769.

française, écho du parti libéral de notre colonie, qui n'avait pu trouver d'imprimerie que sur le territoire anglais, s'est vu forcé, au bout d'un an et demi de patience, à cesser sa publication, en présence des persécutions dont il était l'objet. Dans ses numéros des 3 août et 15 novembre 1872, 12 février et 3 août 1873, la *République française* a trop bien montré les vices du système appliqué à l'Inde, pour que nous insistions sur ce sujet.

L'ordonnance de 1840 créait d'ailleurs le contre-poids nécessaire, un Conseil général votant le budget et représenté en France auprès du ministre par un délégué spécial. En 1848, ce Conseil et son délégué furent supprimés et un siége de représentant fut réservé à la colonie. L'empire n'accorda pas de député et ne rétablit pas le Conseil général. Un décret du gouvernement de la Défense nationale rendu à Paris, le 1er février 1871, appela de nouveau l'Inde française à nommer un membre de l'Assemblée nationale. L'élection eut lieu le 28 mai 1871, et 13,597 voix, sur 29,606 votants, envoyèrent à Versailles M. le comte Desbassayns de Richemont, qui, seul des députés coloniaux, ne siége pas à gauche, mais qui fut élu comme candidat d'opposition au gouverneur alors en fonctions. Sur l'initiative de l'honorable député de l'Inde, assisté, paraît-il, de quelques « hommes spéciaux », fut rendu le décret du 13 juin 1872 qui a eu la prétention d'établir dans l'Inde le régime représentatif. Le journal où nous avons l'honneur d'écrire ces lignes a justement critiqué, dans les articles cités plus haut, ces inventions bizarres, toutes ces chinoiseries. Chacun des établissements nomme, à l'élection directe, un Conseil local que préside de droit le chef de service. Puis, les membres de ces conseils élisent au scrutin de liste *sept* délégués qui, joints à *cinq* fonctionnaires, forment le conseil colonial de Pondichéry. Les seules attributions de tous ces conseils sont le vote du budget et l'émission de vœux. Le sénateur attribué à l'Inde sera nommé, dit l'article 4 de la loi du 25 février 1875, vu l'absence de municipalités, par les membres du conseil colonial ou des conseils locaux. Que voilà une disjonctive fâcheuse! Si les conseils locaux ont la préférence, il y aura 39 électeurs sénatoriaux; si c'est le conseil colonial, il n'y en aura que 12, mais l'élection offrira toutes les conditions de sécurité rêvées par les conservateurs de l'ordre moral, car elles auront lieu véritablement au troisième degré.

L'espace nous manque pour développer, avec tous les détails qu'elles comporteraient, les principales questions qui se posent au sujet de notre vieille colonie. Ce qui précède aura néanmoins suffi, nous l'espérons, pour en montrer l'importance relative. Nous ne saurions mieux faire toutefois, en terminant cette esquisse générale, que de rappeler l'intérêt historique et scientifique offert par nos possessions de l'Inde. Les mœurs, les religions, les idiomes des populations qui se pressent à l'ombre de notre drapeau, quel merveilleux et fécond sujet d'étude! Pour ne parler, en passant, que de la linguistique, nous devons faire remarquer que Pondichéry et Karikal parlent tamoul, Yanaon télinga et Mahé malayâla : ces trois idiomes sont les principaux du groupe dravidien, purement indigène, antérieur au sanscrit et tout à fait indépendant. Le congrès des Orientalistes de 1873 a demandé qu'une chaire de langues dravidiennes fût créée à Paris aussi tôt que possible.

On comprend sans peine que, devant de si graves problèmes, la curiosité des chercheurs s'éveille aisément. Beaucoup de jeunes fonctionnaires que le sort amène sur la côte de Coromandel ont eu l'excellente pensée d'utiliser leurs loisirs en étudiant un peu l'Inde originale. Malheureusement la plupart d'entre eux ont abordé ces travaux délicats avec une préparation insuffisante ou sous l'empire de préjugés funestes. Un savant magistrat, M. Esquer, a publié sur les castes un remarquable volume [1], où le premier défaut se fait trop souvent sentir. Un habile ingénieur, M. Lamairesse, a fait paraître deux petits livres [2], où les sévérités catholiques vont parfois jusqu'à l'injustice. Nous citerons encore, à regret, le nom d'un autre écrivain, abondant et facile, qui semble vraiment exploiter, qu'on nous pardonne le mot, le séjour de dix-huit mois qu'il a fait à Pondichéry, il y a une huitaine d'années ; on peut à bon droit lui appliquer le cruel proverbe qui suspecte la sincérité de ceux qui reviennent de loin. Dans ses brochures, dans ses volumes aux apparences sérieuses, dans ses in-douze aux allures familières [3], M. Jacolliot décrit à ses lecteurs et à ses auditeurs bénévoles une Inde presque toute de fantaisie : des réminiscences d'observations imparfaites, des échos de nombreuses et rapides lectures, des citations de textes indous fréquemment assez imaginaires, enfin des emprunts plus ou moins dissimulés, tel est le fond des élucubrations de M. Jacolliot, contre lesquelles il était de notre devoir de mettre en garde le public crédule.

Quelle supériorité n'offrent pas à ce point de vue les fonctionnaires anglais ! On ne les admet à la plupart des emplois du service de l'Inde que s'ils justifient d'une connaissance suffisante de l'une des langues du pays. Aussi peuvent-ils se renseigner directement et utiliser sérieusement le temps qu'ils passent dans la Péninsule. Nous ne mentionnerons qu'un livre, dû à la plume d'un officier de l'armée anglaise, le colonel Malleson, et qui a pour titre :

[1] A. Esquer, *Essai sur les Castes dans l'Inde*. Pondichéry, A. Saligny, 1870, 1 vol. in-8°, 500 p.

[2] E. Lamairesse, *Poésies populaires du Sud de l'Inde*. Paris, libr. intern., 1867, in-12, 364 p. — *Chants populaires du sud de l'Inde*, 1868, in-12, 334 p.

[3] L. Jacolliot, *La Bible dans l'Inde*, vie de Iezeus Christna. Paris, 1869, 1 vol. in-8, 391 p. — *Voyage au pays des Bayadères; Voyage au pays des Perles*, etc., etc.

Histoire des Français dans l'Inde (1674-1761) [1]. C'est l'ouvrage le mieux fait et le plus consciencieux que nous connaissions sur ce sujet; ce n'est pas que nous ne puissions y relever quelques erreurs de détail ni que nous souscrivions à toutes ses appréciations; il ne nous paraît nullement démontré, par exemple, que La Bourdonnais se soit vendu aux Anglais lors de la capitulation de Madras. Mais M. Malleson fait preuve, dans ses jugements sur les hommes et les choses d'une époque où la France eut un beau rôle, d'une impartialité et d'une équité à laquelle ses compatriotes ne nous avaient pas habitués jusqu'ici. Nous sommes heureux de saisir cette occasion pour lui témoigner hautement notre reconnaissance, en exprimant le vœu que toutes les études historiques soient entreprises avec cette hauteur de vue et cette largeur d'idées qui ne sont aucunement incompatibles, quoi qu'on en ait dit, avec le *véritable patriotisme*.

[1] G. Malleson, *Histoire des Français dans l'Inde*, depuis la fondation de Pondichéry jusqu'à la prise de cette ville (1674-1761), traduction de Mme S. Lepage. Paris, libr. de la Société bibliographique, 1874, 1 vol. in-8°, XI-504 p., 1 carte. — Le texte anglais a paru à Londres (*Longmans and C°*) en 1868.

J. V.

LES LANGUES DRAVIDIENNES[1]

C'est seulement par le langage que l'homme devient réellement homme et qu'il se distingue des animaux supérieurs, placés comme lui au sommet de l'échelle des êtres organisés. Mais le langage n'est autre chose que la pensée sonore, ou, en d'autres termes, que l'expression de la pensée. « Point de langage sans pensée » est aujourd'hui un fait d'expérimentation admis par la science; il importe de rechercher quelles conditions doit remplir le langage, ou plutôt quel est, parmi les nombreux idiomes parlés sur toute la surface du globe, mais principalement en Asie et en Europe (c'est-à-dire dans les pays à peu près les seuls étudiés jusqu'à ce jour au point de vue linguistique), le langage ou le groupe de langages le plus parfait et le plus précis.

La plus exacte manière d'exprimer la pensée sera naturellement celle qui pourra le mieux en rendre les diverses nuances. Mais que sont les diverses nuances de la pensée? On peut s'en rendre compte par cette considération que les idées, les conceptions ou les intuitions peuvent être dirigées dans divers sens, c'est-à-dire qu'il faut distinguer, dans une idée, une conception ou une intuition, le fait qui est à sa base et la modification éprouvée par ce fait suivant le temps ou l'espace; ce que nous résumons par ces deux mots indiquant le but naturel du langage : « signification, relation ». Le langage le plus parfait sera donc celui qui

[1] Extrait de la *République française* du 26 juillet 1873.

exprimera simultanément la pensée et sa manière d'être, le fait et sa modification, la signification et la relation.

Si nous classons, à ce point de vue, les nombreux idiomes européens et asiatiques; si nous cherchons à nous rendre compte de la façon dont chacun d'eux indique la signification et la relation, nous les voyons se grouper en trois grandes catégories.

Dans la première se rangent les langues de l'Asie sud-orientale, le chinois et les autres langues dites *monosyllabiques* du continent indo-chinois. Elles sont caractérisées par l'absence complète de l'expression des relations; et si l'on réduit pour ainsi dire ces idiomes à leur plus simple état, on se trouve en présence seulement de mots primordiaux, de racines ne pouvant avoir qu'une signification vague et générale. Les relations se rendent par des procédés conventionnels extérieurs. C'est là évidemment l'état le plus imparfait du langage; les mots y sont réduits à des syllabes isolées que rien ne relie entre elles : aussi ces langues sont-elles connues sous le nom d'*isolantes*.

Dans la seconde se placent de très-nombreux idiomes, parlés sporadiquement sur toute la surface de la partie de la terre où nous sommes forcés de borner nos recherches, qui ne forment point entre eux une chaîne continue et se présentent sous l'aspect d'îlots indépendants. Ces idiomes sont supérieurs aux précédents, car ils savent exprimer la relation; seulement ce n'est pas dans le mot qu'ils l'expriment, mais à côté du mot. A une racine significative, on ajoute, soit devant, soit derrière, une autre racine qui devient en quelque sorte l'accessoire, le corollaire, le complément de la première, dont elle ne sert qu'à modifier le sens. Ces racines de relation, ces mots secondaires s'emploient d'ailleurs aussi indépendamment comme mots significatifs : il est donc probable qu'à l'origine les langues de ce groupe étaient isolantes et monosyllabiques.

Mais ce procédé, quelque ingénieux qu'il soit, est évidemment insuffisant; car il faut deux mots, deux sons, pour un seul acte de l'esprit qui ne fait qu'éprouver un changement de forme, tout en restant un. Il suit de là que le système linguistique le plus parfait sera celui qui indiquera la relation par un changement dans la forme de la racine significative qui restera une. C'est le procédé employé par les langues du troisième groupe; c'est ce qui les distingue d'une façon bien tranchée des autres produits de l'organisme vocal humain. Elles expriment les relations par une altération, une variation de la voyelle radicale du mot significatif; c'est ce qu'on appelle une *flexion*.

Par conséquent, nous devrons ranger dans ce groupe la plupart des langues les mieux connues de l'Europe et de l'Asie, le sanscrit, le grec, le latin, l'allemand, etc., en un mot, les langues *indo-européennes* d'une part, et de l'autre l'hébreu, l'arabe, etc., c'est-à-dire les langues *sémitiques*. Nous devons combattre, à cette occasion, une erreur assez répandue : la flexion ne joue aucun rôle dans les terminaisons, par exemple, des déclinaisons latines, et *rosarum* notamment ne diffère de notre « des roses » que par la position différente des racines significatives et accessoires. Ainsi, les langues à flexion expriment les relations, les rapports, non-seulement par le changement de la voyelle radicale, mais aussi par le procédé des idiomes du second groupe (appelés *agglomérants*, *composants* ou *agglutinants*); et il est très-vraisemblable, leurs racines significatives étant du reste monosyllabiques, que toutes les langues à flexion ont été primitivement isolantes, puis agglutinantes, et que la flexion n'est qu'un perfectionnement ultérieur.

De cet examen résultent également d'autres conséquences importantes. Si les langues à flexion sont les mieux organisées et si elles ont passé successivement par deux états plus défectueux, il faut en conclure que le langage est essentiellement progressif, variable et modifiable dans le sens d'une amélioration constante. Il faut en conclure aussi que les langues indo-européennes, pour nous en tenir aux plus profondément étudiées des langues à flexion, ont parcouru une plus grande période de leur vie que de plus imparfaites, que les idiomes agglutinants par exemple.

Mais, puisque le langage est soumis à une variation perpétuelle dans le sens de la plus juste expression des divers rapports entre les racines significatives, comment s'est opérée cette variation? Par deux degrés seulement : de l'isolement à l'agglutination, de l'agglutination à la flexion. Or, si nous examinons le rôle des racines secondaires dans l'agglutination, nous constatons qu'il est très-différent suivant les idiomes analysés. Dans telle langue, les affixes de relation sont à peine accolés aux racines et s'en séparent on ne peut plus aisément pour former des mots indépendants, au sens précis; dans telle autre, la séparation est très-difficile et ne semble produire que des syllabes sans valeur propre significative. Enfin, le nombre des affixes qu'on peut joindre en même temps, l'un après l'autre, à un même mot, varie beaucoup d'un langage à l'autre. Les langues, pendant leur vie, peuvent donc, à ce point de vue, voir leurs mots éprouver deux sortes de changements dans leur aspect extérieur, dans leur forme; on a appelé ces changements le *développement formel* et la *décadence formelle.*

Or, un savant linguiste, Schleicher, mort prématurément en 1868, qui a complété et développé l'œuvre de Bopp, a démontré, notamment dans l'admirable introduction de son beau livre sur la langue allemande (*Die Deutsche Sprache,* 2e édition, Stuttgard, 1869, in-8o, XII-348 p.), que, si la vie des hommes se partage en deux périodes bien distinctes : celle du développement physique, qui forme la période préhistorique de l'humanité, et celle du développement moral (jointe quelquefois à la décadence physique), qui forme la période historique, — la même division doit être adoptée pour la vie du langage. Il y a donc eu, dans toute langue, une période préhistorique, celle du développement formel, et une période historique, celle de la décadence formelle : la décadence formelle provient principalement de l'oubli du sens primitif des affixes relatifs et de la tendance à faciliter et à abréger la diction.

Mais cette théorie de Schleicher reçoit elle-même son complément d'un fait remarquable que révèle l'observation des langues des divers groupes, lorsque nous cherchons l'époque de leur arrivée à la vie historique. Quelque lointains, quelque reculés que soient à cet égard les souvenirs des peuples à langues agglutinantes, il n'est pas possible de séparer complétement ces peuples des autres, c'est-à-dire de ceux qui ont des idiomes ou plus simples ou plus perfectionnés. Ces langues ont toutes emprunté les mots indiquant un état de civilisation et de culture morale relativement avancé; elles n'offrent aucun monument écrit véritablement original. Il faut en conclure que, seules, les langues du premier et celles du troisième groupe sont arrivées spontanément, par une suite logique de leur évolution naturelle, à la vie historique, tandis que les idiomes agglutinants n'y sont parvenus que le jour où ils se sont trouvés en contact avec des organismes phonétiques d'une autre espèce. C'est par le chinois que le japonais est devenu historique ; c'est par les dérivés du sanscrit qu'a commencé la décadence du dravidien; c'est par le celte peut-être et à coup sûr par le latin et ses descendants que le basque a cessé de croître. Pour ces divers idiomes, le développement formel a été interrompu le jour où des peuples déjà historiques ont envahi les contrées où ils se parlaient; dès lors, ils ont été soumis à une décadence formelle d'autant plus rapide que l'action des idiomes conquérants, si l'on peut s'exprimer ainsi, était de jour en jour plus puissante et plus efficace.

C'est sur cette donnée : que la décadence des langues agglutinantes s'accomplit, que leur histoire se déroule, sous l'influence perpétuelle d'idiomes isolants ou à flexion (et, pour ces derniers, parallèlement à la décadence spéciale de ceux-ci), qu'il faut s'appuyer, croyons-nous, pour remonter au point culminant du développement formel, c'est-à-dire pour reconstituer l'idiome étudié dans l'état le plus parfait auquel il ait atteint de lui-même, ce qui est un des buts de la science du langage. C'est faute d'avoir compris cette situation que tant de travaux sur les langues agglutinantes ont misérablement abouti, et que des échafaudages laborieusement établis se sont trouvés n'être, en fin de compte, que des constructions absolument artificielles, empiriques et d'une fragilité extrême.

Ainsi, on ne peut fructueusement, sérieusement, étudier le japonais si l'on n'a préalablement une connaissance assez approfondie du chinois. Il n'est pas possible d'avancer quoi que ce soit au sujet du basque, si l'on n'a étudié les devenirs successifs du latin, et spécialement du français, du provençal et de l'espagnol, dans la région pyrénéenne.

On ne saurait davantage reconstituer la langue dravidienne primitive si l'on n'a pas appris l'histoire des dialectes aryens, c'est-à-dire indo-européens, issus du sanscrit védique. Tout porte à croire, en effet, que ces idiomes agglutinants représentent le parler national primitif de l'Inde cisgangétique, antérieurement à l'époque pourtant bien reculée où les pasteurs aryens, qui chantaient les hymnes du Rig-Vêda, descendirent des flancs de l'Himalaya pour se répandre tout d'abord dans la vallée fertile de l'Indus. Mais déjà les Aryas avaient beaucoup vécu, puisqu'ils étaient parvenus à l'état linguistique flexionnel, tandis que les peuples qu'ils trouvèrent dans les régions méridionales en étaient encore aux premières phases de l'agglutination.

Les idiomes de ces peuples, les langues dravidiennes (ainsi nommées du mot *draviḍa*, qui est le nom sanscrit du Décan), sont parlées aujourd'hui par plus de quarante-sept millions d'hommes dans toute la pointe méridionale de la Péninsule indienne, depuis les monts Vindhya et la rivière Narmada (défigurée par les Anglais en Nerbuddah), jusqu'au cap Comorin. Elles sont au nombre de cinq principales; mais on trouve aussi, dans la même région, quatre ou cinq dialectes ou langues fort peu connus et qui semblent manifestement avoir la même origine. Les cinq langues dravidiennes principales sont le Tamoul, le Télinga, le Canara, le Malayâla et le Tulu.

Le *Tamoul*, qui joue dans la famille dravidienne le même rôle que le sanscrit dans la famille indo-européenne, sous le rapport de l'ancienneté et de la pureté des formes, est la langue des 15,000,000 d'hommes qui habitent toute la plaine à l'est des Ghattes, depuis Paliacate jusqu'au cap Comorin, et aussi la côte occidentale jusqu'à Trivandrum. La longue bande qui s'étend entre les Ghattes à l'est et le golfe Persique à l'ouest, de Trivandrum à Mangalore, est la région du *Malayâḷa*, parlé par environ 3,800,000 Indiens. Le *Tuḷu*, jadis répandu au nord du Malayâla, sur la côte occidentale, est confiné actuellement aux environs de Mangalore, et le nombre de ceux qui en font usage n'est pas estimé à plus de 300,000 hommes : c'est une langue intermédiaire entre le Malayâla (qui est seulement un très-vieux dialecte du Tamoul) et le *Canara*.

Ce dernier occupe le nord de la région dravidienne, embrassant le plateau du Maïssour et la partie ouest du territoire du Nizam ; on évalue à 9,000,000 le nombre des hommes qui parlent actuellement le Canara, langue fort intéressante et qui, à cause de son haut intérêt linguistique, peut être appelée le latin du dravidisme; il a conservé des formes plus anciennes et plus pures que le Tamoul même. Quant au *Télinga*, il termine, à l'est et au nord, la série des pays dravidiens; c'est le langage usuel de 16,000,000 d'Indiens, mais, s'il est plus harmonieux qu'aucun de ses congénères, c'est aussi celui qui a subi la décadence formelle la plus profonde.

Tous ces idiomes ont une littérature assez riche; mais, à ce point de vue, le Tamoul et le Télinga l'emportent de beaucoup sur les trois autres. La littérature tamoule est du reste la plus féconde et la plus intéressante, parce qu'elle est la plus vieille; elle ne se montre pas seulement comme un simple reflet de la littérature sanscrite du Nord, elle offre encore, sans cesser d'être au second rang, une certaine originalité. Le Tamoul a eu la fortune d'être, pendant de longues années, la langue de sectaires civaïstes et d'hérétiques djâinistes ou bouddhistes qui ont beaucoup écrit. Leurs livres sont les chefs-d'œuvre de la poésie tamoule ancienne; on sait qu'au contraire les ouvrages primordiaux du sanscrit sont vichnouvistes. Il faut ajouter que les documents anciens ou de quelque valeur dans les langues dravidiennes sont en vers; le Tamoul présente ici une particularité qui suffirait à lui donner la première place dans la famille : la poésie tamoule est plus pure que la prose et proscrit avec beaucoup plus de soin l'emploi des mots empruntés aux idiomes étrangers; c'est tout le contraire pour les vers télinga, canara ou malayâla, que les mots sanscrits envahissent à l'excès.

Les alphabets dravidiens sont au nombre de quatre, car le Tulu s'écrit avec les mêmes caractères que le Malayâla. Mais ces divers alphabets se ramènent à deux types différents : le canaro-télinga et le malayâlo-tamoul. Il faut ajouter l'alphabet grantha, employé dans le pays tamoul pour la transcription du sanscrit, et qui est, en quelque sorte, pour la forme de ses lettres, intermédiaire entre les deux types dont nous venons de parler. Tous ces alphabets sont, du reste, incontestablement dérivés des mêmes prototypes que le dévanâgarî.

La grammaire dravidienne est d'une remarquable simplicité. Pour en donner une idée, nous allons esquisser très-rapidement les traits principaux de ses deux divisions, la phonétique, et la dérivation ou morphologie, conformément à la classification si logique, seule admise aujourd'hui par les linguistes dignes de ce nom.

La phonétique n'offre point de difficultés sérieuses. Nous ne voyons guère à signaler que deux faits intéressants : 1° la consonne *r* est proscrite au commencement des mots; aussi, lorsqu'elle se trouve à cette place dans une expression empruntée, une voyelle doit-elle lui être obligatoirement préfixée; 2° les consonnes explosives douces (*g*, *d*, *b*) ne peuvent commencer aucun mot, et leurs dures (*k*, *t*, *p*) ne peuvent se trouver seules au milieu d'aucun, ce qui oblige par exemple les Tamouls à changer en *tandam* le sanscrit *dantam* « dent ».

Quant à la prononciation, les seules consonnes un peu pénibles sont les linguales (dites vulgairement à tort cérébrales), et pourtant ces sons ne sont point tout à fait nouveaux à nos oreilles, car, bien prononcé, le *l* des finales anglaises *able*, n'est qu'une linguale. On compte cinq sons de cette espèce dans les langues dravidiennes, *t*, *d*, *n*, *l* et *j* ou *r*. Les quatre premiers se rencontrent en sanscrit : y ont-ils été produits spontanément par suite d'une évolution naturelle, ou ont-ils été empruntés aux idiomes dravidiens? Nous ne saurions le dire, mais il est certain qu'ils sont étrangers aux autres langues indo-européennes fondamentales, et qu'ils étaient inconnus aux anciens Aryas.

Quant à la dérivation, quant à la déclinaison et à la conjugaison, elle est on ne peut plus simple, et rien n'est plus facile que de s'en rendre compte. Elle s'opère constamment à l'aide de particules plus ou moins agglutinées, mais dont le sens propre est toujours présent à l'esprit des Dravidiens, ce qui est un signe certain de la jeunesse relative de leur langue. De là vient que leur déclinaison n'a pas un nombre défini de cas : c'est comme en français, où chaque préposition ou groupe de prépositions (jusqu'à, par, de, vers, etc.) forme, avec un nom quelconque, un cas différent. De là aussi la confusion, familière aux anciennes langues dravidiennes, entre les suffixes nominaux et les suffixes verbaux. On rencontre, dans les vieux livres tamouls, des formules telles que *têvarîr* « vous qui êtes dieu », ou *sârndâykku* « à toi qui es allé », qu'on doit décomposer en *têvar* « dieux », et *îr* « vous », suffixe verbal; *sâr* « aller, marcher, atteindre », *n* euphonique, *d* signe du passé, *ây* « toi », suffixe verbal, *k* euphonique et *ku* « à », suffixe nominal.

Les langues dravidiennes ne connaissent pas l'article; l'adjectif, toujours invariable, n'y est ordinairement pas distinct du nom; il précède toujours immédiatement le substantif déterminé. La distinction des genres devait être primitivement inconnue; de nos jours même, elle ne s'applique qu'aux êtres humains parvenus à un âge raisonnable : les noms d'enfants sont neutres dans toutes les langues dravidiennes, et, dans la plupart d'entre elles, les noms de femmes le sont aussi au singulier. Quant aux nombres, il ne paraît y avoir jamais eu de duel. Le verbe n'a que trois temps : présent, passé et futur aoristique; et qu'un mode, l'indicatif, puisque l'impératif, le gérondif et le participe ne sont pas, à proprement parler, des modes; les grammairiens lui attribuent deux voix, la positive et la négative; mais cette dernière, ramenée à sa forme primitive, se trouve être composée d'une négation, des suffixes personnels et du simple radical verbal, c'est-à-dire dérivée et secondaire.

Le vocabulaire dravidien indique une infériorité morale très-grande; on n'y trouve point de mots originaux pour les grandes entités métaphysiques : en dépit du soi-disant consentement unanime des peuples, il n'y avait, dans le pays dravidien, avant l'arrivée des Aryas, ni « dieu », ni « âme », ni « église », ni « prêtre »; il est vrai qu'il n'y avait pas davantage de « livre », d' « écriture », de « peinture » ou de « grammaire » : le mot « volonté » manque également. On n'y savait pas compter jusqu'à « mille » : la seule langue dravidienne qui possède un mot propre pour ce nombre, le télinga, le tire de la racine *vé* « ardeur, multiplication ».

La bibliographie dravidienne est abondante, mais nous ne pouvons indiquer ici qu'un livre, le seul ouvrage d'ensemble que nous connaissions, la *Comparative Grammar of the Dravidian*, par le rév. Caldwell (Londres, 1856, in-8°, VIII-528 p.). Il n'y a guère qu'un reproche à adresser à son auteur, c'est de suivre beaucoup trop docilement les systèmes métaphysiques du professeur allemand d'Oxford, Max Müller.

Quel est l'avenir des langues dravidiennes? Si beaucoup d'idiomes agglutinants, pressés de tous côtés par le flot montant de la civilisation indo-européenne, doivent obéir à l'impitoyable nécessité des choses et succomber plus ou moins prochainement, victimes d'une inévitable concurrence vitale, il ne saurait en être de même de langues parlées encore par près de cinquante millions d'hommes. Elles ont résisté jusqu'ici à l'exemple de la Grèce qui civilisa ses vainqueurs, elles se sont imposées aux conquérants, qui ont gardé pourtant leurs mœurs et leur culte. Quelle action pourra exercer sur elles le dialecte germanique des possesseurs actuels de l'Inde, dont tout au plus quelques milliers sont épars au milieu des cinquante millions de Dravidiens?

Il exercera, nous le croyons du moins, une influence

salutaire que n'ont point prévue, lors de la conquête, les marchands de la Compagnie des Indes. Par l'anglais, les Indiens arriveront tôt ou tard à la connaissance des droits et des devoirs individuels dont la revendication et la pratique agitent et renouvellent, depuis près d'un siècle, la vieille Europe. L'Inde instruite échappera à la domination anglaise, et déjà nous connaissons parmi ces travailleurs, que les conservateurs à outrance qualifient d'utopistes, que les hommes de combat traitent dédaigneusement d'idéologues, des esprits généreux qui songent parfois à la future confédération dravidienne dans la République des Indes.

J. V.

LES LANGUES ET LES ÉTUDES DRAVIDIENNES[1]

Nous avons montré, dans une précédente revue, l'intérêt particulier qu'offrent à la France les langues dravidiennes, dont le nom est cependant presque complétement inconnu chez nous. Elles sont dignes d'être étudiées au triple point de vue de l'histoire, du commerce et de la science pure. Elles se recommandent au commerce, parce que ce sont les idiomes usuels et journaliers de plus de quarante-cinq millions d'hommes, parlés dans les possessions anglaises de l'Inde et dans nos quatre colonies de Pondichéry, Karikal, Mahé et Yanaon; l'histoire peut tirer de leur connaissance d'utiles renseignements sur les relations anciennes des peuples de l'Occident avec les riverains du golfe de Bengale; la science, enfin, trouve dans les langues dravidiennes un échantillon fort instructif de ces langages humains arrêtés dans leur développement, un des plus curieux exemples d'une superposition de races et de la persistance complète d'une langue encore imparfaite, survivant à la race qui la parlait.

Le langage primordial d'où se sont développés les nombreux patois régionaux dont le groupement forme les langues dravidiennes était en effet, sans aucun doute, d'une étonnante simplicité grammaticale et d'une pauvreté de vo-

[1] Extrait de la *République française* du 12 mai 1876.

cabulaire presque inimaginable. Il y avait fort peu de temps que les habitants du sud de l'Inde étaient parvenus à la condition d'hommes, — fort peu de temps relativement, bien entendu, à l'histoire générale de l'humanité, — quand un grand fait se produisit, l'arrivée des Aryas dans les plaines et les forêts de l'extrême péninsule. C'est alors seulement que commence l'histoire de ces régions. Des Dravidiens primitifs la langue seule est restée, mutilée, altérée, envahie par l'idiome des civilisateurs, mais assez tenace, assez rebelle encore, pour avoir conservé ses caractères originaux les plus importants.

Le nom même qu'on lui donne le plus souvent aujourd'hui, ce mot de « dravidien », n'a rien d'authentique. C'est une appellation sanscrite, que nous ont transmise les brahmanes, mais on ignore comment se désignaient les sauvages du Décan avant leur premier contact avec les émigrants des climats froids du Nord. L'hypothèse la plus vraisemblable, en tout cas la plus heureuse, est celle qui suppose que le nom propre et spécial de cette race était le mot « paria » ; ce mot, dont l'orthographe correcte est *par'eiya,* dérive de *par'ei* « bruit, tambour », et a très-bien pu avoir le sens de « parleur, doué de la parole ». On sait que le nom de beaucoup de peuples n'a pas d'autre étymologie ; ce qui s'explique soit par le dédain envers les étrangers incompris, soit par un sentiment de supériorité sur le reste de la nature organisée. Le vieil Homère, le *poeta sovrano* de Dante, avait encore conscience de l'importance du langage comme caractère essentiel et distinctif de l'homme ; car, sans langage articulé, il n'y a point d'homme. C'est pourquoi nous disions tout à l'heure que les Dravidiens étaient à peine hommes quand ils virent arriver du nord les pasteurs qui parlaient des dialectes sanscrits ; en d'autres termes, les langues des premiers habitants de l'Inde méridionale étaient encore relativement très-jeunes.

Le nombre des langues dravidiennes actuellement conservées est, on peut le dire, indéterminé. Dans la première édition, parue en 1856, de sa *Comparative Grammar*, M. Caldwell en comptait neuf; dans la seconde, qui vient d'être publiée dix-neuf ans après, le nombre des idiomes congénères est porté à douze. Mais, sur ces neuf ou douze, cinq ou mieux quatre possèdent seuls une littérature, ont été écrits, et présentent à l'observateur des monuments d'une époque plus ou moins ancienne: le tamoul, le canara, le télinga et le malayâla (ou maléolum, comme disent vulgairement les Français); quant au tulu, sa littérature se réduit à des proverbes et des contes conservés par la simple tradion orale. Les autres dialectes dravidiens n'ont aucune culture; leur vocabulaire est extrêmement mélangé, et leur grammaire offre parfois de sérieuses difficultés à l'analyste.

Le malayâla n'a qu'une littérature secondaire assez moderne et de peu d'intérêt. Le télinga est plus digne de l'attention des travailleurs, mais le canara et surtout le tamoul sont riches en compositions littéraires, soit originales, soit copiées sur des prototypes sanscrits : par originales, nous entendons écrites et pensées dans la langue du pays; mais évidemment les idées n'ont rien d'original, puisque les Dravidiens ont tout emprunté aux gens du Nord, mœurs et religion. Il ne faudrait pas, du reste, exagérer ce caractère de secondarité, si ce mot nous est permis, des littératures du sud de l'Inde; il ne faut pas y voir seulement un pâle reflet du brillant épanouissement littéraire des cycles poétiques sanscrits, il convient d'y chercher en quelque sorte des variétés locales du mouvement intellectuel de l'Inde aryenne. Il ne faut pas comparer les écrits des philosophes et des poètes héroïques du Décan aux grandes épopées de la belle époque du sanscritisme; il convient de les comparer aux productions contemporaines de tous les idiomes aryens de la Péninsule. Considérés ainsi, les chefs-d'œuvre poétiques (tout ouvrage sérieux et ancien est en vers) tamouls ou canaras ne sont point sans mérite; les livres de morale tamouls, dont le plus célèbre est appelé les *Kur'als* (distiques) et est attribué à un soi-disant Tiruvalluva, sont, de l'avis de tous les indianistes, supérieurs à la plupart des compilations analogues. L'hérésie djâina et le bouddhisme ont occasionné dans les langues dravidiennes la production de beaucoup de livres; la secte des adorateurs exclusifs de Çiva a, de son côté, produit beaucoup de poètes méridionaux. Sans parler des traductions dravidiennes d'ouvrages dont on n'a point encore retrouvé le texte original sanscrit, on peut, par bien des écrits de la même provenance, être initié à d'intéressants détails oubliés ou perdus dans les livres sanscrits parvenus jusqu'à nous. C'est ainsi que M. Burnell, un savant spécialiste sur les travaux duquel nous allons revenir, vient de découvrir, dans une vieille grammaire tamoule (elle est, dit-on, du huitième siècle de notre ère), les principes généraux d'une école grammaticale indienne antérieure à Pânini, le grand régulateur du sanscritisme, celle d'Indra. Le plus ancien ouvrage canara connu est environ du onzième siècle; le plus vieux livre télinga, du douzième; mais on a de très-sérieuses raisons pour croire que, parmi les nombreux écrits qui se sont perdus et dont il ne reste que le nom ou quelques citations éparses, il y en avait plus d'un antérieur à ceux qui ont survécu.

Il y a longtemps au surplus que les Dravidiens savent écrire. M. Burnell, dont nous avons cité le nom plus haut, M. Burnell, juge à Tanjaour (non loin de notre établissement de Karikal), qui a publié de nombreux et très-importants mémoires, dont la compétence et l'autorité s'imposent presque toujours à ses lecteurs, vient de faire paraître, sur cette question spéciale, un magnifique volume intitulé :

Elements of south-indian Palæography (in-4°, viij-98 p., 1 carte et 32 planches lithographiées). Imprimé avec un soin tout spécial dans les ateliers de la mission de Mangalore, et tiré à 112 exemplaires seulement, il a été rapidement épuisé, et nous n'avons pu le consulter que grâce à la complaisance des missionnaires de Bâle qui ont bien voulu nous confier l'exemplaire de leur bibliothèque. C'est à leur maison que se rattache la mission de Mangalore. Hâtons-nous de dire qu'il s'agit de missions et de missionnaires protestants ; ils comptent parmi eux un grand nombre de travailleurs distingués, qui ont déjà produit de nombreuses et excellentes *contributions*, comme disent les Anglais, à la linguistique et à la philologie dravidiennes, canara et tulu principalement : nous nous contenterons de nommer ici MM. Kittel, Wurtz, Brigel, Gundert, Graeter, Metz, etc.

Mais revenons à M. Burnell et à l'histoire de l'écriture chez les dravidiens. On sait que le plus vieil alphabet, que les plus anciennes inscriptions indiennes connues, ne remontent pas à plus de 250 ans avant notre ère. Ce sont des édits ou proclamations d'un certain roi bouddhiste Piyadâsi, de la dynastie Açôka ; elles présentent deux variantes, l'une septentrionale, l'autre plus spéciale aux régions du sud. On a supposé que ces inscriptions n'étaient pas de beaucoup postérieures à l'introduction ou à l'invention de l'écriture ; il est certain que les écrivains grecs, contemporains d'Alexandre, Néarque et Mégasthènes, sont assez obscurs sur ce point. Quoi qu'il en soit, il paraît généralement admis aujourd'hui que les alphabets primitifs dont nous venons de parler dérivent de l'écriture phénicienne. La langue qu'ils ont servi à transcrire est le sanscrit ; et la belle écriture sanscrite moderne, qu'on appelle le caractère dévanâgarî, vient directement de l'alphabet des inscriptions Açôka ; c'est du dévanâgarî que procèdent le bengali et les autres systèmes graphiques des dialectes aryens septentrionaux.

Quant aux alphabets des langues dravidiennes, ils se présentent à l'époque actuelle sous diverses formes qu'on peut sans effort ramener à deux principales. De toutes les langues dont nous nous occupons, quatre seulement ont une écriture spéciale. Le canara et le télinga emploient presque les mêmes caractères, remarquables surtout par leur rondeur générale; le tamoul se distingue au contraire par la prédominance de la forme carrée; le malayâla tient pour ainsi dire le milieu, tout en se rapprochant sensiblement du tamoul et surtout d'un alphabet très ancien, dit *grantha*, dont les Tamouls se servent pour écrire le sanscrit; l'alphabet tamoul y est en effet tout à fait impropre : il n'a que dix voyelles et dix-huit consonnes, dont plusieurs n'ont pas leurs correspondantes en sanscrit, tandis que toutes les lettres sanscrites (cinquante-quatre) sont représentées dans les autres alphabets dravidiens. Dans aucun de ces alphabets, pas même en tamoul, l'*e* et l'*o* brefs ne sont distingués de l'*e* et de l'*o* long, ce qui est une présomption en faveur d'un emprunt de l'écriture aux gens du Nord par ceux du Sud. Ces derniers ont, dans la prononciation courante, deux *e* et deux *o* bien distincts quant à leur durée; on sait que le sanscrit a seulement un *e* et un *o* longs. Un autre fait qui milite contre l'hypothèse d'une invention de l'écriture par les Dravidiens, c'est l'imperfection de leurs alphabets, où certains signes ne servent à peu près à rien et où d'autres, en revanche, correspondent à deux ou trois sons très différents : en tamoul, notamment, *k* et *g*, *t* et *d*, *p* et *b* sont représentés par la même lettre, ainsi que *ç*, *tch* et *dj* et même que *r'* (*r* dur), *t'* et *d'* (*t* et *d* mouillés).

Mais de l'étude historique des alphabets dravidiens résulte la preuve de leur dérivation de l'écriture Açôka. A part le tamoul, qui mérite d'être examiné séparément à cause de son originalité, les autres systèmes graphiques du sud de l'Inde ont pris leur forme actuelle au commencement du dix-septième siècle. Mais, trois cents ans plus tôt, vers 1300, ils différaient beaucoup moins entre eux; le grantha de cette époque, le vieux malayâla, le vieux canara et le vieux télinga ont bien des traits communs. Plus tôt encore, le grantha et le malayâla se confondent, ainsi que le canara et le télinga; les deux premiers dérivent d'un vieux type grantha en usage vers l'an 650 de J.-C., qu'il est facile de déduire de l'écriture qui servit, vers 350, aux rois Tchêra (côte occidentale, entre les Ghattes et la mer) à écrire leurs faits d'armes ou le détail de leurs générosités envers les temples et les prêtres. D'un autre côté, le prototype de l'alphabet canara est l'écriture des rois Tchâlukya (dans la région du centre, au nord du pays tamoul actuel), contemporaine de celle des Tchêra et se rattachant ainsi qu'elle au système dit des inscriptions des cavernes (dans la Présidence de Bombay). On ne saurait nier le lien qui unit ce dernier caractère à celui des proclamations de Piyadâsi.

Quant à l'alphabet tamoul, il résulte, d'après M. Burnell que nous suivons en tout ceci, d'une double influence : il a été formé, vers le huitième ou neuvième siècle, d'un ancien alphabet et de plusieurs signes empruntés au grantha. La coexistence de l'ancien tamoul et du grantha s'oppose à leur communauté d'origine; aussi M. Burnell n'hésite-t-il pas à regarder le premier comme dérivé directement de l'écriture sémitique, c'est-à-dire de la même source que le caractère Açôka, prototype de tous les autres alphabets dravidiens. L'alphabet tamoul était en usage dans la pointe sud de la Péninsule (provinces de Tanjaour et Travancore). L'emprunt direct aux Sémites s'explique par les anciennes relations commerciales que les Phéniciens, si l'on en croit de nombreuses traditions, entretenaient avec la côte occidentale de l'Inde : mais est-il exact qu'Ophir soit l'Abhîra des bouches de l'Indus? Est-il vrai que le mot *tûkiyim* «paon» du Livre des rois de la Bible ne soit autre chose que l'expression tamoule *tôgei* ou *tôkei*? (Voyez notre article dans la *Revue de linguistique,* t. VI, p. 120-128.)

Un fait digne de remarque, c'est que dans le sud de l'Inde, excepté dans le pays tamoul, les inscriptions anciennes sont toujours en langue sanscrite. On cite cependant une inscription canara du neuvième siècle.

Outre les inscriptions sur pierre, c'est-à-dire sur les murs des temples ou pagodes, les seuls documents anciens qui soient parvenus jusqu'à nous sont transcrits sur des plaques métalliques, des lames de cuivre généralement. Tels sont les intéressants priviléges que conservent depuis le huitième siècle les juifs de Cochin. Ce sont des actes, en tamoul, par lesquels leur établissement et leur séjour dans le pays sont autorisés. Chaque acte occupe ordinairement trois lames, dont une seule est écrite des deux côtés; elle se plaçait entre les deux autres, dont la face blanche était à l'extérieur, utile précaution contre les injures du temps. Les ouvrages de longue haleine, les monuments littéraires, sont toujours sur *ôles*, c'est-à-dire sur des feuilles de palmier taillées de façon à avoir le plus habituellement environ cinquante centimètres de long sur quatre de large; on y grave les lettres, dans le sens de la longueur, à l'aide d'un stylet en fer, mais on a soin de ménager au milieu des lignes, à une certaine distance de chacune des deux extrémités, un espace libre où l'on perce ensuite un trou circulaire. Dans le premier de ces trous, à gauche, passe, quand les diverses feuilles d'un même ouvrage sont réunies, un cordon dont une extrémité s'attache à une baguette que l'on passe dans le second trou; le surplus du cordon se replie autour du manuscrit, maintenu d'ailleurs entre deux planchettes de bois auxquelles on donne exactement la dimension des ôles et qui sont percées comme elles. Les manuscrits sur ôles sont exposés à trop de causes de destruction pour pouvoir durer bien longtemps; les plus anciens que l'on connaisse n'ont pas trois cents ans.

C'est depuis l'arrivée des Européens que le papier a commencé à être connu dans l'Inde; ce sont les jésuites portugais qui les premiers y ont apporté ce bienfaisant instrument de la civilisation, l'imprimerie. Ici encore, M. Burnell a le premier signalé la date exacte de l'introduction dans la Péninsule cis-gangétique des presses typographiques. Les jésuites portugais paraissent en avoir établi deux à Goa vers 1550; mais, peu après, ils bâtirent un séminaire et une église sous le « vocable » de Saint-Thomas, dans le petit village d'Ambalakkâdu, voisin de Cranganore et d'Angamâli. Leurs élèves y étudiaient le sanscrit, le tamoul, le malayâla et le syriaque; ils y publièrent, en 1679, un vocabulaire tamoul-portugais, œuvre du P. A. de Proença. Mais, dès 1577, un frère lai de leur ordre, Joannes Gonsalves, avait fabriqué, à Cochin, des caractères malayâla en bois qui servirent la même année à imprimer une *Doctrina christiana* dans la langue du pays : c'est le premier livre indien qui ait jamais vu le jour à plus d'un exemplaire à la fois; il ne paraît s'en être conservé aucun exemplaire. En Europe, les premiers caractères dravidiens qui aient été fondus ont servi, en 1678, à donner le nom de quelques plantes dans un *Hortus indicus malabaricus* imprimé à Amsterdam.

Ainsi, dans l'Inde comme dans beaucoup d'autres parties du monde, la propagande religieuse a été le premier motif qui ait poussé les Européens à étudier les idiomes originaux; ainsi, les premiers livres indiens qui aient été imprimés sont des ouvrages de propagande et d'enseignement. Les catholiques, après les travaux de la mission de Goa, se sont laissé devancer par les protestants. Aussitôt, en effet, que les Anglais, les Français, les Hollandais et les Danois se furent établis sur les côtes de l'Inde, les théologiens allemands songèrent à la conversion des infidèles. Le roi de Danemark recruta, en 1705, les pasteurs Ziegenbald et Plutschau, de l'université de Halle. Ils s'embarquèrent à Copenhague le 29 novembre 1705; le 29 juillet 1706 ils arrivaient à Tranquebar, où ils fondaient la mission danoise; premier établissement de ce genre sur la côte de Coromandel.

En 1710, on leur envoya de Halle une presse et des caractères européens et tamouls; ces derniers avaient servi à imprimer en Europe une traduction du Symbole des Apôtres. C'est en 1714 que parut à Tranquebar la version tamoule du Nouveau-Testament qui fut réimprimée en 1758; une autre traduction, faite par un Hollandais, fut publiée à Ceylan en 1748 et 1759. La Bible entière, formant quatre volumes in-quarto, traduite par Ziegenbald seul, ne fut publiée qu'en 1728; cette première édition, car il en parut une deuxième en 1778, est devenue infiniment rare : M. Walter Elliot, ancien magistrat dans l'Inde anglaise, en a présenté un exemplaire au congrès des orientalistes qui s'est tenu à Londres en 1874.

La première grammaire tamoule est encore l'œuvre de Ziegenbald; elle a été imprimée à Halle en 1716 et n'est pas rare. La première grammaire malayâla parut seulement en 1780 dans l'Inde. En 1814 et 1817, Carey publia à Serampoure ses deux grammaires du télinga et du canara. Quant au tulu, il n'a eu son tour qu'en 1872, grâce à M. Brigel, de la mission de Mangalore.

Trois de ces dates, 1716, 1814 et 1872, marquent bien le point de départ et les progrès des études dravidiennes. Au commencement du dernier siècle, la linguistique n'était pas née et l'on n'apprenait les langues de l'extrême Orient que dans un intérêt de commerce ou de propagande religieuse. En 1814, on les étudiait déjà pour elles-mêmes, dans l'intérêt de la science générale; mais, encore en admiration devant la structure si parfaite du sanscrit récemment découvert, on y rapportait volontiers tous les idiomes du sud de l'Asie. En 1872, la classification véritable est faite, les langues dravidiennes sont traitées comme des organismes inférieurs mais indépendants, et l'on a déjà cherché à reconstituer la physionomie générale de leur souche commune.

La grammaire comparée de Caldwell date de 1856; elle étudiait simultanément neuf idiomes, dont quatre, très-incultes, offraient pourtant des particularités utiles à noter en vue de la synthèse entreprise. Dans la seconde édition de ce beau livre, les dialectes secondaires, sauvages pour ainsi dire, dont il est tenu compte, sont au nombre de sept. Cette seconde édition, de 1875, forme un assez gros in-octavo de xlii-154-608 p.; la première ne comptait que viii-528 p.: de nombreuses additions y ont été faites en effet; d'intéressantes dissertations y ont été introduites, entre autres celle sur l'origine des consonnes dites cérébrales ou linguales, essentielles aux langues du Décan, et dont, parmi les idiomes indo-européens, le sanscrit seul fait usage. A l'appendice, où ont été maintenues les très-intéressantes études sur le type physique et l'ancienne religion des Dravidiens, et sur la classification anthropologique des parias, M. Caldwell a joint une notice sur la chronologie du royaume de Maduré et une lettre sur sa théorie émise en 1856, qui tend à apparenter le dravidien primitif et le finnois, le turc, le mède des inscriptions cunéiformes. En d'autres termes, M. Caldwell continue à se montrer assez volontiers partisan de la théorie touranienne, dont M. Max Müller est le souteneur infatigable; elle consiste, on le sait, à regarder comme issu d'un même type unique tout ce qui n'est ni chinois, ni sanscrit, ni hébreu; elle n'est pas sérieusement discutable. M. Caldwell est aussi trop facilement enclin aux rapprochements de mots, et nous ne comprenons guère l'utilité de ses tableaux d'affinités de vocabulaires s'ils ne sont pas inspirés par une arrière-pensée d'unité soi-disant touranienne.

Nous ne voudrions pas terminer cette Revue sans dire quelques mots des congrès des orientalistes de 1873 et 1874. Le premier a eu lieu à Paris, du 1er au 12 septembre 1873. Une séance y a été réservée aux langues dravidiennes; on y a lu une note que nous avions adressée, donnant la description générale de ces langues, ainsi qu'un mémoire de M. l'abbé Burthey sur une inscription tamoule ancienne; et, sur la proposition de MM. Chavée et Textor de Ravisi, l'assemblée a émis le vœu qu'une chaire de tamoul fût créée à l'Ecole des langues orientales vivantes. Le congrès de 1874 s'est réuni à Londres, du 15 au 19 septembre; il y a été question des langues dravidiennes, mais aucun travail vraiment important ne paraît y avoir été communiqué. Il semble que l'Europe savante se soit, à part quelques exceptions, tenue sur la réserve à l'égard de ces réunions bruyantes, fort à la mode depuis quelque temps, et dont l'abondance rappelle la chanson de Béranger : « Vite un congrès, deux congrès, trois congrès ! »

Cependant, si toutes ces fêtes, tous ces discours, tous ces compliments échangés solennellement ne sont pas sans donner prise à de sérieuses critiques, peut-être, à tout prendre, ont-ils cette utilité d'éveiller la curiosité de quelques oisifs, de quelques hommes intelligents inoccupés et d'appeler l'attention sur des études trop peu encouragées, sur des questions envisagées presque avec terreur par les gens du monde. Il n'est pourtant pas plus pénible de travailler sur le sanscrit que d'apprendre à fond le grec et le latin; il n'est pas plus ennuyeux de prendre connaissance du chinois, du basque ou du tamoul, que d'approfondir les règles grammaticales de l'anglais ou de l'allemand. Voltaire avait sans doute raison lorsqu'il écrivait : « On court risque de tomber dans d'étranges méprises quand, sur les bords de la Seine ou de la Saône, on donne des leçons sur la langue des pays où l'on n'a point été. » Mais nous ne considérons plus exclusivement au point de vue pratique de la parole, de la conversation, l'étude des idiomes de l'Inde méridionale ; ils offrent à notre patience bien des sujets d'étude dont seuls ou presque seuls en ce moment les Anglais se préoccupent. Un travailleur quelconque, pourvu qu'il soit de bonne foi, peut aider à la marche générale de la science. Une seule espèce de gens est à craindre, ceux dont riaient si fort Micromégas et son compagnon : « Il y avait là un petit animalcule en bonnet carré, qui coupa la parole à tous les animalcules philosophes ; il dit qu'il savait tout le secret... »

J. V.

LE MOT DIEU EN BASQUE

ET

DANS LES LANGUES DRAVIDIENNES[1]

Dans une petite brochure du prince Bonaparte : *Observations sur le formulaire de prône conservé naguère dans l'Église d'Arbonne*, j'ai remarqué les phrases suivantes : « Nous serions trop long si nous voulions ici faire connaître en détail tous les grains d'or grammatical et lexical que que nous avons exploités, etc. », et en note : « Tel que le mot *goiko,* nom roncalais de la lune, qui nous met sur la voie de l'étymologie possible du nom de Dieu *Yaungoikoa,* qui pourrait sans trop d'effort être considéré comme la syncope de *Yaungoikokoa,* mot qui, à la rigueur, indiquerait même à présent le Seigneur de la lune. Et nous disons : sans trop d'effort, car, pour que notre assertion puisse être avec raison taxée de gratuite, il faudrait oublier le culte de la lune des anciens Basques. » Immédiatement une réflexion toute naturelle m'est venue : Est-il bien utile de regarder *Yaungoikoa* comme une syncope de *Yaun-goikoko-a* « le seigneur de la lune »? Si *goiko* signifie « lune », *Yaungoikoa* doit se traduire « le seigneur lune », et dans ce cas, il faut admettre que c'est la lune elle-même qui était l'objet du culte des anciens Basques.

On ne manquera pas d'objecter qu'aucun témoignage his-

[1] *Revue de Linguistique*, t. III, p. 294-306.

torique ne vient à l'appui de cette opinion; on ne manquera pas de rappeler le passage suivant où Strabon semble accorder aux ancêtres des Basques actuels une religion toute spirituelle; en ajoutant, il est vrai, que les cérémonies du culte s'accomplissaient surtout pendant la nuit, lors de la pleine lune : ἔνιοι δὲ τοὺς Καλλαϊκοὺς ἀθέους φασὶ, τοὺς δὲ Κελτίβηρας καὶ τοὺς προσβόρους τῶν ὁμόρων αὐτοῖς ἀνωνύμῳ τινὶ θεῷ [θύειν] ταῖς πανσελήνοις νύκτωρ πρὸ τῶν πυλῶν, πανοικίους τὲ χορεύειν καὶ παννυχίζειν (III, IV, 16). Quoi qu'il en soit, entre les deux explications du mot *Yaungoikoa*, je n'hésite pas à adopter la plus simple; et, pour moi, s'il est vrai que *goiko* a signifié et signifie « lune » en basque, les anciens Euscariens m'apparaissent comme des êtres fort peu civilisés, possesseurs d'une religion très-rudimentaire et toute matérielle.

On sait quelle importance était donnée à la lune par les peuples anciens : « La lune qui se détache comme une aiguille éclatante sur le sombre cadran du ciel, était appelée, par les premiers pères du groupe aryen, l'astre qui mesure, le *mesureur* du temps ; car le temps a été compté par les nuits, les lunes et les hivers avant de l'être par les jours, les soleils et les années. » (Max Müller.) Je ne rappellerai pas la parenté de *moon*, *month*, μήν, μήνη, *mensis*, etc.; mais je dirai qu'en tamoul, à part le mot emprunté au sanscrit *mâdam* ou *mâsam*, il n'existe que deux formes du mot « mois », *madi* et *tingal*, qui toutes deux sont des noms de la lune très-usités. En basque, mois se dit *ilabethe*, qu'on explique généralement par *ilargi-bethe* « lune-pleine », *ilargi* « mourir-lumière » étant le nom ordinaire de la lune.

J'ai soumis cette explication de *Yaungoikoa* au prince Bonaparte, qui m'a répondu : « Nous ne partageons pas cette manière de voir, qui oblige à admettre d'une manière un peu trop gratuite que *goiko* « lune » signifie non-seulement *lune* (ce qui est certain), mais aussi *Dieu* (ce qui ne peut se prouver par l'usage d'aucun dialecte). » J'ai répondu à mon tour : « En traduisant *Yaungoikoa* par *le seigneur lune,* je ne prétends nullement que *goiko* signifie *Dieu.* Dans ma pensée, *goikoa* serait « celui d'en haut », c'est-à-dire purement et simplement *la lune* que les Basques anciens auraient remarquée parmi les divers astres qu'ils voyaient *au-dessus de leur tête, sur le ciel,* EN HAUT. Je m'explique du reste ce culte par les raisons suivantes : La nuit n'est-elle pas la source de mille frayeurs pour les enfants *et les sauvages?* Or la lune dissipe ces frayeurs en venant chasser l'obscurité ; donc il est assez naturel que des peuples primitifs l'aient regardée comme un être bienfaisant et qu'ils lui aient rendu un culte. Point n'est besoin que *goiko* signifie *Dieu,* s'il est le nom de l'objet adoré. »

Cette explication de *Yaungoikoa* a le malheur de contrarier l'opinion généralement reçue. Tous ceux qui ont écrit sur le basque (et il importe de rappeler que la plupart de ces écrivains sont des prêtres catholiques) ont posé comme un fait incontestable que de tout temps les Basques ont eu une religion spirituelle, et invoquent comme preuve décisive le ἀνωνύμῳ τινὶ θεῷ de Strabon. *Goiko* signifie proprement « d'en haut », aussi la signification naturelle de *Yaungoikoa* « le seigneur d'en haut » a-t-elle donné lieu à beaucoup de dissertations enthousiastes sur le monothéisme et le spiritualisme originels des Basques. L'abbé Darrigol dit : « Le nom que le Seigneur s'est donné, au livre de l'Exode, chap. III *(Eyjeh* et de là *Jéhovah)* est sans contredit le seul nom digne de son être ; mais après ce mot *ineffable,* comme s'expriment les Juifs, après ce nom tout divin, auquel nul autre ne peut être comparé, notre expression *Jaincoa* est tout ce qu'on peut dire de plus significatif. En effet... il se peut... que *Jaincoa* soit le même nom que *Gaincoa* (celui d'en haut) : antonomase énergique, expression plus sublime que tous les superlatifs employés par les

Grecs, les Latins, les Français, etc., pour remplacer le nom propre de Dieu. Quoique cette étymologie ne soit nullement forcée, nous ne balançons pas à lui préférer celle que nous suggère la prononciation du mot *Jaincoa,* usitée dans les provinces espagnoles : *Jaongoicoa* ou *Jabe-on-goicoa* (le bon maître d'en haut). Quoi de plus philosophique! » (*Dissertation,* p. 25-26.)

Le mot *Yaungoikoa* est en effet plus usité en Espagne qu'en France ; les Labourdins disent *Yainkoa* ou *Yinkoa;* les Souletins *Jinkua* (j français). Je ne cherche pas à expliquer ces divers mots, qui ne sont peut-être que des abréviations, des contractions du premier; j'ai voulu seulement indiquer ici une signification originelle possible de *Yaungoikoa.*

En somme, il n'y a pas en basque de mot simple signifiant spécialement *Dieu,* car *yaun,* souvent employé dans ce sens, veut dire proprement « seigneur, maître » ; les étymologistes du pays le décomposent même, ainsi qu'on l'a vu ci-dessus, en *yabe-on* « maître-bon » [1]. Il est intéressant d'examiner si les peuples qui parlaient les langues dravidiennes étaient plus avancés à ce point de vue que les Euscariens antiques.

Les vocabulaires tamouls donnent avec le sens de « dieu,

[1] Ceci ne veut pas dire que je sois disposé à approuver les étymologies ultra-fantaisistes proposées par la plupart des basquisants locaux. Il est arrivé dans mes mains, ces jours derniers, une feuille manuscrite, où je copie ce qui suit pour l'édification des lecteurs de la Revue : « Les garçons appellent leur sœur *arreba,* c'est-à-dire *seconde Ève,* nom donné naturellement par les garçons premiers nés d'Adam et d'Ève à la première fille qui naquit d'eux; c'est une seconde Ève, dirent-ils, *arra eba.* — *Seme,* fils, tire évidemment son origine de *Sem,* fils de prédilection de Noé et modèle des bons fils. On comprend que les descendants de Noé, dans le désir que leurs enfants fussent des SEM (c'est-à-dire des bons fils), aient aimé à les appeler de ce nom, *sem, seme.* »

divinité » les mots suivants : *amarar, pannavar, puttêḷir, anḍar, umbar, imœyavar, vibudar, vânôr, ilêgar, pulavar, vinnor, amudar, âdittar, mêlôr, œyar, surar, tîrttar, uyarnilattavar, anangu, sûr, puttêḷ, kaḍavuḷ, tê, téyvadam, téyvam,* auxquels j'ajouterai *sâmi, kô* et *ir'œvan.* Les autres langues congénères ne nous offrent aucun mot nouveau purement dravidien. De la précédente liste il faut en effet tout d'abord écarter *amara-r* (amara), *anḍa-r* (anda), *vibuda-r* (vibudha), *i-lêga-r* (lêkha), *amuda-r* (amuda), *âditta-r* (âditya), *sura-r* (sura) et *tîrtta-r* (tîrtha), qui sont de simples transcriptions du sanscrit. Il faut également mettre de côté *pannavar* « les faiseurs, les créateurs ». *vânôr* et *vinnôr* « ceux du ciel », *mêlôr* « ceux d'en haut », *uyarnilattavar* « ceux du monde supérieur », qui sont des mots visiblement composés et formés postérieurement à la conception de l'idée de Dieu. Examinons les douze mots restants :

1° *Puttêḷir,* pluriel de *puttêḷ* (littéralement « vous qui êtes dieu »), paraît formé de *pudu* « nouveau » (varié en *puttu* devant une voyelle)[1] et d'un mot inconnu[2]; *puttêḷ,* en effet, a non-seulement le sens de « dieu », mais aussi celui de « nouveauté ». 2° *Umbar,* qu'on traduit généralement « les bienheureux », est aussi employé par opposition à *ambar* « ce lieu-là » et à *imbar*[3] « ce monde, ce lieu-ci »,

[1] Les formes adjectives des noms de qualité, terminés eu *u* avec une des six consonnes que les grammairiens tamouls appellent dures, peuvent, devant une voyelle, ou allonger leur voyelle radicale ou doubler la dernière consonne; dans les deux cas, l'*u* final est élidé: ainsi *pudu* « nouveau » devant *ilœ* « feuille » produira *puttilœ* « feuille nouvelle »; *pasu* — *ilœ*, *pâsilœ* ou *patchilœ* « feuille verte »; *vér'u* — *ilœ*, *vét't'ilœ* « simple feuille », etc.

[2] J'incline à croire que beaucoup de mots dravidiens dont l'analyse paraît impossible ont été formés par le procédé contractif familier aux idiomes de l'Amérique et au basque.

[3] Les Dravidiens ont trois pronoms démoustratifs : *a* pour

pour signifier « air, élévation, place moyenne », et c'est son sens le plus naturel : l'air apparaît en effet aux yeux des enfants et des simples comme interposé entre la terre et la voûte étoilée ; employé religieusement, *umbar* désignerait donc uniquement les habitants de l'air, du ciel ; ce serait un synonyme de *vânor* et *vinnôr* (*vân* et *vin* signifient à la fois « air » et « ciel »). 3° *Pulavar*, de *pulam* « science, connaissance », signifie principalement « les savants » et est le plus souvent employé avec le sens de « poëtes » [1].

4° *Imæyavar* ou *imæyâr* veut dire « ceux qui clignent de l'œil » [2]; les Indiens entendent par là que les yeux divins ne sont jamais fermés par le sommeil. 5° *Æyar* correspond exactement au basque *yauna* et signifie « les seigneurs [3] » ; il est d'un usage courant dans la conversation et s'applique aux personnes respectables, aux princes, aux rois, aux brahmes, etc. 6° *Anangu* et 7° *Sûr* signifient principalement « crainte, affliction » et représentent Dieu comme l'être redoutable par excellence.

8° *Kaḍavuḷ*. Ce mot est le plus important de tous ; c'est celui que les missionnaires catholiques emploient de préférence. Il est formé de *kaḍa* et de *uḷ*, avec *v* euphonique. *Uḷ* signifie proprement « intérieur » ; mais, comme la vie se manifeste par des mouvements à l'intérieur du corps, *uḷ* a

les choses éloignées, *i* pour celles qui sont proches, et *u* pour les intermédiaires. Ce dernier pronom *u* est aujourd'hui tombé en désuétude.

[1] La racine de ce mot est-elle la même que celle des suivants, où l'on entrevoit une racine *presser sur? pulâl*, *pulavu* « chair, odeur de chair » ; *puli* « tigre » ; *pulæ* « viande, chair » ; *pul* « herbe, bassesse » ; *pula* « infériorité, asservissement » ; — *pula* « refuser, bouder » ; *pulambu* « se lamenter, sangloter » ; *pular* « se flétrir » ; *pullu* « serrer, embrasser ».

[2] Cf. pour la racine ; *imæ* « cligner de l'œil » ; *imir* « résonner, retentir, se presser », '*imij* « résonner, retentir ».

[3] Sans doute *Æyan* ; « seigneur » n'est que le développement de l'indéfini *æ* « dieu, roi, maître », allié probablement à *æyam* « doute, hésitation, crainte, aumône ».

pris le sens de « existence »; de là est formé le défectif *uṇḍu* « il y a, il existe ». Le sens de *kaḍa* va être déterminé par l'examen de quelques mots congénères : *kaḍa* « passer, franchir, éloigner » ; *kaḍi* « se fâcher, détruire, couper, mordre »; *kaḍu* « voler, arracher »; *kaṭṭu* « attacher »; *kaḍu* « violent, sévère, amer » (d'où *kaḍugu* « moutarde »). Ces mots ont la même forme dans les diverses langues dravidiennes. De *kaḍa* « passer, franchir » vient *kaḍal* « mer » (malayâla *kaṭal*, tél. et can. *kaḍalu*) et *kaḍan* (m. *kaṭam*, can. *kaṭa*) «obligation, devoir, dette ». Ces divers mots dérivent donc probablement d'une racine signifiant *presser sur; kaḍa* doit avoir le sens de « au-dessus » et *kaḍavuḷ* est littéralement « être suprême ». Mais dans les anciens poèmes, ce mot est aussi bien appliqué aux rois qu'aux dieux. 9° *Ir'œvan'* ou plutôt *ir'œ* (forme plus ancienne, indéfinie [1]), signifie « roi, prince, maître », et ne s'applique qu'exceptionnellement à Dieu [2].

10° *Sâmi,* 11° *tê* ou *têvu,* 12° *téyvam* ou *téyvadam* sont empruntés au sanscrit (svâmin, dêva, dâiva), mais ils n'ont pas été seulement transcrits, ils ont été altérés : un certain nombre de mots sont dans le même cas et ont subi l'*altération phonétique,* cf. *u-lagu (lôka); a-rasu (râja); mœnda, mânda, mâniḍa (manusya),* etc. Je pense que tous ces mots ont été les premiers que les Tamouls ont pris aux In-

[1] Il est probable qu'avant l'invasion âryenne les Dravidiens ne connaissaient pas la distinction des genres. Beaucoup de noms actuellement pourvus de terminaisons masculines en *an* et neutres en *am*, ont en tamoul des formes anciennes indéfinies: *arasu* « roi », *têvu* « dieu », *ir'œ* « prince », etc. Souvent même, dans les vieux poèmes, on voit des sujets masculins ou féminins suivis, à la troisième personne, de la forme neutre du verbe, qui est probablement l'ancienne et unique forme, générale et indéfinie.

[2] Cf. pour la racine: *ir'a* « mourir, passer, marcher — abaisser, anéantir »; *ir'u* « briser, casser » (d'où *îr'u* « fin »); *ir'u-gu* « être serré, comprimé »; *i'rœ* « répandre, jeter » (d'où *i'rœ* « tribut »); *ir'ân* (malayâla) « seigneur! »

diens, à l'époque même où leur civilisation s'opérait sous l'influence de ces derniers; plus tard, à l'époque littéraire, beaucoup d'autres mots ont été empruntés, mais ceux-ci ont été simplement transcrits; la prononciation même n'a pas toujours changé (par exemple on écrit *sanam* et l'on prononce *djanam)*; c'est ainsi qu'à côté de *ulagu, arasu,* etc., on a eu *u-lôgam, i-râsa*, etc. Les mots ainsi transcrits ont toujours été distingués des mots purement dravidiens dans les grammaires et vocabulaires tamouls, télingas, etc.; en tamoul on appelle les premiers *vaḍamoji* « mots septentrionaux » et les seconds *ténmoji* « mots méridionaux ».

En résumé, il n'existe pas de mot purement dravidien qui exprime l'idée de Dieu avec la netteté de *deus*, par exemple; beaucoup de mots signifient également « prince, roi, maître, dieu » ; beaucoup d'autres, employés avec le sens de *dieu*, sont des appellatifs qui n'ont pu être formés que lorsque les Dravidiens ont été convaincus de l'existence d'un être surnaturel et qu'ils se sont fait une idée de ses attributs. Cette croyance a dû être l'un des premiers effets de la civilisation apportée dans le sud de l'Inde par les Aryas. Aussi ne dirai-je pas, comme M. Caldwell (*Comparative Grammar*, p. 78), que les anciens Dravidiens « reconnaissaient l'existence de Dieu, qu'ils qualifiaient de *kô* ou « roi », titre réaliste qui est inconnu à l'orthodoxie hindoue », et qu' « ils élevaient en son honneur un temple qu'ils appelaient *kô-il* « maison de Dieu ». Je ferai remarquer que *kô-il* (écrit *kôyil* ou *kôvil)*, qui n'a plus aujourd'hui que le sens de « temple, église » [1], est généralement employé dans les anciens poèmes avec le sens de « palais, maison royale ». M. Caldwell ajoute, du reste : « Mais je ne puis trouver aucune trace du *culte* qu'ils lui offraient.... Ils n'avaient pas

[1] C'est le lieu de rappeler que *gudi*, en canara et en télinga, signifie actuellement « temple », tandis qu'en tamoul *kudi* a seulement le sens de « maison, habitation ».

de *prêtres* héréditaires ni d'*idoles,* et ils semblent n'avoir eu aucune idée du *ciel* ou de l'*enfer,* de l'*âme* ou du *péché.* »

Je citerai encore le passage suivant (p. 79) : « Leur état d'ignorance intellectuelle se révèle principalement dans les mots qui se rapportent aux opérations de l'esprit. Leurs seuls mots pour *esprit* étaient le *diaphragme* (le φρῆν des Grecs antiques) et l'*intérieur.* Ils avaient un mot pour *pensée,* mais ils n'avaient pas d'autres mots distincts de celui-là pour *mémoire, jugement* ou *conscience;* ils ne possédaient aucune expression pour *volonté.* Pour exprimer la volonté, il leur aurait fallu la périphrase suivante : « ce qui, à l'in« térieur, dit : je vais faire ceci ou cela. » Je crois donc que, avant l'arrivée des Aryas dans le *draviḍa,* les habitants de ces belles contrées étaient des sauvages complétement athées; il serait intéressant de chercher à se faire une juste idée de leurs mœurs, leur état social, etc. : ce sera pour moi l'objet d'un travail qui ne pourra être complet que lorsque l'étude comparée des vocabulaires dravidiens m'aura permis de séparer tout à fait l'élément sanskrit, de reconstituer la forme primitive des mots simples, enfin de distinguer les mots composés naturellement ou ceux simplement calqués sur des composés aryens.

La courte étude qui précède a fait voir que les Dravidiens, avant de se trouver en contact avec la branche indienne des Aryas, n'avaient probablement aucune idée religieuse. Les Basques, lors de leurs premiers rapports avec les Romains (et il est essentiel de remarquer que cette époque est de beaucoup postérieure à celle de l'arrivée des Aryas dans le sud de l'Inde), devaient être plus avancés; ils auraient cru découvrir dans la lune un être supérieur à l'homme et lui auraient rendu un véritable culte, très-simple du reste. Mais, quand même la traduction « le seigneur lune » serait fausse, quand même *goiko* ne signifierait pas « lune » et que *Yaungoikoa* serait uniquement « le seigneur d'en haut », je prétendrais encore que nul n'aurait le droit d'affirmer que les peuples qui ont parlé le basque n'ont jamais eu qu'une religion spirituelle. Personne n'ignore que, au moins dans les langues aryennes, les mieux étudiées et les mieux analysées de toutes, les idées abstraites sont exprimées par des mots dont la signification originelle est matérielle, sensible; il n'y a point deux catégories de mots, les uns pour les choses de l'esprit, du cœur, etc., les autres pour celles de la nature. Que doit-on conclure de là?

Le linguiste qui fait de la science sans idée préconçue, sans parti pris, sans se préoccuper d'arriver à un résultat donné, et qui cherche dans le langage l'histoire de la pensée, acquiert dans l'étude des langues la conviction que l'humanité a progressé considérablement depuis ses origines : de l'ignorance la plus grossière, elle s'est élevée aux théories métaphysiques les plus transcendantes, les plus éthérées; il est irrévocablement acquis aujourd'hui que plus on remonte aux commencements du langage, plus on le voit se réduire, se simplifier, et plus on voit disparaître les mots exprimant des idées abstraites.

La linguistique vient ainsi en aide à la géologie et à l'ethnographie, dont les découvertes confirmaient déjà, en partie, les anciennes traditions qui nous peignent l'homme uniquement occupé à satisfaire la faim qui le dévore,

..... quum frigida parvas
praeberet spelunca domos ignemque laremque
et pecus et dominos communi clauderet umbra;
silvestrem montana torum quum sterneret uxor
frondibus et culmo vicinarumque ferarum
pellibus, haud similis tibi, Cynthia, nec tibi, cujus
turbavit nitidos exstinctus passer ocellos,
sed potanda ferens infantibus ubera magnis
et saepe horridior glandem ructante marito.

(*Juv.*, Sat. VI, v. 4-10.)

Bayonne, le 18 juin 1869.

J. V.

LA RELIGION DES J'AINAS[1]

On a beaucoup étudié, en Europe, la philosophie et la religion *orthodoxes* de l'Inde ; on a aussi beaucoup étudié le bouddhisme. On s'est fort peu occupé du çivaisme et du j'âinisme. J'ai pu me convaincre, par l'étude de la littérature dravidienne, que, dans le sud de l'Inde au moins, ces deux religions ont eu une très-grande importance ; elles ont lutté violemment l'une contre l'autre, elles ont conquis, l'une après l'autre, la presque totalité des Dravidiens : il n'y a jamais eu beaucoup de *vâiṣnavas* dans le sud de l'Inde. Aussi ai-je cru intéressant de résumer ci-après les doctrines des *J'âinas*. J'ai entremêlé ce résumé de citations d'écrits originaux tamouls. J'ai consulté, outre mes souvenirs personnels, les *Kur'aḷs* de M. Ellis (Madras, 1822, in-4°) où l'illustre tamuliste, si prématurément enlevé à la science, a consacré quelques pages remarquables aux doctrines des J'âinas. Je me suis beaucoup servi aussi d'un article en tamoul rédigé, en 1841, par un professeur indien, Sâstramæyar, qui était *j'âina*, et publié par M. Bower dans l'introduction de « *The chintà-mani*, first boock. Madras, 1868, in-8° ».

Les J'âinas croient à l'éternité du monde : il a existé de tout temps, il n'a été créé par personne et il ne sera jamais détruit (quelques sectaires disent pourtant qu'il sera détruit par un déluge dans le sixième *yuga)*. L'univers est d'ailleurs divisé en trente-huit mondes : le plus inférieur est l'*adhô-*

[1] *Revue de Linguistique*, t. III, p. 306-327.

gati; puis viennent les sept *naraka-lôkas* « enfer »; au dessus sont les dix *pavana-lôkas* « purgatoires »; puis vient la terre, divisée en trois mondes (inférieur, moyen et supérieur) et renfermant deux autres mondes, le *vi-yantra-lôka* « monde des démons » et le *vidyâ-dhara-lôka* « séjour des Vidyadharas ». Au-dessus de la terre est le *jyôti-lôka* « monde lumineux », région des étoiles; au-dessus encore sont les seize *dêva-lôkas* « séjour des dieux », après lesquels se trouve le *aham-indra-lôka*, séjour d'Indra, chef des dieux. Au sommet de l'univers est enfin le *môkṣa-lôka*, où réside l'être suprême, le seigneur de tous les mondes, que les J'âinas appellent *anâdi-siddha-paramê-sthi* « le sage, sans commencement, qui est au sommet ».

Il était nécessaire de donner la nomenclature précédente avant d'exposer le principe fondamental de la religion des J'âinas; on comprend mieux, après l'avoir lue, la marche des âmes vers le but suprême.

Les âmes sont éternelles; depuis l'éternité, elles sont unies à des corps formés d'une matière très-subtile, mais dont elles doivent se débarrasser complétement. Malheureusement, dans leur course à travers l'espace, elles revêtent des enveloppes de plus en plus grossières; c'est seulement après d'immenses efforts et à la suite de nombreuses pérégrinations qu'elles peuvent se purifier. Mais elles ne se séparent complétement de la matière que quand elles arrivent au *môkṣa-lôka;* à ce moment, de *jîvâtmâ* qu'elles étaient, elles deviennent *paramâtmâ.*

La *paramâtmâ* n'est plus soumise aux lois, c'est-à-dire aux imperfections de la nature; aucun changement ne peut l'affecter: elle ne souffre d'aucun mal et ne se souille d'aucune faute. Elle est plongée dans un bonheur immense qui est le résultat de son indifférence absolue. En cet état, elle n'est pas l'égale de Dieu, elle est Dieu lui-même; c'est-à-dire que toutes les âmes qui arrivent au monde suprême se confondent en une seule substance, et cette substance est Dieu. C'est là le but suprême (*gati*), le *môkṣa* « absorption », appelé aussi par les écrivains tamouls *vîḍu* « la maison », et *pêr'u* « le gain, le but ».

Pour arriver au *môkṣa*, il faut que l'âme soit dans un état complet d'indifférence ; il faut qu'elle ait échappé au bien et au mal, qu'elle ait détruit complétement l'*activité* (en tamoul *vin'œ*) qui est la seule cause de nos bonnes ou de nos mauvaises actions. Quand nous avons fait plus de mal que de bien, nos âmes vont souffrir dans l'un des mondes infernaux ; quand nous n'avons fait que le mal, elles reparaissent sur la terre sous une forme animale ; quand le bien domine, elles vont jouir d'un bonheur relatif dans les mondes divins. Quand le bien et le mal se contre-balancent, nous renaissons sous la forme humaine, comme il est nécessairement arrivé maintes fois à chacun de nous, car le nombre de nos vies passées est incalculable, et nous ignorons combien de fois encore nous pourrons renaître. Les moralistes tamouls ont trois mots remarquables pour exprimer la destinée des âmes : ils appellent *immœ* « cet état-ci » la vie actuelle ; *mar'umœ* « l'autre état » la vie future, celle qui suivra la vie actuelle ; *ummœ* « l'état intermédiaire », la vie passée, et plus spécialement la vie immédiatement antérieure à la vie actuelle ; celle dont, par conséquent, nous sentons journellement l'influence. En effet, le bien que nous avons fait ou le mal que nous avons commis pendant sa durée ne manquent pas de porter des fruits nombreux. Sommes-nous heureux ? c'est que nous avons accompli, dans la vie précédente, de bonnes actions. Un malheur nous frappe-t-il ? c'est évidemment l'effet d'une mauvaise action de nos vies passées. Cette influence des anciennes actions[1] forme le point capital du sys-

[1] On la désigne en tamoul par les mots *ûj* « antiquité », *ûjvin'œ* « actions passées », *pajavin'œ* « actions anciennes », que les dic-

tème, qui est, on le voit, une sorte de fatalisme; mais il est en notre pouvoir, par notre conduite, de rendre agréable ou amer le destin qui nous attend dans la vie future. Cette croyance est commune aux J'âinas et aux Çâivas, leurs ennemis et leurs rivaux. Les textes ci-après rendront parfaitement claire, nous l'espérons, la conception des Indiens :

« Tel, lorsqu'on coupe le pédoncule d'un nénufar, un fil le suit inséparable; telles, quand nous quittons nos anciens corps, nos mauvaises actions s'attachent inséparables à nos âmes, les embrassent, les entourent, les suivent, entrent où elles entrent, et allument le feu de la souffrance infinie.

« Quand, devenus des hommes à l'esprit vertueux, nous avons été charitables envers notre prochain, nos anciennes actions accompagnent nos âmes comme l'ombre suit l'oiseau et sans qu'une seule manque; telles que la précieuse

tionnaires traduisent généralement par « destin »; mais cette dernière signification s'applique mieux a *vidi* (skr. *vidhi*) et à *mur'æ* « ordre, succession, tour ». Dans son commentaire latin sur les *Kur'als*, Beschi explique ainsi la théorie indienne qui nous occupe: « Non me latet vocem *ûj*, cui ego *divinorum decretorum* significationem tribuo, ab aliis usurpari pro *pajavin'æ*, quod significat *opera antiquitus facta*, neque ignoro eosdem humanarum rerum vices tribuere operibus antiquitus factis, sive bonis, sive malis, pro effectuum diversitate; dicunt enim, virum probum pauperem esse, ob peccata quæ antiquitus patravit (sive anteqnam nasceretur in alia generatione, uti Tamulenses stulte putant, sive postquam natus est in adolescentia vel pueritia), quæque adhuc non luit ferendo supplicium iis debitum; virum vero improbum felicem esse, ob virtutes quæ antiquitus exercuit, et pro quibus adhuc præmium iis debitum non retulit; atque, eodem modo, virum industrium ac indefesse laborantem pro divitiis acquirendis, nil acquirere in pœnam peccatorum veterum; virum vero omnino ineptum atque pigrum sine ullo labore divitem evadere in præmium veterum virtutum; ita ut quidquid vulgus malam fortunam aut bonam fortunam appellat, id ipsi refundant in opera antiquitus facta. »

vache (kâmadhênu) qui produit tout, elles nous procurent tout ce qui est l'objet de nos désirs. » *(Sindâmani.)*

« Je n'ai pas su rendre les honneurs convenables à mes hôtes et aux sages versés dans l'étude des anciens livres sacrés; je pensais que d'autres choses que mes actions bonnes ou mauvaises m'appartenaient. Mais est-ce que les maisons que j'ai habitées, les épouses que j'ai aimées, mes enfants, ce corps même, m'accompagneront? Après la mort, je serai plongé dans un enfer cruel ou bien, pendant d'autres vies, je souffrirai au milieu de la plus profonde misère. » *(Kâçikânḍa.)*

« Le jeune veau conduit au milieu de plusieurs vaches est capable de trouver sa mère et de s'attacher à elle; les anciennes actions précédemment faites ont une semblable propriété pour trouver celui qui les a faites et s'attacher à lui.

« Ceux qui ont la grandeur du palmier perdent tous les jours leur grandeur et deviennent pareils au *tin'œ* (panicum italicum); leur éclat diminue : quelle cause en chercher si ce n'est le produit des actions passées ?

« Ceux qui non-seulement ne sont pas ignorants, mais savent ce qu'il faut savoir font des choses blâmables : ô prince du frais rivage de la vaste mer d'où le vent rapide apporte une odeur de poisson, c'est à cause des anciennes actions.

« Sur la terre aux eaux abondantes, personne ne désire le produit des mauvaises actions; que l'on désire ou non celui des bonnes actions, il est difficile que ce qui doit arriver passe sans nous atteindre. » (*Nâlaḍiyâr*, XI, s. 1, 5, 8, 9.)

Aussi ne convient-il pas de se désoler quand un malheur nous frappe :

« L'effet des bonnes actions précédemment faites n'est pas trop faible, n'est pas trop fort, n'arrive pas mal à propos, ne reste pas plus qu'il ne faut et ne se trouve que là où il faut : aussi, quand le bonheur est détruit, à quoi sert la douleur? » (*Nâlaḍiyâr*, XI, 10.)

« Naître et mourir sont le résultat de nos actes; la prospérité et la ruine sont dans la nature des choses, tu as (pu) le voir ; les chagrins et les joies sont étrangers à la pure sagesse. Enfant, tu as bien tort (de pleurer), ô toi dont les bras sont ornés de bracelets !

« Si l'on veut compter nos vies passées, le nombre des grains de sable que touche la mer est insuffisant. Séparément, nous sommes nés dans toutes ces vies bornées, nous avons marché, et nous arriverons au but suprême sans nous rapprocher. Notre union n'aura duré que deux jours, dans ce palais : il ne faut donc pas pleurer. » (*Sindâmani*, I, 269-270.)

La race humaine seule peut aspirer au *môkṣa;* pour y arriver, les dieux sont obligés de renaître sous la forme humaine. Aussi faut-il plaindre vivement ceux qui ne profitent pas de cette bienheureuse forme, si difficile à obtenir et à conserver. Cf. les passages suivants du *prabhu-linga-lîlâ* tamoul, poème çivaïste :

« A quoi sert la forme (humaine) à celui qui vit incertain, sans penser à obtenir uniquement son salut, en évitant les naissances aux douleurs multipliées et en pratiquant les diverses vertus difficiles à l'aide de ce corps long à obtenir et auquel il est cependant arrivé? C'est comme si l'on versait dans une fente du sol le lait qui devrait n'être mis que dans des vases d'or.

« Il n'y a point de plus grande illusion que celle de l'homme qui vit inutile et jouissant, sans se fatiguer pour pratiquer la vertu, par attachement au corps qu'il craint de faire souffrir. A l'aide de ce corps qui périt aussi vite que l'éclair, il pourrait cependant arriver au bonheur et à une forme indestructible ! — dit l'habitant du frais bosquet fleuri. » (Ch. XI, s. 12-13.)

Quelle est donc la morale des J'âinas ? Le but suprême étant le *môkṣa,* les hommes doivent tendre à la destruction de l'activité et s'efforcer d'atteindre à cet oubli absolu du bien et du mal nécessaire pour la délivrance des âmes. Aussi l'ascétisme est-il en grand honneur chez les J'âinas, qui regardent comme imparfaite la vie conjugale, source de tant d'actions bonnes ou mauvaises. Il y a par suite chez les J'âinas un grand nombre de pénitents; le *nighanṭu* de *Manḍalapuruṣa* en compte trois espèces : les *saumyas,* les *yôgas* et les *digambaras* (II, s. 3). Ces derniers, appelés aussi *câranas,* sont censés être parvenus à se débarrasser de tous désirs, de tous besoins matériels; aussi, ne portent-ils aucun vêtement et méprisent-ils toutes les convenances; ils se retirent loin de la société, dans les bois, où ils vivent solitaires et silencieux. Leurs mérites sont tels que le *nighanṭu* déjà cité ajoute: « Les huit espèces de *câranas* qui peuvent, quand ils le veulent, entrer dans l'eau, dans la terre ou dans le ciel, sont les plus grands des *samanas.* » (II, 4.) *Samana* ou correctemeut *çramana* est un autre nom des J'âinas. On divise encore les religieux j'âinas en *digambaras,* dont nous venons parler; en *çvêtâmbaras,* qui habitent plus spécialement le nord de l'Inde et sont toujours, comme l'indique leur nom, vêtus de blanc, et en *raktâmbaras* qui habitent plus spécialement le sud de l'Inde. Les *raktâmbaras* sont vêtus, non de rouge, mais de jaune-orange foncé, comme tous les dévots *çâivas* et *vaiṣnavas* des mêmes régions : cette couleur est produite par une espèce d'ocre appelée en tamoul *kâvi* (skr. *kaṣâya*). Dans notre siècle dégénéré, dit plaisamment M. Ellis, il n'y a plus de digambaras. Tout religieux j'âina est désigné sous le nom de *yôga* ou *yati;* un J'âina non religieux est un *çrâvaka* (tam. *sâvagan'*).

Les devoirs des *çrâvakas* sont résumés dans les strophes suivantes:

« Le meurtre, le mensonge, le vol, l'amour, l'avarice sont les cinq grands (péchés) [1].

[1] Par *amour*, les Indiens n'entendent ici que l'amour adultérin ou incestueux ; tout autre amour, du moins chez ceux qui ne sont

« Se jeter du haut d'une montagne, entrer dans les flammes, se baigner dans une rivière, c'est ce qu'on appelle les illusions mondaines.

« Adorer ceux qui sont susceptibles d'illusion, de partialité, de colère, c'est la folle illusion religieuse.

« Vénérer ceux qui sont dans les voies impures, c'est la sottise de l'hérésie.

« Fournir (au prochain) la nourriture, les médicaments, le logement et tous les soins nécessaires, tels sont les quatre devoirs (d'un chef de maison). » *(Arungala séppu.)*

« Donner aux pauvres et aux pénitents; ne jamais regarder l'épouse d'autrui, éviter le mensonge, se garder de jamais tuer, ne manger qu'après avoir donné (au prochain) à manger; vivre ainsi, c'est mener la vraie vie domestique.

« Celui qui ne pratique pas l'hospitalité, qui n'est pas généreux, qui n'aime pas les hommes vénérables, qui n'évite pas le péché, on dit qu'il souille la vie domestique. » (*Ar'anér'i-sâra.*)

Les devoirs des *yatis* sont indiqués dans les vers ci-après:

pas religieux, ne leur a jamais paru coupable. — D'autres listes des cinq grands péchés mettent l'*ivresse* à la place de l'avarice et la *colère* au lieu du *mensonge.*

C'est cette dernière opinion que nous avons suivie dans la strophe suivante, composée à Karikal en 1861, et où nous comparions ces grands péchés aux cinq terrains des Indous :

Ar'aviyamanattarâgiyarunkolækkurindjittandi....t
tur'aviyat'por'umættêrmét't'ogusin'appâlænîndi....p
pur'aviyat'kâmamullækaļavén'umarudampô......gi
mar'aviyânéydalvægâvaragâdikkadalutsîrvâ......m

« Devenus des hommes à l'esprit vertueux, nous franchirons le pays montagneux du meurtre pénible; nous traverserons le désert de la colère amassée sur le char de la patience propre à la pénitence; nous voyagerons dans le bois de l'amour dont la nature est extérieure, et dans le terrain fertile du vol; et sans nous arrêter au rivage désolé de l'oubli (ivresse), nous arriverons dans l'océan du but suprême. »

« S'abstenir entièrement des cinq grands péchés, dont le premier est le meurtre, c'est la dévotion la plus parfaite.

« Il faut s'abstenir absolument de toute relation avec les parents, de la colère et de tout attachement. » *(Arungala-séppu.)*

« La vérité, la patience, le respect, la dévotion, la retenue, la justice, l'abandon de tout objet possédé, le renoncement, la bienveillance, l'abstinence immuable; avoir ces dix vertus, c'est la qualité essentielle.

« Grandir en science pure, éviter l'orgueil menaçant, suivre avec la plus ferme constance la voie où sont vaincus les cinq sens, protéger les êtres en vie et faire fleurir la sagesse (c'est le devoir du religieux). » *(Ar'a-nér'i sâra.)*

Le plus grand crime aux yeux des J'âinas, c'est le meurtre, qui n'est permis chez eux dans aucun cas, car ils ne font pas de sacrifices sanglants; ils ont à cet égard le précepte *ahimsâ-paramô-dharmmaḥ*. Ils poussent même le scrupule jusqu'à s'interdire l'usage des légumes et des productions de la terre qui peuvent contenir un germe vital, tels que les racines, les fruits récemment cueillis, les grains récemment coupés; cependant cette défense n'est pas obligatoire pour les *çrâvakas*.

Il y a trois espèces de *çrâvakas :* le *jaghanya,* qui, absorbé par les affaires terrestres, pratique à peine la religion; l'*uttama,* qui, quoique marié, se conduit à peu près comme un *yati;* et le *madhyama.* Le groupe des *madhyamas* comprend la grande majorité des J'âinas non religieux. Voici, d'après M. Ellis, le tableau des obligations imposées au *madhyama-çrâvaka* :

Il doit avoir une foi absolue en J'inêçvara ou Arhat, le seigneur du triple monde (terrestre); il doit être plein de zèle pour la propagation de la vérité; il doit regarder la vertu comme une amie et le péché comme un ennemi; il doit bien comprendre la différence entre le séjour parmi les dieux et le *môksa;* il doit, en récitant ses prières quotidiennes, le matin, à midi et le soir, offrir des libations d'eau *(ârghya)* seulement à l'être suprême qu'adorent toutes les créatures vivantes; il doit pratiquer quatre sortes de pénitences : 1° ne jamais sortir du pays qu'il habite; 2° faire vœu d'accomplir de bonnes œuvres; 3° jeûner tous les deux jours et honorer les religieux; 4° jeûner aussi complétement que possible aux quatre lunaisons, c'est-à-dire le 8e et le 14e jour de la lune, ainsi que les jours où elle est pleine et nouvelle. Il doit avoir un souci médiocre pour les richesses mondaines. Il doit éviter les diverses espèces de peurs (celle de ce monde et des autres, celle de son incapacité, celle de la découverte de ses pensées, celle de la mort ou de la maladie). Il ne doit pas désirer vivre plus ou moins longtemps. Il ne doit pas jouer, manger de la viande, boire des spiritueux, fréquenter les courtisanes, chasser, séduire la femme d'un autre, et voler; car ce sont là les causes de la souffrance. Il ne doit pas non plus offrir des libations d'eau au soleil; se baigner pendant les éclipses; adorer le feu; s'incliner devant une vache; consacrer des pierres précieuses, des véhicules ou des armes; se baigner dans la mer et les rivières, en croyant laver ainsi ses péchés; consacrer des remparts de terre; se suicider en se jetant du haut d'une montagne ou en s'élançant dans les flammes; adorer, pour en obtenir certains dons, des dieux accessibles à la haine et à l'affection; regarder comme la vraie voie celle où marchent les hommes engagés dans le tourbillon de vie, absorbés par la cupidité et amenés à détruire des créatures vivantes; manger le fruit du figuier, du multipliant, de l'*arasu* (râj'a, ficus religiosa), du *kôḷi* (autre espèce de ficus), de l'*ilandæ* (jujubier), du *puḍal* (trichosanthes anguina), du *suræ* (cucurbita lagenaria), ainsi que le *ganjâ* (cannabis indica), l'opium, les oignons, l'*assa fœtida,* l'ail, le radis, le champignon *agaricus campestris,* etc., qui contiennent tous des animalcules. Enfin, il ne doit pas considérer comme dieux ceux qui ne le sont pas, comme gourous ceux qui ne le sont pas, comme principes de la nature ceux qui ne le sont pas, et il doit se garder soigneusement de trois choses : quitter sa ville natale, donner à d'autres des armes ou des outils pouvant servir à tuer des êtres en vie, sacrifier trop aux sens, soit en se parfumant ou en écoutant de la musique, soit en mangeant des mets délicats ou en fréquentant la société des femmes belles. — On ajoute à ces recommandations celles de ne pas boire de miel, de ne boire que de l'eau filtrée et de ne rien manger pendant la nuit, parce qu'on pourrait sans s'en douter avaler des animalcules.

Ce ne sont là que quelques-uns des préceptes de morale relatifs aux *çrâvakas,* car si on voulait les énumérer tous, les J'âinas prétendent qu'on en compterait douze mille.

Quant aux recommandations relatives aux pénitents, elles sont innombrables. Mais aussi eux seuls peuvent atteindre au *môkṣa* auquel n'arriveront jamais ni les soudras, ni les animaux sans raison, ni les dieux, ni les êtres infernaux, ni les femmes. Quelques docteurs cependant admettent que les femmes peuvent dépasser le *svarga*. En général, les Indiens ont une triste opinion de la plus belle moitié du genre humain. On lit dans deux des principaux livres j'âinas tamouls :

« Même si, à l'aide du fil de l'affection, on réunit les fleurs des douces paroles jointes au sandal des désirs amoureux, et si, pendant tout le jour, on ne cesse d'en couronner les jeunes femmes, leurs yeux et leurs cœurs suivent des étrangers : c'est la nature des égales de la gazelle.

« Ce qu'on appelle femme, écoute bien, n'a point de dignité; ne considère pas la naissance, ne possède pas intérieurement d'idées justes, est doué d'un esprit mille fois changeant. Qu'on lui mette dix pièces de monnaie dans la main, et la fille même d'Indra, amollie comme une masse de beurre qu'on approche du feu, suivra (le premier venu).

« Celles qui meurent quand leur mari meurt; qui souffrent (quand il souffre); qui, pendant son absence, ne s'ornent point de fleurs et l'attendent, tout en larmes, avec leur seule beauté, sans prononcer même le mot *amour;* celles qui adorent leur mari les mains jointes, sont pareilles à la déesse de la fleur mielleuse; elles empêchent que le mari ne soit infidèle. » (*Sindâmani,* VII, 40-42.)

« Celle qui sait particulièrement obéir au moindre signe de son mari, garder la modestie digne de louanges, ne pas convoiter à l'instant même tout ce qu'elle voit, chasser l'absence de désirs en ne faisant rien de ce qui lui est défendu; celle-là est vraiment femme.

« Si elle remplit bien ses devoirs, si elle marche droit, si elle fait sans impatience ce qu'on lui dit de faire, si elle obéit sans répliquer, le mari aimera et vénérera son épouse et prendra plaisir à la parer.

« Toutes sont ignorantes, mettent au monde des enfants et ont des faiblesses spéciales à leur sexe. Si elles ne mangent qu'après avoir donné (aux pauvres de la nourriture) autant qu'elles le peuvent, si elles accomplissent tous leurs devoirs domestiques, si elles pratiquent fermement la vertu, elles mériteront d'être appelées femmes.

« Si la femme et le mari unis d'amour ne vont pas l'un et l'autre d'accord, le char superbe de la vie domestique, tiré d'un côté et de l'autre, ne marche pas, trébuche, s'arrête.

« Si l'on évite le péché, si l'on accueille bien les hôtes, la vie domestique est meilleure que la pénitence; la délicate belle, à la superbe guirlande, est excellente si elle sait bien traiter les hôtes et si elle ne réplique pas.

« Habiter ailleurs que son mari, aller dans la maison des autres (hommes), fréquenter de mauvaises femmes sans chasteté, aller à d'autres villes ornée de ses bijoux, se montrer dans les fêtes publiques, se mortifier ; tout cela détruit l'honneur d'une (femme) aux beaux bracelets.

« La mort suit, brandissant sa massue, la (femme) aux larges yeux tranchants comme des glaives, qui, lorsque son mari est parti pour la ville voisine, se baigne dans de l'eau de safran, peint ses yeux vifs comme des cyprins, et chasse les insectes ailés du nuage de sa chevelure. » (*Ar'a-né'risâra.*)

On connaît le célèbre *çloka :*

nâgnis tṛpyati kâṣṭhânâm nâpagânam mahôdadhiḥ
nântakas sarvvabhûtânânam pumsâm vâmalôćanâḥ [1]

La pensée exprimée dans la strophe tamoule suivante n'est-elle pas plus juste ?

« Toutes les belles seraient bonnes naturellement si les forts ne les perdaient pas ; et beaucoup d'hommes auraient plus de sagesse, si les femmes ne leur faisaient pas perdre le bon sens. »

Quant à l'être suprême, *anâdi-siddha-paramêsthi*, il a, disent les J'âinas, mille huit noms sacrés, dont les principaux sont : *arhat* (transcrit en tamoul *aruga*), *jina, vâma buddha, mâl,* etc. Les trois mondes terrestres l'adorent. Sa science est si grande qu'elle s'étend à la fois à toutes les choses sensibles et insensibles, à ce qui a été conçu et à ce qui ne l'est pas encore, aux mondes et aux espaces. Il a le pouvoir de donner la connaissance de la pure doctrine et à tous les êtres en vie, sans s'aider de l'esprit, de la parole ou du corps, et il le fait par pure générosité, sans aucun motif personnel. Il n'a le pouvoir de rien créer ni de rien protéger. Il n'est sujet ni à la naissance ni à la mort. Sa sagesse, son intelligence, sa puissance et sa félicité sont infinies. C'est lui qui,

[1] « Le feu ne se rassasie point de bois, ni le vaste océan de fleuves, ni la mort de toute espèce d'êtres, ni d'hommes les [femmes] aux beaux yeux ».

pour rendre heureux tous les êtres, a révélé, à l'origine, les douze Védas primitifs. Il est sans commencement et sans fin. Il a évité les cent quarante-huit *karmas*. Il a déclaré que les Védas, les Mondes, le Temps, les Ames, le *Karma* et le *Dharma*, sont, comme lui-même, éternels et impérissables. Il n'éprouve jamais ni haine ni amour. Il est assis à l'ombre d'un *açôka* (uvaria longifolia) couvert de fleurs où le miel abonde ; il tient d'une main les *dharmaćakras;* il ombrage l'univers de son triple parasol orné de la pleine lune ; il a quatre visages sacrés qui ont la couleur de la mer en furie ; son corps est parsemé de mille huit taches de *têmal;* les dieux et les mortels sont prosternés à ses pieds de lotus.

Les qualités essentielles de la divinité sont au nombre de huit ; elles sont énumérées dans les strophes suivantes :

« Quel est celui qui possède, avec l'infinie sagesse, l'intelligence, la puissance et la félicité infinies ; qui n'a pas d'âge, qui ne connaît pas d'obstacle ? C'est le seigneur de ce monde.

« La sagesse imparfaite, l'intelligence obscurcie, la faiblesse et les illusions, l'âge, le nom, la race, les obstacles multipliés, voilà les huit défauts ; quel est celui qui en est exempt ? C'est le seigneur de l'univers. » (*Nighanṭu*, XII, 74-75.)

Les huit défauts indiqués ci-dessus et leurs dérivés forment les cent quarante-huit *karmas* qu'Arhat a évités et auxquels, à son exemple, les hommes doivent échapper avant de s'absorber en lui. Les *karmas* sont éternels, comme la matière qu'ils accompagnent, mais ils n'affectent point nécessairement à jamais les âmes, qui peuvent s'en débarrasser. C'est, disent les J'âinas, comme l'obscurité qui a précédé la lumière, car la lumière est venue dans l'obscurité et non l'obscurité dans la lumière ; et, une fois arrivée, la lumière ne peut plus céder la place à l'obscurité. Dans leurs diverses étapes, les âmes sont plus ou moins sujettes à ces *karmas*; les êtres infernaux souffrent de tous ou seulement de quelques-uns, mais alors à l'excès; les végétaux et les animaux, dont l'organisme est imparfait, les éprouvent presque tous beaucoup plus vivement que l'homme. Mais le sage j'âina, s'il persévère, ne tarde pas à s'en débarrasser, et le saint Digambara, en quittant le monde, arrive tout droit au *mõkṣa*. — C'est le mot *karma*, traduit en tamoul par le mot *vin'œ* [1], qui a été rendu par « l'activité » dans plusieurs passages de cette étude; les J'âinas comprennent sous ce nom l'ensemble des actions, quelles qu'elles soient.

Les J'âinas rendent à Arhat un culte tout platonique, car, au milieu de son bonheur ineffable, il ne saurait s'occuper des affaires de ce monde. Il ne peut aider personne à acquérir la perfection, mais il a révélé la vérité et il s'offre aux méditations des hommes. Voici deux belles hymnes. tirées du poème épique j'âina *Sindâmani*:

« Ceux qui ne célèbrent pas de leur langue, en répandant des fleurs mielleuses, le prince des dieux..... le prince des dieux au triple parasol, dont la couleur est celle des vagues qui se gonflent (et qui est assis) sous l'*açôka* aux fleurs parfumées, n'arriveront pas au monde du bonheur suprême.

« Ceux qui ne chantent pas sans cesse les pieds de lotus de celui qui a l'intelligence parfaite..... qui a l'intelligence parfaite sous son triple parasol, qui a la couleur de l'océan, le roi qui a vaincu les cinq sens redoutables, n'arriveront pas au monde du ciel.

« Ceux qui n'adorent pas, en exerçant leur langue, celui qui a la couleur de la mer furieuse et qui réside sous l'*açôka* toujours fleuri, n'arriveront pas au monde du bonheur su-

[1] Ce mot *vin'œ* est celui dont les grammairiens tamouls se servent pour désigner le verbe.

prême.... Ceux qui n'arriveront pas au monde du bonheur suprême courront, flotteront dans le mal de l'activité, repoussés par le dieu aux huit attributs. » (vi, 56-58.)

« Tu as révélé les Védas éternels; tu aimes à recevoir une pluie de fleurs, tu connais le chemin de la justice; tu es le prince de la certitude incomparable; tu dois être appelé le Seigneur; fais-nous briser les liens de l'affection, nous qui adorons les lotus de tes pieds au milieu de l'océan des naissances amenées par nos fautes.

« Tu as méprisé les amères naissances; tu éprouves une félicité unique; tu as renoncé au monde incertain; tu es le prince de la certitude illimitée; ô roi glorieux à la citadelle d'or, dis-nous le moyen de nous sauver, à nous qui errons au milieu des machinations de l'ennemi et qui sommes plongés dans l'océan des passions des sens.

« Tu possèdes les trois mondes; tu habites dans la citadelle aux remparts d'or brillant; tu as la toute-puissance; tu es adoré par tous les dieux; ô vaste océan sans vagues de la vertu, personne n'a pu te comprendre, tu résides à l'ombre fraîche du triple parasol et tu dresses ton sceptre puissant qui interdit le meurtre. » (v, 77-79.)

Arhat, le dieu suprême, est formé par la réunion des âmes parvenues au *môkṣa*, parmi lesquelles on distingue particulièrement celles des vingt-quatre *tîrthakas* ou *thîrthankaras* qui ont apparu successivement sur la terre pour révéler les livres sacrés et les dogmes de la religion. Voici les noms de ces vingt-quatre personnages: *Vṛṣabha, Ajita, Sambhava, Abhinandana, Sumati, Padmaprabha, Suparçiva, C'andraprabha, Puṣpadanta, Sitala, Çriyamasa, Vasapujya, Vimala, Ananta, Dharmâ, Santhi, Kunthu, Arha, Mali, Mumasvrata, Nami, Nêmi, Pârçvanâtha, Vṛddhyamana.* — Les J'âinas disent que le système *Çâiva* fut inventé sous le premier *tirthankara* et le système *Vâiṣnava* sous le treizième; mais c'est à l'époque du vingtième que les sacrifices sanglants furent faits pour la première fois et que les temples de *Viṣnu* et de *Çiva* furent bâtis. L'apparition du vingt-troisième, *Parçvanâtha,* coïncide, ajoutent-ils, avec l'établissement du mahométisme. Les castes avaient été établies avant le premier *tîrthankara.*

Les J'âinas reconnaissent les diverses divinités de l'Inde, *Çiva, Viṣnu, Brahma, Ganêça, Subrahmanya,* etc., et admettent leurs légendes, parce que, disent-ils, les Védas ont déclaré que tous ces dieux ont été de pieux disciples des *tîrthankaras.* Ce sont donc des serviteurs d'Arhat et ils ont droit à un certain culte. Ils habitent les seize mondes supérieurs; leur chef, *Indra,* est seul dans un monde particulier où ne pénêtrent que les âmes destinées au *môkṣa.* Les autres, qui ont fait le bien, mais sans éviter absolument les effets de l'activité, restent parmi les dieux. On y jouit d'un bonheur relatif, mais ce n'est point là une position désirable : les dieux ont encore un corps, source de souffrances nombreuses; ils ont une tâche fatigante à remplir; sans cesse ils courent à travers les mondes, où ils vont aider, encourager, protéger, conseiller les êtres, etc. Cf. la strophe suivante du *Sindâmani :*

« Les dieux eux-mêmes sont réprimandés par les dieux supérieurs; ils reçoivent respectueusement leurs ordres; ils exécutent ce que leur ont commandé leurs parents illustres; leur souffrance est grande. Naître dans la douleur, c'est encore souffrir. Tout est souffrance, femme, pour ceux qui ont un corps. »

Les temples j'âinas sont très-simples ; ils contiennent seulement la statue de l'un des *tîrthankaras :* les fidèles doivent faire le tour du temple, saluer l'image, lui offrir des fleurs ou des fruits (cf. *Sindâmani,* v, 76; vii, 52) et répéter des mantras qui consistent uniquememt en saluts à Arhat, aux sages, aux dévots, etc. On a vu plus haut que les J'âinas prient trois fois par jour : le matin, à midi et le soir.

M. Bower cite la prière du matin suivante : *Iéchâmi khama, samno bandiyon, jo man jayê niçyayê; mathêna vandâmi,* qu'il traduit ainsi, d'après Wilson : « Je demande pardon, Seigneur, pour votre esclave, quelques mauvaises pensées que la nuit ait pu produire. — Je salue de la tête. »

Les principales villes habitées par les J'âinas sont *Tiru-nar'unkondæ, Dîpankodi, Sil't'âmûr, Pérumandur* et *Râjâmahêndra* dans le sud de l'Inde; *Kâñčipura, Tiru-paruttikkun'd'a, Pélikula, Mûdupattiræ, Seringapatam (Çrîrangappattana), Kanaghiri* et *Ratnaghiri* à l'ouest; *J'amamêdaghiri, Vibulâsala, Bénarès (Kâçi), Pâpâpuri, Sambâpuri, Urjayantaghiri, Patna (Patanâ), J'êya-pura, J'ôtipura, Delhi* et *Gollâpura,* au nord. A cette énumération donnée par l'écrivain tamoul, M. Bower ajoute, en note : « Il y a environ quinze familles de J'âinas à Madras : ils sont maîtres d'école ou marchands. Il y a également des familles j'âinas à Royapura, au Mont, à Dalaveram, Madaveram, Pondichéry et Tandjaour *(Tañjâvûr).* Ils ont un temple à Chittamoor *(Sil't'âmûr),* à trente milles (48 kil.) à l'ouest de Pondichéry, dédié à Singapurinâda *(Simha-puri-nâtha).* Ils ont aussi une pagode à Perrul. »

Ils ont des couvents à Delhi, Gollapura et ailleurs. On sait qu'il y avait même anciennement des monastères de femmes et que des femmes se réfugiaient dans les bois pour faire pénitence, seules ou plusieurs ensemble (cf. *Sindâmani,* I, 347 et suiv.). Les directeurs de ces établissements ont des drapeaux, des éléphants, des palanquins, des chevaux, etc. Les pénitents n'ont en propre que des vases pour mettre l'eau et des plumes de paon.

Les J'âinas disent que leurs douze Védas se sont perdus parce qu'on ne les a jamais écrits et qu'ils se transmettaient seulement de bouche en bouche, mais qu'il en reste des traces, des fragments, dans les ouvrages actuellement existants, dont les principaux sont: en sanskrit, le *Mahâpurâna*, le *Trilôkasâra*, le *Gômaṭasâra*, le *Padârthasâra*, le *Ratnakaranḍaka*, le *Dharmaparîkṣa*, le *C'intâmani*, le *C'ûḍamani*, le *Mêrumantrapurâna*, le *Nîlakêsivâda*, l'*Amara*, le *Çâkaṭâyara*, le *Nayaćakra*, le *Sabdabhangi*, le *Dhavaḷa*, le *Vijayadhavaḷa*, le *Mahâdhavaḷa*, le *Subôdhani*, etc.; en tamoul, le *Sindâmani*, le *Sûḍâmani*, le *Nîlakêsivâda*, le *Manimêgalœ*, le *Nâlaḍi*, les *Kur'aḷ*, le *Nighanṭu*, le *Nan'n'ûl*, le *Mêrumantrapurâna*, l'*Arungalaséppu*, l'*Ar'anér'isâra*, etc. Les livres j'âinas forment environ la moitié de la littérature tamoule; ces ouvrages sont d'ailleurs les plus anciens, les mieux écrits, les plus originaux.

L'époque pendant laquelle les J'âinas ont dominé dans le sud de l'Inde, où ils ont laissé (notamment dans le Maïssour) des inscriptions et des monuments, est appelée par M. Caldwell l'âge d'Auguste de la littérature tamoule. M. Bower place l'époque de leur influence entre les sixième et douzième siècles de notre ère, mais il ajoute qu'ils existaient avant le cinquième siècle. D'après les légendes indiennes, ils ont été très-puissants dans le royaume du *Pânḍi* (Maduré) depuis *Virapânḍiya*, cinquième roi, jusqu'à *Kûnapânḍiya*, soixante-quatorzième et dernier roi. Ils ont fait une guerre impitoyable aux bouddhistes et ont été, à leur tour, très-cruellement traités par les çivaïstes : *Kûnapânḍiya*, qui avait été j'âina, fut un des plus ardents persécuteurs; il alla jusqu'à faire empaler ses anciens coreligionnaires. Le *tiruviḷœyâḍalpurâna* et d'autres *purânas* tamouls secondaires racontent leurs longs et sanglants démêlés avec les çivaïstes, les miracles par lesquels ceux-ci les convainquirent d'erreur, etc., etc.

J'ai négligé dans le résumé qui précède un grand nombre de détails que les J'âinas regardent comme essentiels, mais qui m'ont paru tout à fait secondaires, comme par exemple les dimensions qu'ils attribuent à la terre, leurs idées sur sa configuration et sa constitution, leur division du temps, leurs légendes historiques, etc. Les doctrines des çâïva-siddhântas offriraient seules un luxe pareil de détails accessoires. Cette multiplicité d'hypothèses tient-elle essentiellement aux cultes en question, ou bien est-elle due à l'esprit naturellement rêveur des Dravidiens modernes, incapables de considérer les choses de haut et en grand, peu enclins au raisonnement scientifique?

Dans son ensemble, la religion des J'âinas se présente avec un tel caractère que M. Bower, qui est avant tout un missionnaire anglican, s'écrie douloureusement : « On ne peut nier qu'une religion qui n'enseigne pas la vérité sur l'existence d'un dieu personnel, créateur de tout et père de tous; qui ne parle pas de l'individualité, de l'unité et de la fraternité des hommes; qui ne montre pas clairement la nature du péché et le moyen de s'en guérir, n'est pas du tout une religion. »

En se plaçant à un autre point de vue que M. Bower, il convient, pour juger le j'âinisme, d'examiner sa morale et sa théorie sur la destinée de l'homme. Les J'âinas préconisent l'abandon du monde, l'éloignement de la société, et, dans des termes plus sévères que l'apôtre chrétien, l'horreur du mariage et de la famille. Le vrai fidèle, indifférent à tout ce qui constitue la raison d'être de la vie, plongé dans une immobilité silencieuse et solitaire, ne doit songer qu'à cet être mystérieux, éternel, infini, égoïste, auquel il aspire à se réunir; sa vie doit s'écouler inutile et sans laisser de traces. Heureusement, dans la pratique, peu de J'âinas ont été capables de suivre ces recommandations; ils ont plus ou moins compris les instructions de leurs prêtres. Comme dans toutes les sociétés organisées, et d'une manière plus tranchée peut-être que dans d'autres parties du monde, la religion a été dans l'Inde l'apanage du petit nombre; pour la grande masse, elle n'a été qu'un drapeau imposé à la naissance ou embrassé par calcul. De même que la plupart des Européens de nos jours dont, à leur insu, les actes contredisent souvent les doctrines religieuses et qui n'ont guère de leurs cultes respectifs que l'étiquette, de même, tout en prétendant croire à l'influence des actions sur la vie future et à l'absorption en un dieu abstrait, la grande majorité des J'âinas a dû se conformer uniquement à la seule morale réelle : ils ne l'ont pas d'ailleurs trop mal entendue, si nous en jugeons par les conseils à l'usage des çrâvakas que nous avons cités et où la charité est si bien enseignée. Mais sans doute, là comme ailleurs, plus même qu'ailleurs, puisque l'Inde est depuis longtemps en retard sur l'Europe, il a dû y avoir parmi eux un grand nombre d'individus qui n'ont pas compris leurs intérêts véritables.

Quoiqu'il n'admette pas un dieu personnel et actif, le j'âinisme ne diffère donc pas essentiellement des autres religions connues ; comme elles il a eu ses idoles, ses doctrines inflexibles, son intolérance cruelle, ses prétentions exorbitantes, ses saints, ses martyrs, ses persécuteurs. Mais il a eu au moins un mérite, celui de proclamer, comme un principe fondamental, qu'aucune puissance surnaturelle n'agit sur l'homme. Le fatalisme des J'âinas n'est qu'un écart d'imagination ; supprimez la métempsycose, et de leur théorie il restera cette idée, qui contient un grand fond de vérité, que des seules actions bonnes ou mauvaises dépend le bonheur ou le malheur de la vie.

Bayonne, le 22 septembre 1869.

J. V.

LES CASTES DE L'INDE

(L'Agaval de Kapila[1])

Les études ethnographiques ne sauraient se borner à l'exposé de théories, et à la discussion des faits sur lesquels s'appuient ces théories. Il est essentiel aussi de consulter le plus grand nombre de textes possible, afin de rechercher quels ont été à diverses époques le caractère, les mœurs et les tendances de chaque race. Par exemple, les populations dravidiennes, civilisées par les Aryas, et civilisées selon toute probabilité peu à peu, à la faveur d'une longue suite d'années, de siècles même, ont dû, avant de suivre complétement les doctrines brahmaniques, passer par une série d'états intermédiaires; il a pu même arriver que quelques esprits, mieux doués que tous les autres, se soient séparés du courant général, aient osé protester contre les imitations serviles, aient enfin revendiqué hautement le droit de leur nation à une civilisation originale. Le petit poème dont la traduction est donnée ci-après pourrait bien être le produit d'un de ces esprits indépendants. A ce titre, il est précieux pour les ethnographes, et je crois leur rendre un véritable service en mettant à leur disposition ce remar-

[1] *Moniteur officiel des établissements français dans l'Inde*, n° du 25 août 1861. — *Revue ethnographique*, 1869, t. I, p. 25-40.

quable écrit. N'aurait-il pas cette importance, ne serait-il que l'ouvrage d'un dissident plus moderne, d'un de ces hommes, trop rares encore, toujours disposés à discuter, avant de les accepter, les opinions généralement reçues, il offrirait encore un grand intérêt aux personnes préoccupées des graves problèmes que soulève de nos jours la science ethnographique. Il renferme de curieux détails de mœurs; il montre surtout une fois de plus qu'il y a eu de tout temps, même dans l'Inde, des mécontents, des raisonneurs, des ennemis de l'*a priori*, en un mot des partisans de la libre pensée. Saluons donc l'auteur de l'*Agaval* comme un de nos précurseurs ; empressons-nous d'ajouter son poème au dossier déjà volumineux que consultent incessamment les ethnographes, c'est-à-dire les hommes qui cherchent à deviner, par le passé de l'humanité, quelles pourront être ses destinées dans l'avenir.

Nous avons signalé trois fois, dans les deux séries de ce recueil[1], l'*Agaval* de Kapila comme l'un des petits poèmes les plus intéressants de la littérature tamoule. Nous en donnons aujourd'hui la traduction complète.

Ce poème, écrit dans le plus ancien des rhythmes dravidiens, est une éloquente protestation contre l'établissement des castes aryennes dans le sud de l'Inde. On y trouve des pensées tellement élevées, des idées tellement modernes, qu'on serait presque tenté de ne voir dans cet ouvrage qu'un pastiche habile, qu'un écrit apocryphe, dû à la plume de quelque missionnaire chrétien des derniers siècles; mais il présente en lui-même des caractères évidents d'authenticité, dont l'autorité est augmentée par des témoignages anciens indiscutables. Nous avons donc de bonnes raisons pour croire que l'*Agaval* de Kapila remonte à une époque éloignée.

[1] Société d'Ethnographie, *Revue orientale et américaine*, t. VI, p. 308, t. IX, p. 105, et *Revue orientale*, 2e série, tome 1er, p. 151.

Une étude attentive nous a même convaincu qu'il n'a pas conservé sa forme primitive, c'est-à-dire qu'il n'en reste que des fragments : nous avons mis des points aux endroits où il nous semble qu'il doit y avoir des lacunes; les lecteurs jugeront. D'autres passages doivent avoir été ajoutés après coup ; ainsi les vers 98 à 118 nous paraissent interpolés ; ce passage, qui résume la vie des frères et sœurs de Kapila, pourrait bien avoir été introduit lorsqu'on a cru devoir attribuer au poème un nom d'auteur, dans le but unique de prouver l'exactitude de cette attribution. Si cette dernière hypothèse était fondée, il conviendrait de reporter les vers 89 à 97 entre les vers 80 et 81 où ils s'adaptent parfaitement. Nous avons eu soin, dans notre traduction, d'indiquer à la fin de chaque paragraphe les numéros des vers formant le texte correspondant.

L'*Agaval* dont nous nous occupons est attribué à l'un des frères de *Tiruvaḷḷuva*, l'auteur des *Kur'aḷs*. La légende de *Tiruvaḷḷuva* a été publiée par nous dans cette Revue (première série, t. IX, p. 93-136), mais nous rappellerons le passage relatif à Kapila. Le pénitent Brahme Bhagavan', petit-fils d'Agastya, fils de Brahmâ, devient amoureux, dans un pèlerinage à Râmêçvara, d'une fille de la race de Brahmâ, Adi, élevée parmi des gens de caste inférieure. Il l'épouse et ne découvre cette circonstance qu'après le mariage ; il consent cependant à vivre avec elle, mais à condition qu'elle abandonnera tous ses enfants le jour même de leur naissance. Déjà quatre enfants sont venus au monde et ont été laissés à la garde de la Providence. « Tous deux », dit alors la légende, « ayant quitté ce lieu (l'embouchure du Kâviri) et étant allés en avant, arrivèrent à Tiruvârûr (Trivalore). Ils s'unirent dans une chauderie et Kapila naquit. Au moment où, après l'avoir abandonné, la mère, près de s'éloigner, se demandait avec inquiétude : « qui protégera cet enfant? », il parla :

« Le dieu, moitié femme, qui, connaissant *ses besoins,* nourrit tous les jours, étant invisible, dans le bois, le crapaud du rocher, nous donnera aussi notre nourriture journalière à nous qui naissons : quel est le devoir *qu'il a à remplir? c'est cela même.* »

« Ayant entendu cela, elle s'en alla l'esprit rassuré. Un brahme, appelé Pâpârya, qui n'avait pas d'enfant, prit ce petit et l'éleva. A l'age de sept ans, on se mit à lui faire l'Upanayana (investiture du cordon sacré qui est le signe caractéristique des brahmes), mais les brahmes dirent : « Nous n'y consentirons pas. » Ayant vu cela, Kapila, s'adressant à eux, improvisa un *agaval,* commençant par *Nân'mugattôn'*, où il assure qu'il n'y a pas de castes par la naissance, mais par le mérite. Eux ne purent lui répondre, et tous disant : « voilà la vérité », ils consentirent et accomplirent toutes les cérémonies. Ce Kapila, encore aujourd'hui, est à faire pénitence dans le monde *Pâtâḷa.* »

Nous doutons beaucoup que le poème soit de Kapila ; mais il est réellement ancien. Les noms de peuples modernes qui sont cités dans un passage du poème peuvent avoir été interpolés récemment (nous n'avons que trop d'exemples de ces altérations dans la littérature tamoule), ou leur véritable signification peut n'être pas parvenue jusqu'à nous. Le style est pur, clair, simple et facile ; la forme est correcte. Nous pensons que l'ouvrage doit remonter à la belle époque de la langue, au temps où fleurissait à Maduré la célèbre assemblée des savants à laquelle les lettrés du sud de l'Inde appliquent encore le *çloka* suivant :

sabhâkalpatarum vandê vêdaçâkhôpaj'îvitam
çâstrapuṣpasamâyuktam vidvân bhramaraçôbhitaḥ.

« Je salue l'arbre *kalpa* de l'assemblée qui vit avec les

vêdas pour rameaux, qui porte les fleurs de la science; il brille avec les abeilles qui sont les savants. »

Dans l'histoire de la littérature tamoule, l'*Agaval* de Kapila peut être placé entre les *Kur'als* et le *Râmâyana*, immédiatement après le *Nœchadha* et bien avant les *Kôvœ* et le *Tiruvâtchaka*. Mais à quoi répond cette époque? Nous ne pouvons l'affirmer d'une manière précise; une pareille question mérite d'être traitée à part et bien plus longuement que nous ne le pourrions faire ici. Nous essaierons un jour d'établir les époques principales de toute la littérature dravidienne. Il suffira pour le moment de dire que l'*Agaval* pourrait avoir été composé du VIIe au Ve siècle avant J.-C. Ce petit poème est venu jusqu'à nous, depuis cette époque, par des copies successives sur ôles; il n'est donc pas étonnant qu'il présente des lacunes et qu'en certains endroits les vers semblent tronqués et altérés. C'est du reste de cette manière que se sont conservés tous les écrits des Dravidiens. Que de travaux magnifiques ont dû se perdre! Combien dont les noms et la réputation seuls nous sont parvenus! combien dont nous ne possédons que des fragments admirables! L'Agaval de Kapila serait dans ce cas, si notre opinion est exacte, et nous devrions vivement regretter que le temps n'ait pas respecté l'ouvrage tout entier. Le peu de durée de la vie, la certitude et l'inflexibilité de la mort, l'égalité naturelle des hommes, voilà le fond de ce poème, où l'on retrouve les principes de la morale la plus pure.

Nous pensons avoir traduit le plus littéralement et en même temps le plus exactement possible. Mais nous ne sommes point sûr de n'avoir fait aucune erreur. Les mœurs des Indiens sont si opposées aux nôtres que ceux même qui ont vécu au milieu d'eux ont de la peine à s'en rendre bien compte et à ne pas porter un jugement inexact sur des coutumes que l'on est trop disposé à apprécier au point de vue européen. La langue tamoule, grâce aux sens nombreux et divers de chacun de ses mots, à la confusion de ses formes, à sa simplicité même, peut d'ailleurs tromper aisément le lecteur le plus attentif.

La Croze, dans son *Histoire du Christianisme des Indes,* cite un très-court extrait de Kapila, que l'on trouvera dans nos notes. M. Ariel, dans le *Journal asiatique* (nº de janvier 1847), a inséré en note trois extraits de l'*Agaval* et en a ainsi traduit une partie. Mais cette composition est aujourd'hui publiée en entier pour la première fois.

Le texte de l'*Agaval* a été imprimé plusieurs fois à Madras ; ces éditions sont remplies de fautes.

Nous terminerons ces observations préliminaires en exposant brièvement la nature du mètre *Agaval* et en donnant ainsi une idée du travail de composition dans la poésie tamoule.

On appelle *Agaval* ou *Asiriyappâ* un poème qui n'est pas divisé en strophes détachées, et composé d'un nombre de vers illimité. M. Ariel (*Journal asiatique,* nº de janvier 1847, p. 30) dit que le rhythme des vers est indifférent. On lit cependant dans le *Yâpparungalam,* célèbre traité de prosodie :

Agavalisœyan'avagavan'mat't'avœ
êôîâyén'aœyén'd'ir'u......mê (s. 71)

« Les *Agavals* suivent le ton *agaval ;* ils se terminent en *ê, ô, î, ây, én'a, œ.* »

Le ton *agaval* est un des plus simples de la poésie tamoule ; sa nature est telle qu'il n'admet proprement que les pieds appelés *iyat'sîr* (pieds naturels), qui sont : le *têmâ,* composé de deux longues ; le *puḷimâ,* composé d'un *nirœ* et d'une longue ; le *kûviḷam,* composé d'une longue et d'un *ṇirœ,* et le *karuviḷam,* composé de deux *nirœ.* On appelle *ṇirœ* une syllabe double, dont la première est brève et la seconde commune; le *niræ* est considéré comme l'opposé exact de la longue *nêr*. L'Agaval admet aussi par tolérance les quatre pieds suivants: *têmângây* - - - -; *pulimângây* ∪ ∪ - -; *kûvilangây* - ∪ ∪ -; *karuvilangây* ∪ ∪ ∪ ∪ -.

D'après le nombre et la disposition des pieds de chaque vers, on distingue quatre espèces d'*agaval*. La plus ordinaire, dans laquelle est écrit le poème attribué à Kapila, est formée de vers tous de quatre pieds, à l'exception de l'avant-dernier, qui ne doit en avoir que trois. M. Ariel ajoute que les deux derniers pieds des *nêrisæyâsiriyappâ* (c'est le nom de cette espèce) doivent être forcément spondées *(têmâ)*; les grammaires ne disent rien d'analogue, et nous voyons beaucoup d'*agavals* dont les derniers pieds sont *karuvilam, pulimâ*, etc. On aura remarqué que les noms des pieds en marquent exactement la quantité.

Les *agavals* sont soumis à la consonance et à l'assonance.

La consonance *(édugæ)* veut que la seconde consonne des vers soit la même; mais les Tamouls étendent parfois cette règle : alors plusieurs lettres, tout le premier pied et quelquefois plusieurs pieds se répètent dans des vers consécutifs. Cette similitude n'est qu'apparente; l'analyse sépare les pieds reproduits en mots différents à chaque vers; on cite des strophes dont les quatre vers sont identiquement pareils moins la première lettre. Dans ce cas, il est presque impossible, si l'on n'a pas l'explication sous les yeux, de retrouver le sens de la phrase. Une variété de l'*édugæ*, qui consiste à faire consonner non plus un vers avec celui qui le suit, mais les deux moitiés d'un même vers l'une avec l'autre, est assez fréquemment employée dans les *agavals*.

L'assonance (*môn'æ*) veut que les vers commencent par des lettres assonantes, ou qu'un pied des vers, et de préférence le premier de la seconde moitié, commence par une lettre assonante avec la première lettre du vers. Sont dites assonantes *a* et *â*, *œ*, *au*; — *i* et *î*, *é*, *ê*, *y*; — *o* et *ô*, *u*, *û*; — *n* et *ñ*; — *m* et *v*; — *s* et *t*. Le mot *tiru*, par exemple, et le mot *sêrdal* seront assonants.

Dans les *agavals* on emploie rarement la consonance et l'assonance simultanément; souvent même les vers n'obéissent ni à l'une ni à l'autre.

Om!

Çivamayam!

Kabilaragaval.

(Agaval de Kapila.)

Parmi les choses précieuses dont la magnificence est grande dans les divers mondes créés par le dieu à quatre visages, le genre masculin est-il le premier, le féminin est-il le premier, le neutre (1)* est-il le premier? Les étoiles sont-elles les premières, les planètes sont-elles les premières? Le bien est-il le premier, le mal est-il le premier? L'opulence est-elle la plus belle, la sagesse est-elle la plus belle? La grande et ancienne terre a-t-elle apparu, a-t-elle été créée? Tout ce qui naît, naît-il de soi-même, est-il fait? Meurt-on après un temps, meurt-on d'une fausse mort? Le mal au venin abondant s'affaiblit-il, ne s'affaiblit-il pas? S'il s'affaiblit, ses cinq sens que font-ils, où vont-ils? O vous qui êtes forts! Si l'on se livre à une austère pénitence est-ce un autre corps qui la pratique, est-ce le sien? Est-ce le corps, est-ce l'âme qui prend de la nourriture? (v. 1 à 15)........

O hommes du monde! ô hommes du monde! Tandis que ma langue, comme un battant, frappe sur le tambour de ma bouche, écoutez-la parler, écoutez-la parler! Il n'est point d'âge pour les hommes autre [plus avancé] que cent ans :

* Voir les notes indiquées avec des parenthèses à la fin de l'article.

le sommeil pendant la nuit en consomme cinquante; cinq se passent dans l'enfance, cinq fois trois dans l'adolescence. Ainsi, soixante-dix sont perdus et il en reste trente (v. 16 à 23).

Quelques jours se passent dans le plaisir et quelques jours dans la peine; l'opulence est semblable à une rivière qui grossit, la jeunesse est semblable au rivage par où déborde la rivière qui grossit, les jours de la vie sont semblables aux arbres qui croissent sur le rivage débordé. Aussi, il ne faut faire qu'une chose : cette seule chose est qu'il faut faire le bien; ce bien, il faut le faire aujourd'hui; aujourd'hui, il faut le faire à l'instant; à l'instant, vous dites : demain, demain; mais vous ne savez pas quand arrivera le jour fixé d'Yama, vous ne savez pas quand arrivera pour nous ce jour fixé. Quelque moment que ce soit, *Kût't'uvan'* (2) viendra; à ce moment, ce *Kût't'uvan'*, si vous l'adorez, il ne s'en ira point; si vous lui offrez votre fortune, il ne s'en ira point; si vous le suppliez, il ne s'en ira point; si vous lui offrez vos parents (à votre place), il ne s'en ira point. Il ne dira point : ceux-ci sont bons; il ne connaîtra point de pauvreté; il ne dira point : ceux-ci sont mauvais; il ne considérera point que ceux-ci sont opulents. Le cruel ne s'arrêtera pas un moment : il emportera l'âme; il n'emportera pas le corps. Pourquoi pleurez-vous, ô hommes stupides? Est-ce d'avoir perdu l'âme? Est-ce d'avoir perdu le corps? Vous dites : « nous pleurons la perte de l'âme », mais vous ne l'avez jamais connue sans le corps. Le corps qui a perdu son âme, on lui lie les pieds et on lui lie les mains comme à un voleur qui a dérobé; on le dépouille de ses vêtements et on lui met un *kôvanam* (3); on allume le feu du lieu mortuaire (4) pour qu'il s'enflamme; on le brûle en cendres; on se baigne dans l'eau, on s'en va et avec les parents on pleure, l'esprit affligé (5). Cela sera-t-il dit mal? Cela sera-t-il dit bien? (v. 24 à 55.)

O hommes brahmes ! Écoutez ce que je dis. Quand quelques-uns sont morts, on vous fait rester là. Vous feignez de faire diverses prières et leurs fils vous donnent (pour eux) de la nourriture. Alors, qui les a vus, tourmentés par une faim ardente, revenir de là-bas et tendre la main ? Dites-le. En mangeant ces mets, quels sont ceux dont la faim est apaisée ? (v. 56 à 62)...

Chez les *Odras*, les *Mlêtchtchhas*, les *Hûnas*, les *Simhalas*, les pauvres *Sônakas*, les *Yavanas*, les *Tchînas* (6), et dans bien d'autres pays, il n'y a point de brahmes. Ainsi, c'est comme un autre système dans la première création que vous avez établi en ce pays quatre castes différentes (v. 63 à 67).

La supériorité ou l'infériorité se manifeste par les mœurs. Le bœuf et le buffle (7) sont différents de naissance. A-t-on vu un mâle et une femelle de ces deux castes se croiser, s'unir et porter fruit ? Les humains de naissance sont une seule espèce. N'avez-vous pas vu un homme et une femme de la race que vous dites de quatre espèces se croiser et s'unir, et, après leur union, un pesant fœtus prendre vie ? Une graine quelconque est-elle jetée dans une terre quelconque ? Si cette graine germe dans cette terre, certes, il n'y a point de coutume qu'ailleurs elle vienne différente (8) (v. 68 à 78).

Des fils, qui ont été mis au monde par des *Pulœtchi* (9), auxquelles s'étaient unis des dieux de la terre (10), ne sont-ils pas des dieux de la terre ? (v. 79-80.)

De même que l'on voit clairement la diversité du bœuf et du buffle, qui a vu une diversité de forme chez les hommes ? Aucune différence ne se manifeste dans le nombre des jours de la vie, les membres, le corps, la couleur et l'intelligence. Un *Pulœya* du pays sud, s'il va au pays nord et s'instruit parfaitement, deviendra brahme. Un Brahme du pays nord, s'il va au pays sud et viole les usages, deviendra *Pulœya* (v. 81 à 88)...

Vasichtha qui naquit de Brahmâ dans le sein d'une courtisane, comme le rouge nénuphar qui naît de la fange; Çakti qui naquit de Vasichtha dans le sein d'une *Tchandâḷi* (11); Parâçara qui naquit de Çakti uni à une *Pulœtchi*, et Vyâça qui naquit de Parâçara dans le sein d'une marchande de poissons, lurent les védas, furent supérieurs, devinrent grands pénitents et brillèrent, n'est-ce pas? (v. 89 à 97.)

De l'illustre muni Bhagavan' à l'austère pénitence, des fils prirent chair dans le sein de la grande *Pulœtchi* Adi, de la grande ville de Karuvûr, moi Kapila et ceux qui naquirent ainsi que moi. Voulez-vous savoir combien nous sommes? Trois hommes et quatre femmes. Écoutez, je vais dire brièvement comment nous grandîmes. Dans la ville appelée *Ut't'ukkâḍu*, sous le toit des blanchisseurs, grandit Uppæ; dans un village de marchands de *kaḷḷu* (12) de *Kâviripûmpaṭṭin'am*, sous le toit des *Sânâr* (13), grandit Ur'uvæ; dans un village où habitaient des joueurs d'instruments, sous le toit des chanteurs, grandit Auvæ; sur le penchant de la belle montagne, entourée des champs de *Tin'œ* (14) que récolte le roi des *Kur'avas* (15), grandit *Vaḷḷi;* parmi des *par'œya* de Mayilâ au pur tamoul, dans le *Tonḍâmanḍala,* grandit *Vaḷḷuva;* dans la demeure du prince de Vandji aux abeilles des bosquets couverts de boutons de fleurs, grandit Adigamân'; et dans la ville d'Arûr, dans le pays aux eaux abondantes, élevé par des brahmes, moi-même je grandis (16) (v. 98 à 118)...

La pluie tombe-t-elle en exceptant quelques-uns? Le vent souffle-t-il en excluant quelques-uns? La vaste terre dit-elle : « Je ne veux pas porter (quelques-uns)? » L'astre rayonnant dit-il : « Je n'éclairerai pas quelques-uns? » (17) Pour les quatre castes sublimes, la subsistance est-elle dans les terres (cultivées)? Pour les quatre castes infimes (18), la subsistance est-elle dans les bois? La fortune, la misère, le profit des pénitences faites et la mort ne sont point différents pour les hommes de la terre ; il n'est qu'une race, il n'est qu'une famille, il n'est qu'un trépas, il n'est qu'une naissance, il n'est qu'un Dieu adoré. Aussi, sans faillir aux maximes dites par les anciens, en donnant quelque jour que ce soit aux pauvres, en évitant les viandes, le meurtre et le vol, en comprenant fermement la constance dans le bien, en ne reconnaissant que l'homme et la femme (19), parler avec ardeur ne sera point dit une faute (20). Sans la grandeur et la vertu, la naissance donne-t-elle le mérite, imbéciles (21)? (v. 119 à 137.)

Bayonne, 10 avril 1868 (Karikal, 24 sept. 1860).

J. V.

NOTES.

1. Les genres en tamoul comprennent, comme en anglais, le masculin : les hommes, les esprits célestes et infernaux mâles ; le féminin : les femmes, les esprits célestes et infernaux femelles ; le neutre, tout le reste. Cette règle est sans exception en tamoul. Cf. le sûtra 4 du chapitre I du livre II du *Nan'n'ûl*, célèbre grammaire tamoule :

makkaḍêvarnaragaruyardi....nœ
mat't'uyiruḷḷavumillavumãgrinœ

« Les hommes, les dieux, les habitants de l'enfer (forment) le genre supérieur [divisé en masculin et féminin] ; tout le reste, avec ou sans vie (est du), genre inférieur. »

Il est probable qu'à l'origine, les Dravidiens, comme les peuples dits touraniens, ne connaissaient pas la distinction des genres. Beaucoup de noms, actuellement pourvus de terminaisons masculines, féminines ou neutres, en tamoul, ont des formes anciennes indéfinies ; ex. : *têvu* pour *têvan'*, *ir'œ* pour *ir'œ-v-an'* (*an'* correspond au *ah* sanscrit), etc. Souvent même, dans les vieux poèmes, nous voyons des sujets masculins ou féminins suivis, à la 3e personne, de la forme neutre du verbe qui est évidemment l'ancienne et unique forme générale et indéfinie.

2. *Kût't'uvan'*. Ce mot, que M. Ariel (*Journal asiatique*, no de nov.-déc. 1848, p. 419) traduit par « l'Exterminateur », est un appellatif formé de *kût't'am, kût't'u* « mort » et du pronom démonstratif intermédiaire *uvan'*. *Kût'tu* dérive de *kûr'u* « part, division ».

3. *Kôvanam*. Ce mot, qui est devenu *kômanam*, est purement dravidien. Il sert à désigner ce qu'on a appelé « langoutty ». Les Indiens de toutes les classes en portent toujours un, même sous d'autres vêtements. Ce linge est retenu par un cordon, le plus souvent une ficelle vulgaire, que les Indiens passent autour de la ceinture et sur laquelle on en replie les deux extrémités. Les macouas, les coulis, les ouvriers, etc., se servent à cet effet de tous les morceaux de toile qui leur tombent sous la main; aussi n'est-il pas rare d'en rencontrer qui n'ont pour tout vêtement qu'un mince lambeau d'étoffe d'un rouge écarlate ou d'un bleu très-voyant.

4. Le lieu où l'on brûle les morts est ordinairement désert; c'est le plus souvent une plaine où pousse une herbe triste et où se dressent seuls les palmiers, ces arbres laids et sévères. Ces endroits sont réputés néfastes. On y trouve parfois quelques os calcinés au milieu des guirlandes abandonnées par le cortége mortuaire, et des nuées de corbeaux aux cris rauques et lugubres tournoient lentement au-dessus.

5. Cette description des cérémonies funéraires est très-exacte; l'auteur a seulement omis de mentionner le départ du corps de la maison mortuaire, annoncé par les tambours. Cf. la strophe : « On va et on frappe une fois sur les tam-

bours; après s'être arrêté un moment, on frappe (de nouveau); observe-le bien : après qu'on a frappé trois fois, ceux qui doivent mourir couvrent ceux qui sont morts, prennent le feu et partent en les emportant. » (*Nâlaḍiyâr*, III, 4.)

On sait que les *Vichnuvistes* seuls brûlent leurs cadavres; les *Çivaïstes* enterrent les leurs. Les morts ne sont jamais mis dans des cercueils; ils sont habillés et couchés sur des espèces de litières. En temps de choléra, on cache les yeux sous d'épaisses lunettes bleues, pour en déguiser l'aspect épouvantable.

6. Voyez sur les *Oḍras* et les *Sonakas* deux notes de M. Ariel dans le *Journal asiatique* (nº de janvier 1847, p. 44 à 46); — les *Mlétchtchhas* habitaient le pays situé au delà du fleuve Sarsouti (Sarasvati), au nord de Delhy; — les *Hûnas* habitaient, croit-on, l'ancienne Bactriane; — les *Simhalas* sont les habitants de l'île de Ceylan; ces Simhalas, cingalais, angl. cingulese, ont une langue, des coutumes et des mœurs particulières ; ils sont presque tous bouddhistes (voy. les *Aventures de Kamrup*, trad. de M. Garçin de Ṭassy, p. 170); — les *Yavanas* désignent des peuplades indéterminées : dans les ouvrages sanscrits ce mot s'applique aux occidentaux; — les *Tchînas* sont les Chinois, les Thibétains, les peuples du N.-E. de l'Inde.

7. Le bœuf de l'Inde est le bœuf à bosse ; il est généralement maigre et chétif, faute de pâturages suffisants. Sa couleur est communément fauve. On l'attelle même à des voitures appartenant à des Européens, qu'il emporte en trottant sur les routes de l'intérieur.

Le buffle est toujours noir; il est plus laid et moins intelligent que le bœuf, mais il est plus utile aux habitants des campagnes par sa grande sobriété, sa longue patience, son aptitude à un travail prolongé. Le lait de bufflonne, qui n'a point les qualités de celui de la vache, lui est souvent substitué.

8. Comparez avec ce passage les çlokas suivants de Manu (p. 321-322 de la traduction de Loiseleur-Delongchamps) :

« Quelle que soit l'espèce de graine que l'on jette dans un champ préparé dans la saison convenable, cette semence se développe en une plante de la même espèce, douée de qualités visibles particulières.

« Qu'on sème une plante et qu'il en vienne une autre, c'est ce qui ne peut pas arriver; quelle que soit la graine que l'on sème, celle-là seule se développe (IX, 39 et 40). »

9. *Pulœyan'*, fém. *pulœtchi;* ce mot désigne un mangeur de chair quelconque. Cette appellation ne s'applique pas aux pêcheurs; tous les dictionnaires l'indiquent comme synonyme de *Tchanḍâḷa*. C'est l'appellatif de *pulœ* « chair, viande, bassesse ». Tous les voyageurs parlent de la condition misérable des *pouléahs*, *poulias*, *poliats*, etc., surtout à la côte malabar.

10. Ce mot par lequel l'auteur désigne les brahmes est-il ici une ironie? Nous n'oserions l'affirmer.

11. Le *Tchanḍâḷa*, dernier des mortels, fils d'un soudra et « d'une *brahmanî* » (Manu, IX, 12). On donne ce nom à des cordonniers, à des hommes exclus de leurs castes, à toutes les espèces de parias.

12. *Kaḷḷu* ou *Kaḷ*. Le palmier et le cocotier fournissent cette liqueur. C'est la sève de l'arbre, qu'on extrait en pratiquant une incision à l'extrémité du spathe de la fleur, et qu'on laisse fermenter. La distillation en sépare une liqueur très-alcoolique, connue sous le nom d'*arrack*. Le résidu de la distillation produit un sucre grossier appelé *jugre* (en tamoul, *véḷḷam*). Le sens propre de *Kaḷ*, c'est « miel, liqueur enivrante, vol ».

13. Les *Sânârs* sont les hommes qui montent sur les palmiers et cocotiers pour en extraire le *kaḷḷu*. On les appelle vulgairement « Souraires ».

14. Le *Tin'œ* (corr. vulg. *téné*, angl. *tenny*) est le *pani*-

cum italicum, sorte de millet. Les livres tamouls prétendent qu'il vient de préférence dans les montagnes (pays originaire des *Kur'ava*).

15. Les *Kur'avas* forment une population errante, répandue dans tout le Décan, mais originaire des montagnes. Ils tressent des paniers. Il y a souvent des voleurs parmi eux.

16. Sur tous ces personnages et pour ces noms géographiques, voyez la *Légende de Tiruvaḷḷuva* traduite et publiée dans cette Revue, t. IX, p. 109.

17. On lit dans *La Croze, Histoire du Christianisme des Indes,* t. II, p. 297 : « Un de leurs prophètes, appelé Kaviller, s'en est plaint (des castes), en leur remontrant que Biruma lui-même avoit eu une concubine de la tribu des Baréiens, qui passe aujourd'hui pour une des plus infames. Il ajoute à cela : « La pluye du ciel tombe-t-elle avec quelque différence sur les uns et sur les autres? le soleil leur distribue-t-il inégalement sa lumière? Le genre humain est un, « comme Dieu est un seul Dieu. » On voit que *La Croze* ne cite pas très-exactement; il n'a écrit que d'après les notes de *Ziegenbald,* missionnaire danois dans l'Inde, auteur de la première grammaire tamoule à l'usage des Européens (*Grammatica damulica, seu malabarica, Halœ-Saxonum,* 1716, in-4°).

18. M. Ariel dit que les quatre castes infimes sont sans doute les grandes divisions des castes mélangées : Anulôma, Pratilôma, Andarâḷa, Vrâtya. On pourrait peut-être, avec plus de raison, supposer que ce sont les quatre divisions suivantes entre lesquelles certains Indiens partagent les *Tchanḍâḷa : Par'œya,* parias ; *Pulœya,* mangeurs de chair ; *Valœya,* pêcheurs ; *At'pagirâda,* sorte de chasseurs sauvages.

19. C'est-à-dire : en ne reconnaissant dans l'humanité d'autre division que la division naturelle des sexes.

20. On s'étonne de ne pas voir mieux mentionnée ici l'hospitalité si soigneusement recommandée par tous les moralistes de l'Inde, si pratiquée encore de nos jours dans ce pays arriéré à tant d'autres points de vue.

21. Littéralement : « Vous qui êtes imbéciles », *pêdœyîré*, vocatif de l'appellatif-verbe de *pêdœ* « imbécillité, niaiserie, naïveté, innocence ». Ce mot, à cause de ce dernier sens, est le premier nom que les tamouls donnent aux femmes. Jusqu'à six ou sept ans, les enfants des deux sexes sont désignés par les mêmes appellations : *pâla*, de *pâl* « lait »; *kujandœ*, de *kuja* « tendre, délicat »; *piḷḷœ* « enfant. » Mais, à partir de cet âge, les femmes ont des noms particuliers. On les appelle d'abord *pêdœ;* à 10 ou 11 ans, *pédumbœ* « jeune fille »; à 13 ans, *mańgœ* « jeune vierge nubile »; à 18 ou 19 ans, *maḍandœ* « jeune femme »; à 25 ans, *arivœ* « femme faite; » à 30 ans, *térivœ* (de *téri*, « savoir ») « femme qui a acquis de l'expérience »; à 40 ans, *pêriḷampén* « femme mûre ».

LE TASSE

DANS LA POÉSIE TAMOULE[1]

Au congrès des orientalistes tenu à Londres l'année dernière, le président de la section dravidienne, M. Walter Elliot, ancien magistrat de l'Inde anglaise, a présenté le manuscrit original[2], aujourd'hui en sa possession, du célèbre poème catholique tamoul composé au milieu du dernier siècle par le jésuite italien C.-P. Beschi. C'est d'après ce manuscrit qu'a été publié, de 1851 à 1853, par la Mission de Pondichéry, le poème tout entier avec l'un de ses deux commentaires[3]; en même temps parut une brochure de 81 p. due à la plume de M. l'abbé Dupuis, directeur de l'imprimerie de la Mission, et intitulée : *Notice sur la poésie*

[1] *Revue de Linguistique*, t. VIII, p. 52-69.

[2] Ce manuscrit avait été acheté fort cher, au commencement de ce siècle, au fils d'un disciple de Beschi, par M. Ellis, jeune fonctionnaire anglais dans le Décan. Malheureusement M. Ellis, qui était déjà devenu le plus fort tamuliste du temps et qui composait de très-bons vers tamouls, mourut en 1818, sans que personne s'attendît à ce cruel événement. Les papiers furent dispersés et le précieux manuscrit fut perdu. C'est M. Walter Elliot qui l'a retrouvé trente-cinq ans plus tard.

[3] 3 vol. in-8°. — I. xvj-486-(ij) p., II. xij-376 p., III. xiv-568 p. — Il a été fait un tirage à part des chants I à IV (in-8°, (iv)-160 p.) et 25 à 28 (in-8°, (vj)-271 p.). Les chants I à IV sont accompagnés d'un double commentaire, le premier est la traduction du texte mot à mot en prose vulgaire.

tamoule, le Rév. P. Beschi et le Tembâvani. Ce dernier mot est en effet le nom de l'épopée chrétienne, à laquelle son panégyriste prodigue les éloges les plus enthousiastes: forme, fond, détails, plan, épisodes, personnages, tout dans le *Tembâvani* paraît admirable à M. Dupuis qui, notamment, écrase la monotone Énéide sous le poids des 14,460 vers tamouls du jésuite-poète, non sans mêler à ses compliments l'*éreintement* obligé du paganisme.

Les missionnaires anglicans, plus impartiaux, ont, tout en admirant l'œuvre, contesté son utilité pratique. Il est certain que l'ouvrage est à peu près inaccessible au vulgaire et que, comme livre de propagande, il est assez peu répandu et ne saurait produire que de médiocres effets. Il ne s'adresse qu'à la classe peu nombreuse des lettrés tamouls qui, par parenthèse, ne se convertissent guère. Quelle impression peut faire sur des esprits familiers avec les légendes grandioses du Mahâbhârata, du Râmâya*n*a et des Purâ*n*as ce pastiche minutieux des vieilles épopées tamoules, ces rhapsodies qui ont la prétention d'indianiser les récits et les chants de la Bible? Car il y a de tout dans le *Têmbâvani*, depuis des traductions libres du *Magnificat*, de l'*Ave Maria*, du *Cantique* de *Siméon*, jusqu'aux exploits de Samson et de sa mâchoire, de Gédéon et de ses cruches. Le sujet du poème est d'ailleurs d'un haut intérêt : il s'agit de la vie de saint Joseph. Ce modèle des époux parle comme le premier venu des *munis* ou des *rṣis* de l'Inde païenne, puisque païenne il y a; et le lecteur n'y trouve rien qui distingue Marie des Ahalyâ, Arundhatî, Damayantî et autres femmes illustres des récits brahmaniques. J'inclinerais volontiers à croire que Beschi, en sa qualité de jésuite, appartenant à cette large école de missionnaires que la cour de Rome condamna comme coupables de trop de condescendance envers les mœurs indoues; que Beschi, qui, pendant plus de quarante ans, se fit si complétement indien, adoptant le costume classique des pénitents, ne mangeant point de bœuf et ne frayant qu'avec les gens *de caste;* voulut simplement s'amuser à pasticher les anciennes épopées tamoules, et en particulier le *Sindâmani,* la plus vieille et la plus estimée des légendes *j'âinas.* On sait que les livres *j'âinas* sont les plus importants et les plus remarquables de toute la littérature dravidienne.

Le *Têmbâvani* est, pour le lecteur européen, l'objet d'étonnements multipliés; car rien n'est plus singulier que d'y retrouver Adam et Ève, David, Moïse, Josué, les Philistins, sous des déguisements indiens. Pour donner une idée de ces izarreries, je vais reproduire ci-après un passage très-curieux, renouvelé, non de la Bible, mais du Tasse. L'épisode est facile à reconnaître, c'est celui de la forêt enchantée où Renaud triomphe des démons après sa fuite de chez Armide (ch. XVIII de la *Jérusalem délivrée*). Voici le passage du poème tamoul; je traduis aussi exactement que possible la paraphrase du jésuite italien.

Joseph, en route avec Marie et l'enfant Jésus vers l'Égypte, arrive un jour devant un magnifique château où l'on compte jusqu'à mille colonnes superbes, entouré de jardins délicieux, et comme perdu au milieu d'une forêt profonde où habitent seuls des pénitents qui reçoivent aussi bien que possible les trois fugitifs. On leur fait visiter le château, qui est orné de peintures splendides. Joseph s'en étonne et demande l'origine de ces peintures. « Elles ont été exécutées », lui dit l'un des pénitents, « par un grand prince dont je vais vous ra- « conter l'histoire », et il continue en ces termes :

30. « Le roi appelé Nîpaka [1], à la belle couronne d'or, à l'arc foudroyant, pareil au croissant de la lune nouvelle,

[1] Transcription tamoule, *Nîbagan* (les explosives fortes, simples s'adoucissent dans l'intérieur des mots); de même, plus loin, *Sâsanei.* J'ai adopté l'usage, inauguré par M. Ariel, de rendre aux mots sanscrits leur forme originale.

[le prince] semblable à un lion dans les longs combats où ses chevaux, aux allures variées, s'élançaient plus rapides que le vent, — désira la pénitence dont la gloire augmente sans cesse, et vint dans le bois où naissent les fleurs.

31. « Il résolut de renoncer à la guerre incessante des [femmes] dont les beaux yeux sont sillonnés de longues raies rouges [1] et triompha de Vê*l* [2] (l'amour) après un combat pénible. Tel qu'un lion victorieux, il vint ici, seul, l'épée au côté, après avoir abandonné et son peuple et sa cité royale.

32. « En approchant de ce bois aux fleurs mielleuses, dont le large front touche les nuages où la foudre gronde quand l'éclair a lui, il rencontra un vent très-fort parfumé : on eût dit que Vê*l*, monté sur la jeune brise du sud, se présentait pour lui faire honte.

33. « Le [prince] à la poitrine ornée de bijoux d'or et de pierres précieuses s'approcha et vit une rivière qui tordait ses ondes douces et courait, en faisant le même bruit que les anneaux de jambes [des guerriers] le long de ses deux rives aux fleurs mielleuses pareilles à deux guirlandes. Elle entourait tout le bois et il ne put la traverser.

34. « Pendant qu'il était là, souffrant d'impatience, il vit un éléphant dont les défenses blanches ressemblaient aux cornes de la lune qui vint à lui et se baissa. Plein de résolution, il monta [sur l'éléphant]. Lorsqu'il en descendit, après avoir traversé [la rivière], le [monarque] aux épaules semblables à des montagnes d'or brillant vit une fourmi dévorer l'éléphant.

[1] Les petits traits rouges dans les yeux, les seins extrêmement amples, la taille excessivement fine sont les trois principales conditions de la beauté chez les femmes, suivant les Indiens.

[2] *Vêl* est un mot tamoul ayant le sens de « désir » d'où par métaphore « jeune garçon » ; il se rattache à une racine en *vé* « brûler ». Les Tamouls en ont fait un des noms de Çubrahma*n*ya et de Manmatha.

35. « Celui dont la poitrine avait l'aspect d'une montagne regardait cela, l'âme pleine de surprise; mais voici que la rivière aux flots ondoyants redoubla de tapage, hurla, se précipita contre le rivage aussi dur que le roc et commença à l'inonder. A cette vue, il tira son épée et pénétra dans le bois touffu.

36. « Comme il entrait dans ce bois fleuri où coulait le miel ainsi que dans des vases d'or, il entendit des chants agréables, accompagnés du son des luths [1] et des autres instruments de musique, et si doux qu'ils devaient dissiper toute affliction. « Qui donc », pensa-t-il, « est venu, plein d'amour, dans ce bois fleuri et brillant? »

37. « Dans toute la forêt, les fleurs s'épanouissaient; partout la brise l'éventait doucement; toutes les fleurs versaient un miel parfumé; tous les oiseaux l'appelaient par leurs chants. Il suivit un long chemin dont la beauté n'aurait rien d'égal sur toute la terre, et arriva à un endroit admirable devant lequel disparaîtraient toutes les splendeurs imaginables.

38. « Au milieu, il vit un jeune arbre qui, sur tous ses rameaux superbes en leur jeunesse, ouvrait les yeux limpides de ses fleurs fraîches pareilles à des pierreries étincelantes; tout autour étaient rangés des arbres dont les bourgeons versaient un miel abondant; là dansaient les paons joyeux semblables aux jeunes beautés du pays.

39. « Pendant que les fleurs fraîches épanouies et brillantes comme les étoiles versaient un miel parfumé, il s'approcha pour regarder l'arbre magnifique qui se tenait au milieu, ainsi qu'un roi; comme il se disait: « c'est le bel arbre du sandal fleuri, » il entendit des chants et le son du luth doux comme du lait. Il se retourna pour voir.

[1] Pour plus de commodité, je traduis par luth ou lyre les noms d'instruments indiens à cordes qui en diffèrent en réalité, mais dont je ne puis donner la description ici.

40. « Il vit venir cent belles jeunes filles épanouies, aux vêtements ornés, à la taille mince comme l'éclair, aux yeux pareils aux étoiles du ciel brillant, à la chevelure semblable aux nuages obscurs ; elles sortaient de tous les arbres qui entouraient [celui du milieu], déchirant leur écorce ainsi que fait l'épi naissant [1].

41. « Les [belles], dont les yeux lançaient des flammes, enveloppèrent le roi de même que les étoiles du ciel errent brillantes autour de la pleine lune. Toutes les cent prirent le luth et la lyre, firent entendre d'harmonieux accords et se mirent à chanter, avec des voix pareilles à celle de la *kuil (cuculus orientalis)* [2] ; elles dansaient en agitant leurs jambes et disaient ceci :

42. « Dans ce bosquet fleuri, vêtu d'arbres nombreux, tu « es venu réjouir Çâsanâ qui te désire, dont la pensée ne « t'oublie point, et que tu aimais si étroitement comme un « joyau précieux ; par la joie de Çâsanâ, toute cette forêt est « aussi réjouie que si elle voyait arriver le maître suprême ! » Elles dirent.

43. « Pendant qu'elles chantaient ainsi sur le luth, l'arbre de sandal du milieu s'ouvrit à son tour, et il en sortit une jeune femme dont les longs yeux l'emportaient sur les glaives ; elle le regarda, la figure brillante ; elle ressemblait

[1] Je ne puis résister au plaisir de citer deux jolies strophes inspirées à des poètes tamouls par la naissance de l'épi (de riz, bien entendu) :

« L'épi ineffable germe doucement ; tel qu'un serpent vert qui sortirait de terre, il naît, dresse la tête comme les petites gens enrichis, puis mûrit et s'incline comme les hommes qui ont acquis la science des livres qu'ils ont étudiés. » (*Sindâmani*, I, 53.)

« L'épi naissant croît comme la pensée qui explique les livres, après avoir été renfermé en soi comme l'est le sens de ces livres pour les sages qui les étudient ; il est fier comme les travailleurs qui n'ont pas la science entière ; il s'étend comme le commentaire des livres et s'incline comme les jeunes filles chastes. » (*Tiruvileiyâdalpurâna*, I, 24.)

[2] Le cri de cet oiseau n'a jamais paru agréable aux Européens.

à Çâsanâ qu'il avait jadis aimée quand il suivait les chemins de Vêl. Il demeura stupéfait, plein de trouble.

44. « Ses yeux, semblables à des glaives et à des cyprins, brillaient, ses bijoux éclatants s'agitaient, sa longue guirlande embaumait, ses vêtements colorés resplendissaient : pareil au *tilada*[1] de Vêl, avec de douces paroles capables de dévorer l'âme en l'entraînant au plaisir, avec des regards plus cruels que le javelot rapide empoisonné, elle lui dit d'une voix aussi harmonieuse que le luth :

45. « On t'a appelé le lion féroce ; mais tu es devenu plus « cruel que le lion ! Plongeant ta large main dans le meurtre, « tu as tué mon âme faible ; tu as oublié la paume de ma « main ! Voici que, te cherchant et pensant à toi sans cesse, « je suis venue à toi dans ce bois où croissent les bambous « et tu n'as pas la pitié de t'approcher de moi ! » Elle dit,

46. « Et la [femme] à la bouche de lotus se mit à pleurer : elle eût ému un rocher de diamant ; elle sanglotait en poussant de longs soupirs et s'affaissait en fatiguant sa taille affaiblie. « Ce sont des prestiges imaginés pour m'éloigner « de la précieuse pénitence, par les démons qui dévorent « avec passion les âmes ! » pensa le prince des hommes, et il s'affermit dans sa résolution.

47. « Résolu, il dit : « Je couperai de mon épée tour- « noyante et j'anéantirai l'arbre qui a poussé pour me faire « fléchir ! » Et la femme à la taille mince lui cria : « Oh ! « feras-tu tomber le sandal que j'avais choisi et qui produit « un doux miel ? » et elle embrassa de ses bras réunis l'arbre superbe.

48. « C'est seulement après avoir percé ce cœur blessé « par les flèches fleuries [de l'amour] que tu couperas ce

[1] Le *tilada* ou *tilaka*, c'est le signe que les dévots portent au front ; pour les çivaïstes, c'est ordinairement un cercle de cendre de bouse de vache. On appelle encore de ce nom un bijou spécial qui pend au milieu du front.

« bel arbre; avec lui, tu tueras cette Çâsâna que tu hais, « ô cruel aux flèches méchantes! » dit-elle. Le prince, riant, répondit: « J'ai deviné la cruauté que cache ton illusion! » et il lança son épée.

49. « Celle qui pour produire le découragement s'était montrée avec une figure ornée de guirlandes parfumées parut [alors] avec une tête de la couleur d'Umâ [1] déchirant la nue; il lui poussa deux cents bras : cent mains brandissaient des épées, cent mains tenaient des boucliers, et elle faisait voir, dans une bouche qui sifflait bruyamment, de longues dents aiguës.

50. « Les autres femmes, qui avaient chanté harmonieusement en pinçant le luth, devinrent cent Rakchas furieux dont les yeux lançaient du feu d'une manière épouvantable; criant avec autant de bruit que la foudre qui déchire le ciel, de manière à faire trembler la terre tout autour, elles brandissaient des armes terribles teintes de sang.

51. « La lumière du ciel fut cachée comme quand se lèvent les nuages : il fit nuit; la foudre retentit déchirant l'espace qu'elle éclairait : on eût dit qu'un combat se livrait dans les cieux; en même temps, ce bois fleuri devint aussi épouvantable que l'enfer. L'homme au cœur de diamant brilla, inaccesible à la crainte en cette heure d'angoisse.

52. « Pour m'attacher à la pénitence que j'ai entreprise, « je ne désire pas les douceurs du mal que j'ai abandonné; je « ne crains pas les douleurs; ceci est pour moi la *çruti* [2] »,

[1] Umâ ou Parvatî, femme de Çiva, est prise souvent par les poètes tamouls comme synonyme de « couleur noire ». Il faut remarquer ce mot sous la plume d'un poète chrétien. C'est par le même abus que M. Ellis, dont j'ai déjà parlé, a pu satisfaire les scrupules de sa conscience anglicane et composer un hymne terminé par la célèbre formule çivaïste: *namaçivâya*. Cette formule n'a véritablement, disent les amis de M. Ellis, que le sens de « gloire à Dieu! »

[2] C'est-à-dire « la sainte écriture, le saint enseignement, l'épreuve. »

dit-il, et, se fortifiant [encore], il fit tomber, en le coupant avec son épée brillante et tranchante, l'arbre merveilleux, précipitant [en même temps] dans l'enfer les démons chassés par sa ferme résolution.

53. « Après la fuite de l'illusion meurtrière, le bois apparut dans son état naturel. Le glorieux Nîpaka fit pénitence pour détruire le mal [1]. Les démons qui haïssent le bien [2] lui témoignèrent du respect et de la crainte, mais ils ne cessent point encore aujourd'hui leurs prestiges destinés à détruire les fermes résolutions.

54. « Le prince pareil au soleil, œil resplendissant, demeura ici de longs jours à faire pénitence. Pendant ce temps, il fit faire toutes ces peintures; mais, tout en admirant leur beauté, nous ne savons pas [ce qu'elles représentent]. Si tu le sais, parle, ô toi dont l'intelligence est claire comme la blanche lune! dit le plus âgé des pénitents. »

Joseph prend alors la parole pour expliquer à ceux qui l'entourent l'histoire dont ces tableaux figurent les divers épisodes. Il se trouve que c'est justement la vie de son ancien homonyme, le fils de Jacob et de Rachel, avec la citerne, Pharaon, Putiphar, sa femme, les vaches, etc. Les braves pénitents sont dans l'enthousiasme et comblent de soins et de prévenances un voyageur si instruit: on ne dit pas qu'ils

[1] et [2] Le « bien » et le « mal »; les mots employés par Beschi sont *nalvin'ei* et *pulvin'ei*, proprement « bonne activité » et « mauvaise activité ». Dans un article sur la religion des J'âinas, publié il y a cinq ans dans cette *Revue* (t. III, p. 306), j'ai fait voir que « l'activité » est condamnée par cette religion comme un obstacle à l'indifférence, à la pureté, à l'absorption de l'âme dans l'être suprême.

Le but de cette note et des deux précédentes est de montrer que Beschi se sert sans scrupules, non-seulement des tournures, mais encore des termes religieux des auteurs « païens ». Comment veut-on que les Indiens s'y reconnaissent? Pour des choses nouvelles, il fallait des mots nouveaux.

se convertissent au catholicisme. — Les vingt-cinq strophes qui précèdent sont extraites du chant XX du *Tembâvani*, qui en compte trente-six.

Un mot encore au sujet de la forme et de la valeur littéraire du poème. Comme versificateur, je n'aurais que des éloges à donner à Beschi, si l'on n'avait vraiment abusé à son égard des épithètes admiratives. La poésie tamoule est en somme facile, et tout bon humaniste européen serait capable d'en faire autant que l'habile jésuite[1], si, comme lui, il s'initiait à la connaissance des vieux poèmes et à toutes les ressources de la langue. Pour être accepté par les érudits du pays, tout poème doit en premier lieu se conformer au *sûtra* suivant du *Kan'n'ul*, une des meilleures grammaires indigènes (liv. II, chap. III, str. 37):

Epporuḷétcholin'évvâr'uyarndô..........r
séppin'arappaḍitchéppudan'mara......bê[2]

« De quels sujets, de quels mots, de quelle manière ont « parlé les (écrivains) supérieurs ; parler de cette façon, c'est « la convenance du style. »

[1] Cela est si vrai qu'au bout d'un an seulement d'études, j'en étais arrivé, à Karikal, en 1861, à composer des strophes comme la suivante:

Arâvénatchujalunkâmamavâvénunañj'eivisi.......k
karâvénakkodiyadâgikkanalérittadanmélvait.....ta
tarâvénaméliyunéñj'ârtammuyirpugudâvéndâ.....n
girâvénanir'eindumâyâdêgujiyêguman'..........d'ê

« L'amour, qui rampe autour (de nous) comme le serpent, jette son poison qui est le désir; il devient cruel comme le crocodile et pénètre dans l'âme de ceux dont le cœur est aussi mou que le plomb mis sur un grand feu allumé; là, il brûle, il s'étend comme la nuit et, ne quittant pas la place, entre partout où l'on entre. »

Cela n'est pas fort, mais c'est tout à fait dans le goût tamoul.

[2] Les manuscrits tamouls sur *ôles* (feuilles de cocotier) ne séparent pas les vers, reliés du reste les uns aux autres par les règles grammaticales d'euphonie. C'est pour marquer cette constante

Ce précepte absurde, mais éminemment conservateur, ne saurait guère faire progresser une littérature déjà secondaire. On conçoit en effet qu'il est arrivé aux Dravidiens ce qu'ont éprouvé les races à langues agglutinantes; civilisés et instruits par des peuples déjà historiques, comme dirait Schleicher, ils en ont adopté les mœurs, les croyances, les procédés littéraires. Tout au plus ont-ils pu broder sur le fond primitif. La littérature tamoule, remarquable surtout par ses productions morales, n'est pour tout le reste qu'un reflet de la littérature sanscrite. Ce reflet n'est pas dépourvu d'éclat, mais, en général, les défauts de la poésie aryenne y sont exagérés et les minuties de détail y ont pris une importance démesurée. La plupart des épopées tamoules sont à des degrés divers des productions d'une période de décadence ; la lecture intégrale d'une seule d'entre elles est fort pénible et la traduction en devient fastidieuse, par l'accumulation des épithètes et la limitation forcée de la phrase au cadre tantôt trop étroit, tantôt trop large, de la strophe de quatre vers. Beschi, sous ce rapport, est peut-être encore inférieur à ses devanciers et à ses modèles. Ainsi, en ce qui concerne la forme poétique proprement dite, il s'est imposé la tâche méritoire de rimer ou plus exactement de *consonner* richement. Dans le quatrain épique tamoul, la consonne de la seconde syllabe de tous les vers doit être ou identique ou consonnante. Les poètes font consonner ainsi parfois plusieurs syllabes (excepté la première) et la règle s'étend accidentellement à plusieurs pieds; mais il faut faire usage de mots différents ou des mêmes mots pris dans une acception

liaison que, dans les premiers livres tamouls imprimés, on imagina de repéter au bout de la ligne, c'est-à-dire le plus près possible du vers suivant, la lettre finale de chaque vers. Cet usage tend à disparaître dans les nouvelles impressions. — Il est également nécessaire de bien placer tous les vers directement l'un sous l'autre, pour montrer l'exactitude de la consonance dont nous parlerons plus loin.

différente: les nombreuses règles d'orthographe euphonique aident à l'assimilation apparente. Il faut de plus qu'un ou plusieurs pieds de chaque vers *assonne* par sa première lettre avec la lettre initiale du vers. Beschi a voulu toujours assonner à plus d'un pied et a cherché le plus souvent à identifier les quatre premiers pieds; il y a été aidé par la richesse du vocabulaire dravidien qui ajoute aux nombreux synonymes originaux la plupart de leurs correspondants sanscrits. Bien des strophes dans le *Têmbâvani* consonnent par plus d'un pied; cette richesse est le plus souvent obtenue, comme on doit s'y attendre, aux dépens du sens. Voici l'exemple le plus remarquable que je trouve dans l'épopée catholique :

Manavanangu vanangaḍinâyaga........n'
manavananguvanangilvarundin'â.......r
manavananguvanangalilâḷa...........n'u
manavananguvanangumanangu.......mè

(Ch. XIII, strophe 31.)

Avec le commentaire, c'est-à-dire la traduction en prose faite par l'auteur lui-même, sous les yeux, je crois pouvoir expliquer ce rébus de la façon suivante :

Manavu - anangu - vanangu - aḍi - nâyagan'
pierre précieuse-beauté - adoré - pied - seigneur
mana - anangu - vanangu - it - varundin'âr
fermement - affligeant - changement - non - souffrirent
mana - anangu - vanangal - il - âḷan' - um
esprit - douleur - plier - par - homme - et
man - a - anangu - vanangum - anangu - um - è
beaucoup-(explétif)-beauté- vénérée - femme -et-(explétif)

« Ils souffrirent de l'affliction qui continuait à désoler le Seigneur dont les pieds, beaux comme des pierres précieuses, sont adorables (Jésus), — l'homme qui ne pouvait changer la douleur de son esprit (Joseph) et la femme vénérée à la beauté superbe (Marie). »

On ne trouve de pareilles fantaisies, des tours de force analogues, que chez les poètes du dernier siècle ou dans les publications contemporaines, sans parler des pièces à double sens, à retournement, à escalier, etc., ou de celles qu'on peut disposer lettre par lettre en forme de roues, d'étoiles, de serpent, etc. Le plus intéressant spécimen que je connaisse est la strophe suivante. Je la tiens de son auteur, *Sômasundaratambirân*, administrateur de la pagode de Tirunaḷḷar, près de Kârikal [1], qui me la donna le 20 janvier 1861 ; elle n'a été publiée nulle part. Je divise en deux chaque vers, à cause de sa longueur :

Varumarudavan'attan'anganḍuḍan'kaḷanda.
pâludavumvallal'sémpo........n'
marumarudavan'attan'angankoydaḍiyâ....r
midiyéjutteimât't'untâ.........ru
orumarudavan'attan'angan'villanan......da
mutturukkavôngumpângar......t
tirumarudavan'attan'anganmajaviḍei...mê
léjundaruḷattérisittô..........mê

Les deux premiers pieds de chaque vers sont pareils à

[1] Je dois de précieuses leçons et d'excellents conseils à ce *pandit*, surtout pendant les trois derniers mois de mon séjour dans l'Inde. Aussi lui avais-je adressé le compliment suivant le jour même de mon départ :

kar'eibadikandan'karuneisêrsôma..
sundarakaviñamâmun'i....yê
mar'eibaditirunallâr'én'unkulan'in'
mânolivan'asanimalarn....du
sir'eibadiyaliyâmân'idarsilambi....
tchérndadan't'êr'alâmar'i..vei
nir'eibadikaliyinundumélumbar....
nigarsugamut't'an'avula....gê

« O grand muni-poëte, qui as obtenu la grâce du dieu dont le cou a retenu le poison (Çiva), lorsque le lotus étincelant que tu es a

partir de la seconde lettre. Ce sont des ◡◡ ◡◡– ou des ◡–◡––. Il faut les décomposer ainsi qu'il suit : 1° *varum* « qui vient (aoriste) », *aru* « rare », *tavanattu* « en famine », *an'am* pour *an'n'am* « nourriture », *kanḍu* « sucre candi »; 2° *marumar* « celui qui a la poitrine », *udavu* « qui aime (aor.), *an'n'attan'* « celui au cygne », *am* « belle », *kam* « tête »; 3° *oru* « un », *maruda* « terrain agricole », *val* « fort », *nattu* « coquillage », *an'angan'* « le dieu in corporel »; 4° *tirumarudavan'attan'* « le dieu de la station pieuse appelée Tirumarudavanam », *angań'* « là ». Il y a dans ces vers deux licences ou négligences; l'emploi de *marumar*, forme plurielle, pour le singulier honorifique, le hiatus entre l'*u* final du second vers et l'*o* initial du troisième. Ces vers signifient :

« Le héros généreux qui donna du lait mélangé de sucre candi, pour nourriture, quand il survint une terrible famine[1]; l'arbre sacré[2] qui peut changer la lettre cérébrale[3] de ses serviteurs et qui a cueilli[4] une belle tête du dieu au cygne ami de celui dont la poitrine porte l'or su-

fleuri dans l'étang qui est le pays vénéré de Tirunaḷḷâr, les abeilles ailées qui sont les hommes s'en sont approchées en murmurant et en ont bu, dans une ivresse complète, le miel qui est la pure science; alors, le monde a éprouvé une félicité comparable à celle des bienheureux du ciel. »

[1] Cette pièce demanderait de longues explications. C'est une sorte de memento d'un pèlerinage, de tous points comparable à certaines poésies inspirées à des dévots modernes par la vue des sanctuaires de Lourdes ou la Salette. Il s'agit d'un *sthala*, c'est-à-dire d'un endroit où Çiva s'est manifesté sous la forme humaine à telle ou telle époque : il y a beaucoup de sanctuaires pareils dans l'Inde dravidienne, dont les habitants sont en grande majorité çivaïstes.

[2] En sanscrit, *taru*. Voyez les dictionnaires.

[3] Suivant les croyances çivaïstes, l'homme naît avec une lettre gravée sur le cerveau qui résume et indique d'avance toute sa destinée. Çiva peut à une mauvaise lettre en substituer une bonne.

[4] C'est le mot propre. Çiva est censé avoir enlevé à Brahmâ sa cinquième tête d'un coup d'ongle. Il est fait allusion ici à la lé-

perbe [1]; le prince de Tirumarudavan'am dont les alentours sont pleins des perles que produisent l'arc du dieu de l'Amour et les puissants coquillages dans un terrain agricole ; — nous l'avons vu, là, daigner apparaître monté sur son jeune taureau [2]. »

Il ne faudrait pas croire que la poésie tamoule n'ait produit que des élucubrations aussi pénibles. On rencontre de fort beaux passages dans les écrits originaux ; j'espère pouvoir en donner prochainement des spécimens; mais il n'y a pas un seul ouvrage dont l'ensemble satisfasse complétement le goût moderne des Européens.

En terminant, je veux faire encore une remarque. Parmi les règles prosodiques « fondées sur la superstition païenne », au dire de M. l'abbé Dupuis, il en est deux que Beschi se trouve, par hasard peut-être, avoir fidèlement observées, celle du mot initial de bon augure et celle des constellations. La première consiste à ne commencer un poème que par un mot choisi sur une liste donnée dans les traités didactiques et censé un mot de bon augure, *mangaḷatchol.* La seconde veut qu'entre la constellation correspondant à la première lettre du poème et celle correspondant à la première lettre du nom du héros il y ait un intervalle de deux, quatre, six, huit ou neuf constellations. On sait que le zodiaque indien en comprend vingt-sept; elles doivent être comptées dans un ordre donné et chacune correspond réglementairement à deux ou trois lettres de l'alphabet tamoul. Or, le *Têmbâvani* commence par le mot *sîr* qui est un des *mangaḷatchols* classiques ; le nom du héros chanté étant *sûsei* (transcription de Joseph), *sî* correspond à la constel-

gende de l'humiliation de Vi*snu* et Brahmâ lorsqu'ils essayèrent vainement de découvrir et de voir le grand Çiva ; je compte traduire prochainement cette légende, d'après un *purana* tamoul.

[1] Allégorie ; l'or, c'est Lakchmî, déesse de la fortune, femme de Vi*snu*.

[2] Le taureau Nandi.

lation *Rêvatî*, et *sû* à *Açvinî*, et d'*açvinî* à *rêvatî* il y a juste vingt-sept constellations, c'est-à-dire neuf.

Je ne voudrais pas laisser mes lecteurs sous une trop mauvaise impression, relativement à Beschi, qui était malgré tout un homme supérieur. Si l'on fait abstraction de ses œuvres tamoules, la plupart écrites ou exploitées dans un but de propagande catholique, il restera encore du savant jésuite des livres utiles et remarquables. Il a composé en latin trois grammaires : une du tamoul vulgaire (trois éditions, 1738, 1813, 1843, et deux traductions anglaises, 1848), une du tamoul littéraire avec prosodie (inédite [1], trad. angl. publiée en 1822), et une autre du tamoul littéraire (inédite [2]); et, en tamoul, un cours complet de grammaire *ton'n'ûlviḷakkam* « explication des vieux livres didactiques », ainsi qu'un dictionnaire alphabétique *tchaturagarâdi*. Ces ouvrages sont aussi bons qu'on peut le désirer, en tenant compte, bien entendu, de l'époque à laquelle ils ont été rédigés.

Il me reste à m'excuser d'avoir abusé de la patience des lecteurs en leur citant un trop grand nombre de mots et de phrases empruntés à un idiome peu connu; mais, comme disait à Micromégas l'un des philosophes de la mer Baltique, « il faut bien citer ce qu'on ne comprend point du tout dans la langue qu'on entend le moins. »

[1] Voici le titre complet de cet ouvrage, dont la Bibliothèque nationale possède une copie (fonds tamoul, n° 188) provenant de la collection E. Ariel donnée en 1866 par la Société Asiatique : *Grammatica latino-tamulica, ubi de elegantiori linguae tamulicae dialecto* sentamij *dicto tractatur, cui adduntur tamulicae poeseos rudimenta*, in-4°.

[2] J'en possède une copie, exécutée probablement dans l'Inde vers 1810, et assez défectueuse ; elle porte le titre suivant : *Clavis humaniorum litterarum sublimioris tamulici idiomatis*, 144 fts., gr. in-4°.

Bayonne, le 14 juillet 1875.

J. V.

LES LANGUES AMÉRICAINES[1]

Parmi tous les problèmes que soulève la science positive du langage, l'un des plus intéressants est à coup sûr celui des langues américaines. C'est en même temps l'un des moins étudiés. Les linguistes, en effet, que l'on accuse parfois de hardiesse, sont au contraire le plus souvent d'une timidité excessive dès qu'il ne s'agit plus d'un idiome pour ainsi dire classique, rentrant dans le cadre de leurs travaux ordinaires. Il en résulte que des savants qui ont émis les idées les plus neuves, les plus fécondes, les plus originales, qui ont puissamment contribué aux progrès de la science linguistique et à qui l'on doit de précieuses découvertes, dans le domaine des langues indo-européennes par exemple, acceptent volontiers, sur les idiomes étrangers, les propositions parfois antiméthodiques des personnes qui ont appris ces idiomes d'ordinaire dans un intérêt pratique ou qui ne sont en aucune façon au courant des données générales de la science contemporaine. Le langage, après tout, n'est cependant chez les divers êtres humains qu'un produit naturel de l'organisme, quant à son but, ses effets et ses causes; il est impossible que certains principes généraux ne soient pas applicables à tous : il serait bon en tout cas de le vérifier. C'est en partant de cette idée que nous allons jeter un coup d'œil rapide sur les langues du Nouveau-Monde. Aussi bien nous ne pourrions songer à passer même suc-

[1] Extrait de la *République française* du 2 avril 1875.

cinctement en revue, dans cette courte étude, les divers idiomes; et nos lecteurs aimeraient peu des descriptions minutieuses de langues en somme dépourvues d'intérêt pour eux. Nous nous bornerons à quelques considérations générales et à une esquisse très-sommaire du système grammatical des deux groupes phonétiques les plus importants de l'Amérique septentrionale.

Il serait difficile, d'ailleurs, de réunir des éléments suffisants pour une analyse minutieuse de la plupart de ces langues. Ce n'est pas qu'il n'existe un grand nombre de grammaires, de méthodes, d' « arte », composés en français et en espagnol, à l'usage des étrangers qui veulent « apprendre à parler et à écrire correctement » tel ou tel dialecte; mais, outre que ces livres ne sont pas communs en Europe, ils sont d'habitude fort mal faits et n'offrent que de très-faibles secours aux linguistes : la peine qu'on se donne à les parcourir, à mettre un peu d'ordre dans ce chaos systématique, dans ces calques désespérés et décourageants de nos vieux rudiments d'école, n'est certainement pas proportionnée au fruit que l'on en retire. Aussi n'indiquerons-nous, comme livres utiles à consulter, que les ouvrages suivants, écrits uniquement dans un but scientifique : les *Remarks on the indian languages of North America*, par John Pickering, traduit en allemand par Talvj, en 1834, et réimprimé en 1836; et le remarquable *Mémoire* de notre compatriote américanisé Duponceau, *Sur le système grammatical des langues de l'Amérique du Nord* (Paris, 1838, in-8, xvi-464 p.). Ce travail, que nous ne saurions trop louer, vu sa date, avait obtenu, le 2 mai 1835, le prix Volney. Il faudrait citer encore les curieuses recherches de divers Américains (Schoolcraft, Trumbull), la communication faite récemment à l'Académie de Vienne par le professeur Friedrich Müller (qu'il faut bien se garder de confondre avec son homonyme, le métaphysicien d'Oxford), et d'autres monographies ou notices de même nature. On trouvera enfin d'utiles remarques dans divers traités de linguistique générale, et notamment dans les *Principles of comparative philology* qui viennent de paraître à Londres et qui sont dus à la plume expérimentée de M. Sayce, jeune et savant assyriologue, professeur au Collége de la Reine à Oxford. Les études de M. Schoolcraft et celles de Duponceau sont violemment prises à partie dans un livre récent que nous avons également consulté, bien qu'il soit écrit sans aucune méthode et que la lecture en soit fort pénible, les *Études philologiques sur quelques langues sauvages de l'Amérique* (Monréal, 1866, in-8, 160 p.), par N. O., ancien missionnaire; il n'y est question que de l'algonquin et de l'iroquois dont nous reparlerons plus loin; mais, tout en relevant des erreurs plus ou moins graves de détail chez ses prédécesseurs, l'auteur, qui, par parenthèse, en veut énormément à M. Ernest Renan, a complétement négligé de se renseigner sur les procédés aujourd'hui généralement suivis par les linguistes. Nous tenions à faire cette observation, parce que la plupart des ouvrages didactiques que l'on pourrait avoir à consulter sur les langues américaines sont l'œuvre de missionnaires, catholiques et protestants, dont le principal mérite est surtout une bonne volonté absolue, mais qui ne savent généralement pas ce que c'est que la science du langage. L'incontestable ignorance générale des missionnaires catholiques rend, du reste, leurs livres encore plus mauvais que ceux de leur collègues hétérodoxes.

Mais, pour en revenir aux idiomes du Nouveau-Monde, M. Fr. Müller fait remarquer, dans son *Allgemeine ethnographie*, p. 273, qu'aucune partie du monde n'est proportionnellement moins peuplée que l'Amérique et ne présente cependant à l'observateur un nombre plus considérable de langues ou de groupes de langues distincts. Le même auteur énumère en effet, du nord au sud des deux continents, vingt-six souches linguistiques distinctes : les idiomes kenaï, athapaches (apaches, navajos, umpqua, etc.), algonquins, iroquois (nous reparlerons de ces deux familles), dakotas, pani, apalaches (natchez, muscodji, chaktas, chéroqui), koloche et autres dialectes de la côte nord-orientale, orégoniens, californiens, yumas, *sonoriens* et *texiens, mexicains*, aztèques, maya (maya et huastèque), *guatémaliens* et *antillais*, caraïbes, tupis, *andéens*, araucaniens, guaycuru et abiponique, puelche, tehuel, pechairais, chibcha et quichua-aymara. Nous avons donné à ces noms une physionomie aussi française que possible, ce qui n'est pas toujours facile lorsqu'on se trouve en présence de transcriptions anglaises. Pour quelques-uns de ces idiomes, comme pour ceux de leurs dialectes sur lesquels nous aurons à revenir, nous avons d'ailleurs l'orthographe française de bon nombre, telle que nous l'ont transmise les premiers voyageurs; mais nous n'avons pas cru pouvoir aller jusqu'à adopter les appellations tirées de surnoms ou de sobriquets donnés naguère à certaines peuplades, telles par exemple que le sauteux (chippeway, dialecte algonquin), le courte-oreille, etc.

Il faut tout d'abord, dans les langues que nous venons d'énumérer, mettre de côté celles dont nous avons écrit les noms en italique. Ce sont des idiomes isolants, morphologiquement analogues au chinois, fort différents d'ailleurs les uns des autres, mais ne nous offrant rien de nouveau et n'appartenant pas à ce qu'on appelle proprement le système des langues américaines. Il faut donc voir, en étudiant les autres idiomes, ce que c'est que ce système. M. Fr. Müller, dans l'ouvrage que nous venons de citer, l'indique en ces termes : « Différence radicale dans le matériel linguistique, le vocabulaire ; conformité absolue dans l'aspect général, leprocédé morphologique. » Cette conformité, depuis longtemps signalée, a paru si surprenante en même temps que le procédé en lui-même paraissait si original, qu'on en est venu à proposer une parenté originelle commune pour tous les idiomes de l'Amérique (ce qui est un renouvellement de l'hypothèse touranienne) à l'aide des mêmes arguments, en invoquant notamment la prétendue variabilité extraordinaire et la perpétuelle inconstance des radicaux dans les langues sauvages. Cette allégation ne nous semble pas assez sérieuse pour mériter une discussion. Il en est tout autrement d'une seconde hypothèse, admise par des linguistes de valeur, et sur laquelle nous allons donner quelques développements. Elle consiste à créer, au profit des langues américaines, un quatrième grand groupe morphologique, dans lequel on a voulu faire entrer le basque dont l'isolement contrarie les faiseurs de systèmes, et qui serait caractérisé par « le polysynthétisme ou incorporation ».

On sait quelles sont les différences essentielles reconnues généralement aujourd'hui entre les divers types morphologiques auxquels peuvent se ramener les idiomes européens et asiatiques, les mieux étudiés de tous. Ces types se réduisent à trois, le monosyllabisme, l'agglutination et la flexion. La base, le principe de ces catégories, c'est la manière dont sont exprimées les relations. Le but du langage étant, en effet, d'exprimer la pensée et sa manière d'être, c'est-à-dire la signification et le rapport, une langue sera d'autant plus parfaite qu'elle satisfera mieux et plus vite à cette double condition. Les idiomes monosyllabiques ou isolants n'expriment les relations que par une pure convention, par la subordination momentanée de certains radicaux significatifs à d'autres; tous les mots de ces idiomes n'ont qu'une syllabe, ne sont articulés que d'une seule émission de voix. Les langues agglutinantes, agglomérantes ou composantes, sont remarquables par le rôle purement subordonné, relatif, qu'y ont pris certaines syllabes dans lesquelles il n'est pas toujours difficile de reconnaître des mots originairement significatifs: ces syllabes secondaires, ces éléments formels sont capables de se joindre en grand nombre à un même mot, soit avant, soit après, pour représenter d'abondantes combinaisons ou nuances de rapports. Quant aux langues à flexion, il règne un certain désaccord entre les linguistes: pour beaucoup, la flexion commence dès que les éléments formels sont tellement soudés à la racine significative, qu'on ne les en distingue pas *à priori*, et que ceux qui parlent n'en ont point conscience; mais d'autres savants, qui se rattachent à l'école du regretté Scheicher, trouvent qu'en somme il n'y a là qu'un degré d'agglutination, que ce ne serait point un caractère assez tranché pour former une classe spéciale. Pour ces linguistes donc, et nous sommes de leur avis, il faut restreindre le nom de flexion à une séric de phénomènes dont les langues sémitiques offrent de perpétuels exemples, aux altérations vocaliques subies par les racines pour exprimer les rapports; l'hébreu dit *pakâd* « il a vu »; *pikked* « il a vu souvent »; *iapkod* « il verra », etc., et ces mots ne diffèrent que par leurs voyelles; la même chose a lieu en sanscrit, où « je donne » se rend par *dadâmi*, dont la dernière syllabe devient *mai, dadâmai*, pour prendre le sens de la voix moyenne. Telle est la véritable flexion. Ainsi, les idiomes isolants ne savent pas exprimer la relation, les agglutinants l'expriment *à côté* du mot, et les langues à flexion l'expriment *dans* le mot. En fait, d'ailleurs, la flexion coexiste avec l'agglutination dans les langues indo-européennes, par exemple; de plus, il est certain que toutes les racines primitives de ces langues sont monosyllabiques. Il est donc probable que les idiomes les plus parfaits ont passé par un état moins avancé, qu'ils ont été successivement monosyllabiques, puis agglutinants.

Il nous a semblé nécessaire de rappeler ces données de

la science avant d'examiner de près le polysynthétisme ou incorporation de l'Amérique. Est-ce vraiment un procédé original d'expression de relations et convient-il d'en faire la base d'une classification nouvelle, le signe distinct d'un quatrième type morphologique?

Les faits invoqués à l'appui de cette proposition sont de deux sortes : 1° absence de distinction fondamentale entre le nom et le verbe qui a produit ce qu'on a appelé la conjugaison nominale, et 2° composition syncopée qui se manifeste par trois ordres de phénomènes : abondance de verbes dérivés, union au verbe des sujets et régimes, fusion étroite de tous les mots d'une phrase avec contractions et syncopes. Examinons successivement ces quatre particularités.

La première ne saurait nous surprendre et ne nous est en aucune façon nouvelle. Quand l'algonquin dit *nindawi* « mon aviron », l'iroquois *onkéneri* « notre cœur à nous deux », le chippeway *kosiway* « vos pères », en joignant à des substantifs les préfixes verbaux, que font-ils de plus que l'hébreu où l'on a *iâminî* « ma droite », l'arabe qui rend « tes deux livres » par *ketabâki*, et le magyar qui prononce *szemeink* « nos yeux ». Il n'y a là qu'un cas d'agglutination.

L'abondance des verbes dérivés n'est également en définitive que de l'agglutination. Le chéroqui sait nuancer ses verbes de la façon suivante : *kutuwo* « je me lave », *kulêstûlâ* « je me lave la tête », *tsestûlâ* « je lave la tête d'un autre », *takutêyâ* « je lave des plats », *tsêyuwa* « je lave un enfant », etc. Le tamanacan (Amérique centrale) dit *jucurù* « manger du pain », *jemeri* « manger du fruit », etc. Un dialecte chilien a *elun* « donner », *eluguen* « donner davantage », *eluduamen* « désirer donner », *elupen* « douter si l'on donnera », *elupun* « passer en donnant », etc. Dans la plupart des langues américaines, on forme des voix dérivées causatives, négatives. — Ces phénomènes s'expliquent aisément : les uns tiennent à la répugnance des idiomes inférieurs pour la généralisation, ce qui amène la production d'autant de radicaux verbaux distincts qu'il y a de modes d'une action; les autres rentrent dans les phénomènes de composition syncopée que nous examinerons tout à l'heure; les autres enfin sont fréquents dans les idiomes du second groupe : le turc peut dire *sevmek* « aimer », *sevdirmek* « faire aimer », *sevichmek* « s'aimer l'un l'autre », *sevmemek* « ne pas aimer », *sevhememek* « ne pas pouvoir aimer », *sevdirhememek* « ne pas pouvoir s'aimer »; et le tulu (langue dravidienne) a les variations : *malpuve* « je fais », *malpêve* « je fais fréquemment », *maltruve* « je fais énergiquement », etc. Faut-il rappeler enfin les nombreuses voix dérivées des langues sémitiques?

L'union au verbe des sujets ou régimes mérite de fixer un peu plus notre attention. Il faut toutefois distinguer, croyons-nous, le cas où c'est un substantif, sujet ou régime, qui est fusionné dans le verbe, et celui où le verbe conjugué exprime seulement le régime pronominal, direct ou indirect. Nous ne parlons pas du pronom sujet qui est joint au verbe dans beaucoup de langues qui nous sont familières. Le premier cas que nous venons d'établir rentre dans la composition contractée dont nous nous occuperons tout à l'heure; le second seul doit donc être examiné pour le moment. Il ne nous offre encore qu'une extension du principe agglutinatif. L'incorporation des pronoms régimes directs est habituelle aux idiomes sémitiques, aux langues finnoises, au basque. En quoi l'algonquin *kisakihin* « je t'aime » diffère-t-il à ce point de vue de l'hébreu *sabaqtâni* « tu m'as abandonné », du magyar *latlak* « je te vois », ou du basque *gaitu* « il nous a »? C'est une question de plus ou de moins. Le suomi ou finnois proprement dit n'incorpore que la troisième personne, le magyar ou hongrois incorpore la seconde quand la première est sujet, le vogoul exprime dans son verbe les deux premières personnes régies, le mordvin peut le faire pour les trois personnes : ce sont pourtant quatre idiomes de la même famille. L'incorporation du régime indirect est à un degré de plus ; le basque l'a en commun avec les langues américaines où même elle paraît moins bien organisée que dans le vieil idiome pyrénéen : il est vrai qu'on a voulu apparenter le basque et les dialectes canadiens. On trouve même dans les langues indo-européennes des faits qui expliquent de semblables formations : quand, par exemple, en italien les pronoms régimes *vi* et *lo* deviennent de véritables enclitiques et qu'on peut dire, presque en un seul mot, *portendovelo* « vous le portant » ; quand en espagnol on dit *mandarme* « me mander » et qu'on écrivait naguère *dexallo* pour *dexar lo* « le laisser », n'a-t-on pas affaire à un commencement d'incorporation ?

Quoi qu'il en soit, les trois caractères que nous venons d'examiner ne sont ni assez originaux, ni assez distincts, ni assez importants pour justifier la création d'un type morphologique propre au Nouveau-Monde. Ce serait donc le quatrième qui pourrait seul donner raison à une classification de cette nature. Aussi est-ce surtout celui que l'on a mis en avant. Il est défini de la manière suivante par M. Fr. Müller : « Les langues américaines reposent en général sur le principe du polysynthétisme ou de l'incorporation ; c'est-à-dire que, tandis que, dans nos langues, chacune des idées dont l'enchaînement trouve son expression dans la phrase se présente phonétiquement distincte, elles sont le plus souvent, dans les langues américaines, réunies en une indivisible unité. Phrase et mot se confondent donc complètement. Par ce procédé, chacun des mots est abrégé et réduit sommairement à une seule de ses parties. » Duponceau, qui a fort bien remarqué l'analogie des autres caractères avec ceux des idiomes de l'ancien monde, explique également que, à l'aide de l'ellipse, les Indiens de l'Amérique sont parvenus à former des langues qui comprennent le plus grand nombre d'idées dans le plus petit nombre de mots possible; et l'on peut ainsi procéder à l'infini. Voici quelques exemples significatifs empruntés à ce dernier auteur: en groënlandais, *aulisariartorasuarpok,* qui a le sens de « il s'est hâté d'aller pêcher », se décompose en *aulisarpok* « il pêche », *peartopok* « il est à faire quelque chose », *pinnesuarpok* « il se hâte »; en chilien, *iduanclolavin* « je ne désire pas manger avec lui » est composé de *in* « manger », *duan* « désirer », *clola* « ne pas », *vi* « lui », *n* « je »; en lénâpé (dialecte algonquin), *nadholinîn* « amenez le canot » est pour *naten* « amener », *amochol* « canot », *nîn* « à nous » avec *i* euphonique; dans un dialecte mexicain, on dit à un prêtre, *notlazomahuizteo-pixcatâtzin* « ô toi, mon père vénérable et estimable, gardien de Dieu », de *no* « mon », *tlazontli* « estimé », *mahuiz-tic* « vénéré », *teo-pixqui* « gardien de Dieu » et *tatli* « père ». Ces exemples suffisent; ils montrent que le phénomène dont il s'agit n'est, en somme, qu'une application du principe général de facilitation de la diction, de la loi du moindre effort. C'est en vertu de ce principe que les anciennes langues aryennes écrites, le sanscrit entre autres, avaient développé une longue série de règles euphoniques pour la juxtaposition des mots d'une phrase; et que les langues romanes, le français surtout, sont sorties du latin par la négligence de plus en plus généralisée des syllabes inaccentuées. Si l'on remarque d'ailleurs, comme le fait observer Duponceau, que les idiomes américains n'en ont pas moins une grammaire régulière, comme nous allons au surplus le faire voir tout à l'heure, il sera difficile d'accorder à ce procédé de composition une telle importance qu'il puisse constituer un signe typique; il n'y a rien là de proprement relatif à l'expression de la manière d'être, des relations de la pensée. Des traces de pareilles contractions se retrouvent du reste dans toutes les langues ; nous ne citerons que l'espagnol *hidalgo* pour *hijo de algo*, *usted* pour *vuestra merced*, l'allemand *beim* ou *zur* pour *bei dem* ou *zu der*, le basque *arkume* « agneau » pour *ardikume* « brebis-petit » ; on trouverait maints exemples dans la conversation vulgaire française (*mamzelle* pour *mademoiselle*, etc. Cf. *idolatrie* pour *idololatrie*). Le basque n'est donc pas la seule langue européenne qui se rapproche, à ce point de vue, de l'algonquin et du groënlandais ; il est vrai qu'on y rencontre plus d'exemples de ces compositions syncopées que dans aucun autre langage de l'ancien monde, mais qu'est-ce que cela prouve ?

Il est essentiel de noter que la composition est le seul procédé morphologique à la disposition d'un idiome qui ne se développe plus inconsciemment et qui, suivant l'heureuse expression de Schleicher, est entré dans la vie intellectuelle et historique. C'est grâce à lui notamment que le basque, abandonnant sa vieille conjugaison formelle, a développé cette abondante conjugaison périphrastique, terreur et admiration des analystes. Et cette faculté, secondaire en somme et relativement récente, aurait la même importance que l'isolement, l'agglutination, la flexion, qui répondent au but direct du langage ! Évidemment non, et, Schleicher l'avait bien dit, quoique sans s'arrêter à le démontrer, les langues américaines ne sauraient être considérées que comme une branche des idiomes agglutinants. Dans cette grande classe, où fait si piteuse figure la prétendue famille touranienne de M. Max Müller, on aurait par exemple la série suivante par ordre de capacité agglomérative croissante : le groupe dravidien très-pauvre en formes, le groupe finnois déjà incorporant, le groupe basque (nous ne disons pas ibérien, le sens de ce dernier mot est encore indéterminé) pleinement incorporant et tendant au polysynthétisme, enfin le groupe américain tout à fait polysynthétique. Nous estimons, en effet, avec M. Sayce, qu'il faut soigneusement distinguer l'incorporation du polysynthétisme. Le premier de ces mots comprendra particulièrement, si l'on veut, les phénomènes de la conjugaison objective ou attributive pronominale des langues de la seconde classe; il distinguera des faits de développement formel préhistorique. Le second sera réservé pour ces compositions à l'aide desquelles on cherche, dans les temps historiques de la décadence formelle des langues, soit à précipiter cette décadence pour abréger le discours, soit à suppléer à des formes mal commodes, oubliées dans le cours rapide et inexorable des siècles.

De la chaîne morphologique, suivant laquelle viendraient se ranger les diverses langues agglutinantes du monde, nous n'avons indiqué que quatre anneaux; nous ne pouvions ni ne voulions donner une nomenclature complète : notre but était seulement de montrer quelle place pouvaient revendiquer le polysynthétisme et les idiomes de l'Amérique. Il ne faut pas oublier qu'entre chacun de ces anneaux il n'y a aucune parenté naturelle, pas plus, d'ailleurs, qu'il n'y en a une nécessaire entre les dialectes qui se groupent sous chaque anneau. On peut, à ce point de vue, mettre ensemble le japonais et le tamoul, ou le hongrois et le mandchou; les langues dravidiennes et le japonais, ou le finnois et le turc, n'en formeront pas moins des familles distinctes.

Il en est de même pour les langues américaines, où nous devons reconnaître de nombreuses familles irréductibles l'une à l'autre. Parmi ces familles, il en est deux sur lesquelles nous allons donner quelques détails et dont nous allons passer très-rapidement en revue le système grammatical : l'algonquin et l'iroquois. Ce sont les idiomes originaux de la plupart des peuples indigènes connus en Europe et dont un grand nombre de romans ont popularisé les noms.

Les dialectes algonquins, entre lesquels on a constaté une réelle communauté de vocabulaire et une conformité grammaticale véritable, sont assez nombreux. Ils sont parlés par des tribus diverses, sur un territoire très-étendu embrassant toute l'ancienne Acadie française (dialectes souriquois, micmac, etchémin, abénaki, pénobscotien, passamaquoddien), les États de l'Union, Massachusetts, Rhode-Island (narragansetts), Connecticut (mohican), New-York (trois dialectes), New-Jersey Pensylvanie et Delaware (lénâpé) Maryland, Géorgie, enfin l'ancien Canada français (algonquin proprement dit, chippeway, ottawa, ménoméni, knistémaux ou cri). Nous n'avons pas énuméré tous les dialectes. Quant aux tribus iroquoises, elles étaient naguère encore établies autour des grands lacs ; elles étaient au nombre de six et parlaient le mohawk, l'onondaga, le sénéca, l'onéida, le cayuga et le tuscarora. Les Hurons appartenaient à la famille iroquoise.

La phonétique des divers patois algonquins et iroquois n'a pas été encore étudiée ; elle ne paraît pourtant pas offrir de difficultés sérieuses. L'alphabet algonquin paraît ne comprendre que les sons suivants : VOYELLES, *a, e, i, o, u (ou* français) ; SEMI-VOYELLES, *y, w* anglais que les anciens missionnaires transcrivaient par un 8, sous prétexte que ce chiffre ressemblait à la ligature grecque *ou*[1] ; CONSONNES gutturales *k, g* ; palatales *tch ;* dentales *t, d,* labiales *p, b* ; continues *n* guttural, *n, m, ch, j, s, z,* et *h*. Nous ne pouvons entrer dans la description des permutations dialectales, qui n'offrent rien d'extraordinaire ; ainsi le *z* chippeway correspond à un *ts* lénâpé ; le lénâpé a la forte soufflante appelée *jota* en espagnol et représentée par le *ch* allemand dur, etc. Il paraît que le seul son difficile est le *w* ou *ou*

[1] D'autres disent que c'est simplement pour rappeler le son initial *w* du français « huit ».

consonne sifflé ou prononcé de la gorge qui est spécial au lénâpé et qui est remplacé dans les autres dialectes par un *u* voyelle franc. Tous les dialectes ont, plus ou moins, les voyelles nasales *an, on*. L'iroquois est plus pauvre que l'algonquin; il a les cinq voyelles, les deux demi-voyelles, trois voyelles nasales (*an, en, on*), et six consonnes seulement, *k, t, n, r, s, h* guttural : l'absence de labiales est un fait remarquable; quelques auteurs accordent le *f* à certains dialectes iroquois. Cette soufflante, qui manque à l'algonquin de même que le *v*, est pourtant familière à quelques idiomes de la Floride, le chéroqui et le chactâs, par exemple.

Quant aux formes grammaticales, ces langues, comme nous l'avons déjà dit, en possèdent d'abondantes et de très-régulières. Ainsi, les dialectes algonquins ont l'article, qui est proprement *mo*, *me* ou *m'* (de *monko* « cela » en patois du Massachusetts); mais beaucoup d'auteurs l'ont méconnu, parce qu'il s'est souvent tellement confondu avec le nom déterminé, qu'il paraît en faire partie intégrante aujourd'hui; en lénâpé, on dit *hittuk* « arbre », *m'hittuk* « l'arbre », *n'hittuk* « mon arbre », *k'hittuk* « ton arbre »; mais en chippeway, on dit *mittig* « arbre » ou « l'arbre », et *ni mittig* « mon arbre »; *ki mittig* « ton arbre ». — Il ne semble pas que l'article existe en iroquois; mais beaucoup de langues américaines le connaissent.

Les pronoms personnels algonquins sont remarquables : celui de la première personne est *ni*, celui de la seconde *ki*, et le démonstratif ordinaire de la troisième *o* ou *u*. On n'a pas manqué de signaler l'identité de ces pronoms avec ceux du basque d'une part et de l'hébreu de l'autre; mais nous n'attachons, quant à nous, aucune importance à cette ressemblance. Les pronoms iroquois sont très-différents; leur forme primitive paraît être quelque chose comme *ka* « je », *sa* « toi » et *ra* « lui ». Ces pronoms, sous leur forme pleine ou sous une forme abrégée, c'est-à-dire réduits souvent à leur première lettre, se préfixent aux noms et aux verbes, soit pour indiquer la possession substantive, soit pour marquer les diverses relations verbales de sujet à régime.

Dans tous ces idiomes il n'y a pas, à proprement parler, de genres. Ce fait est d'ailleurs ordinaire aux langues agglutinantes et reçoit son explication naturelle de l'évidente tendance du parler primitif à l'individualisation excessive. Ce n'est, par exemple, qu'à une époque très-récente et sous l'influence des idiomes aryens que le tamoul a développé une triple conjugaison masculine, féminine et neutre à la troisième personne singulière de ses verbes. Toutefois, l'algonquin, l'iroquois, etc., distinguent, si l'on veut, deux genres qu'on a appelés l'*animé* et l'*inanimé*, mais la distinction n'est pas partout la même; ces deux genres sont caractérisés, dans la déclinaison et la conjugaison, par des affixes différents : ainsi, en algonquin, la marque du pluriel animé est *k*, et celle du pluriel inanimé est *n*. En iroquois, les femmes et les enfants font partie de la classe inanimée, inférieure, ignoble, comme disent certains grammairiens; il en est presque de même dans l'Inde, en télinga, où les femmes ne cessent d'appartenir au genre neutre qu'au pluriel. On retrouve dans les langues africaines et en basque cette distinction entre les êtres qui vivent et les objets inertes; mais ce dernier idiome possède une particularité de sexualité qui nous aide à comprendre la division des nombres en américain; il a des formes verbales *allocutives*, c'est-à-dire où le sexe de l'auditeur est indiqué par un suffixe spécial. Le principe de pareilles formations est la particularisation, si ce mot peut être employé, de celui qui parle, sa tendance à s'individualiser, à se distinguer de son interlocuteur. C'est en vertu de ce principe que les langues américaines ont développé deux pluriels, dits *inclusif* et *exclu-*

sif. Le premier sera par exemple « nous », c'est-à-dire « moi et toi », ou « moi, lui et toi » ; le second sera « nous », c'est-à-dire « moi et lui » ; quelque chose d'analogue se retrouve dans les langues dravidiennes et même dans les *nosotros, noi altri, nous autres*, des langues romanes. L'iroquois possède de plus le duel inconnu à l'algonquin.

La déclinaison, dans les idiomes agglutinants, n'existe pour ainsi dire pas, ou plutôt elle se réduit à un nombre infini de cas, puisque les particules suffixes sont innombrables. Mais, s'il leur manque souvent des postpositions correspondant à nos cas les plus essentiels, le génitif, le datif, l'accusatif (et cela tient à l'incorporation pronominale dans les noms et les verbes, qui supplée à ces suffixes), ils ont une grande quantité de syllabes diminutives, augmentatives, négatives, dédaigneuses, honorables, etc. Tel est le cas des langues finnoises, du basque, surtout des langues américaines.

Le verbe, dans de pareils langages, doit posséder d'abondantes formes. Est-il vrai cependant, comme le prétend le Rév. Edwin James, missionnaire anglais, que le chippeway en ait de six à huit mille? Nous l'ignorons; mais, quand il en serait ainsi, quelle importance faudrait-il attacher à cette richesse? Ce n'est encore là qu'une question de plus ou de moins, et il ne faudrait point s'étonner de la multiplicité de ces expressions verbales, qui est fort compréhensible. Duponceau énumère diverses voix, *substantive, positive, négative, causative, réfléchie, réciproque, continue, fréquentative, habituelle, suppositive*, et les formes *générique, pronominale, adjective, prépositionnelle*, etc., sans parler des nombreuses formes de relations pronominales. La plupart des grammairiens comptent, en outre, beaucoup de modes et de temps, distingués par des suffixes spéciaux; mais M. Sayce fait remarquer qu'en réalité l'idée de temps et de modalité est étrangère aux idiomes américains. Il n'y a pas, en effet, que trois modes et trois temps naturels, l'indicatif, le conjonctif, l'optatif; le passé, le présent et le futur; et ce n'est presque que dans les langues aryennes que la série se retrouve au complet, la plupart des idiomes agglutinants ne savent rendre tout au plus que le présent et le passé et n'ont nettement conçu que l'indicatif. Il ne faut pas oublier non plus que, dans beaucoup de ces langues, il n'y a pas de radicaux originels, ayant le sens de « avoir » et « être » ; l'algonquin est, à ce propos, aussi mal doué que le tamoul et le canara.

Que pourrions-nous dire de la syntaxe? C'est à peine si l'on a commencé à se rendre compte de la nature de ces dialectes si imparfaitement étudiés encore. Le vocabulaire même n'en a été que partiellement recueilli; le peu que nous en connaissons suffit pourtant à démontrer la pénurie des langues américaines en expressions abstraites et générales, en mots indiquant un état de civilisation relativement avancé. Nous y remarquons, en revanche, une grande quantité de termes correspondants à mille nuances minutieuses de parenté : ainsi on distingue la sœur d'un homme de celle d'une femme, comme en basque; le frère aîné du frère cadet, comme en tamoul, sans oublier la distinction inclusive et exclusive, la réciprocité, etc. M. N. O., dans ses *Études*, explique que l'iroquois reconnaît sept catégories de parentés comprenant chacune de quatre à cinq situations différentes. Les noms de nombres algonquins offrent, suivant Duponceau, cette particularité, que de six à dix ils sont formés, à la façon des chiffres romains, en ajoutant *un*, *deux*, etc., à *cinq*. Il y a naturellement beaucoup de mots d'emprunt dérivés soit du français, soit de l'anglais, par exemple *monchapong* « (mon) chapeau » (micmac), *soumarkinac* (sou marqué) « petite monnaie de cuivre » (abénaki), *kaous* « bœuf ou vache » (angl. *cow*). Parmi les mots purement originaux, nous ne citerons que le mot « femme, mulier » écrit *squaw* par les Anglais, mais qui est proprement *skwâ* (narragansetts) et qui varie en *chkwô*, *eskwâ*, *oskwawé*, *ikwé*, suivant les dialectes, et le mot *wigwam*, *wikwam* « maison. »

Nos lecteurs voudront bien excuser l'insuffisance de ces notes ; mais il n'est point aisé de se renseigner à distance sur des langues peu étudiées. Aussi nous proposons-nous, quand nous aurons pu réunir des documents plus complets, de revenir sur les importantes questions que nous avons dû nous contenter de résumer aujourd'hui.

J. V.

LES ÉTUDES AMÉRICAINES EN 1875 ET 1876

(Le congrès de Nancy[1]).

Dans une des revues précédentes, la *République française* a rendu compte des résultats généraux du congrès des américanistes tenu à Nancy en 1875. Cette étude était d'autant plus nécessaire que l'œuvre ainsi inaugurée promet de se continuer longtemps : une seconde session est convoquée à Luxembourg en 1877, et tout porte à croire qu'elle ne sera pas moins brillante que la première. Nous donnons à celle-ci l'épithète de « brillante » non pas tant à cause de la qualité des travaux qui y ont été produits, bien qu'ils soient tous intéressants et qu'on en compte parmi eux de très-remarquables, mais à cause du nombre considérable de ses adhérents et de la quantité vraiment extraordinaire des mémoires qui y ont été communiqués. On ne se serait pas douté que les questions américaines pussent intéresser tant de personnes en France. Aussi souhaitons-nous de grand cœur la plus complète réussite au congrès de Luxembourg, tout en espérant que les écrits dont on y donnera lecture seront en général rédigés d'une façon plus précise, plus méthodique, plus scientifique en un mot, que ceux du congrès de 1875.

Si nous nous permettons d'émettre ce vœu, c'est que nous

[1] Extrait de la *République française* du 13 avril 1877.

nous proposons de revenir aujourd'hui sur les problèmes que soulève l'étude du Nouveau-Monde et d'examiner, en reprenant les deux beaux volumes du Compte rendu officiel, la partie linguistique de cette publication qui fait honneur au comité de Nancy; la partie linguistique de cette collection est précisément l'une de celles qui prêtent le plus à la critique ou qui, du moins, par l'inégalité de valeur des mémoires qui la composent, permet le mieux d'apprécier l'état général des études américaines. La linguistique, on le sait, est une science toute récente, mais une science complète qui a son but et sa méthode, qui n'est point accessible à tous et qui demande au contraire une préparation spéciale, sinon, pour ainsi dire, une prédisposition native. C'est pourtant celle que l'on traite en général avec le plus de désinvolture et de sans façon ; toute personne qui a quelque teinture littéraire ne craint point de parler haut et doctrinairement en matière de linguistique et de disserter magistralement sur l'origine, la parenté ou l'histoire d'un idiome. Cela paraît souvent tout naturel à ceux même qui trouveraient singulier qu'un bachelier ès lettres osât discuter et prononcer sur des questions de physique, de chimie ou d'algèbre, contrairement à l'avis des spécialistes reconnus.

Cette malechance est échue à la linguistique sur toutes les branches de son domaine. Partout se retrouvent, dans l'étude des dialectes d'un pays, deux périodes successives : les premiers voyageurs ne songent qu'à les apprendre dans un but pratique, au hasard et sans règle; les suivants, toujours dans un intérêt pratique immédiat, cherchent à coordonner les connaissances acquises en comparant les idiomes nouveaux aux types linguistiques qui leur sont familiers et dont la grammaire leur semble un modèle précieux, un cadre excellent; puis viennent des travailleurs de bonne volonté, moins enclins aux côtés pratiques, et qui cherchent un peu à l'aventure les origines et les affinités naturelles; arrivent enfin les linguistes, avec lesquels commence la seconde période. Ceux-ci cherchent seulement à analyser l'idiome en lui-même et par lui-même. A quelle période en sont, à ce point de vue, les langues américaines?

Ceux de nos lecteurs qui ont eu la bonne fortune de lire la *Linguistique* de notre ami M. Hovelacque (dans la « Bibliothèque des sciences contemporaines » de la librairie Reinwald) n'auront pas de peine à répondre à la question que nous venons de poser. (Voyez le chapitre IV, § 16, pages 167 à 184 de la seconde édition; ce paragraphe avait, dans la première édition, le numéro 17, et occupait les pages 105 à 120; il a été remanié et complété.) Ce sont là les pages les plus claires, les plus simples, les plus méthodiques que nous ayons encore lues et où l'état actuel de la linguistique américaine nous paraisse le mieux exposé. A l'heure présente, la période scientifique est à peine commmencée et les langues du Nouveau-Monde sont encore presque entièrement livrées à l'empirisme et à la fantaisie des docteurs *in utroque jure*. Parce qu'on aura passé trente ou quarante ans de sa vie au milieu de quelque peuplade du Canada ou du Chili, on prétend, non-seulement savoir l'idiome de cette peuplade, mais encore pouvoir affirmer sans contradiction qu'il revendique telle ou telle place dans la série générale des langues. En d'autres termes, celui dont la compétence est indiscutable en ce qui concerne un fait linguistique particulier se croit autorisé par cela même à émettre une théorie générale. Que dirait-on d'un homme du monde qui, ne connaissant que Virgile, voudrait raisonner sur la poésie et sur tous les poètes de l'antiquité et des temps modernes?

Nous avons dit qu'une telle appréciation se dégage de l'esquisse à grands traits de M. Hovelacque. Elle est de tous points confirmée par la lecture du tome II des Comptes rendus du congrès de Nancy, où l'on a groupé la plupart des mémoires envoyés ou lus et relatifs aux langues américaines. Avant de jeter un coup d'œil rapide sur ces mémoires, on nous permettra d'en signaler un qui, sans prétendre se classer parmi eux, s'en rapproche assez pour qu'il soit possible d'en dire quelques mots ici. Nous voulons parler du très-curieux travail de M. Oscar Comettant *Sur la musique en Amérique avant la découverte de Christophe Colomb.*

Ce mémoire se recommande tout d'abord par un ton général de modestie et de simplicité qu'on n'est pas toujours habitué à rencontrer dans des écrits académiques. L'auteur commence par protester contre les exagérations de son titre; il n'a point eu d'autres prétentions que celle de relever, chez des peuplades contemporaines, des traces de l'ancienne vie des tribus autochthones de l'Amérique. Or quoi de plus original, quoi de plus spontané que la musique d'un peuple? Ici, nous ne pouvons suivre absolument M. Comettant, et nous devons faire nos réserves sur certaines de ses affirmations. La phrase suivante, par exemple, est très-discutable: « La musique est un produit spontané chez l'homme; il n'en est pas de même du langage, qui, chez les peuples arrivés à la civilisation, est le résultat de nombre de siècles d'efforts et de laborieux tâtonnements. »

Nous nous bornerons à rappeler ici que le langage, quelque variable qu'il puisse être dans la suite des âges, est un produit naturel et spontané des organes; au point de vue de l'expression des sentiments, la musique n'est pas autre chose qu'une forme du langage. Ce qui est vrai, c'est que partout elle a dû se développer de bonne heure et devancer pour ainsi dire le langage analytique plus parfait et plus précis.

Pour en revenir au mémoire dont nous nous occupons, les seuls monuments authentiques de la musique indigène de l'Amérique sont les instruments trouvés dans les couches supérieures du sol par divers voyageurs naturalistes et les airs traditionnellement conservés chez certaines tribus sauvages. Les instruments se réduisent à une petite trompette aiguë, ou fifre, qui ne produit que cinq sons, une grande flûte à bec de roseau et à six trous, une flûte à quatre trous, et le *quena* dont nous reparlerons tout à l'heure; une sorte de guitare dont les cinq cordes rendaient des sons tristes et graves; des casales, de grandes castagnettes. Ces instruments offrent un système de tons et de demi-tons qui laisse très-peu à désirer; on a même découvert une sorte d'orgue offrant un rang de sept tuyaux ouverts et un autre de sept tuyaux fermés, ce qui est l'indice d'une science musicale relativement avancée. De tous ces instruments, la *quena* seule a survécu : c'est une sorte de flûte en roseau, longue de neuf à dix-huit pouces, percée de cinq trous sur la ligne de l'embouchure et d'une petite ouverture sur le côté. L'exécutant n'a à sa disposition qu'une variété très-limitée de sons échelonnés chromatiquement. La *quena* est jouée habituellement en solo, quelquefois à deux parties réelles, par les Indiens de la Sierra péruvienne. Outre les airs, profondément tristes, exécutés sur la *quena*, on a conservé un grand nombre de *yaravis*, mélodies anciennes, caractérisées par l'absence de rhythme et la variabilité de la mesure, et toutes, d'ailleurs, dans le mode mineur. M. Comettant termine en citant quelques airs péruviens originaux, que M. Ambroise Thomas a trouvés d'une élévation de sentiments extrêmement remarquable.

Nos lecteurs voudront bien excuser la place relativement considérable que nous avons donnée dans cette revue au travail de M. Comettant ; nous en revenons à la partie purement linguistique des Comptes rendus du congrès de Nancy.

Il convient de s'arrêter en premier lieu à deux excellentes notes de M. Lucien Adam. La première est relative à différentes assertions de voyageurs ou de journalistes sur les affinités des idiomes. On raconte par exemple qu'un Suédois, enrôlé dans l'armée régulière des États-Unis, s'étant trouvé en rapport avec des indigènes parlant le cheyenne, comprit toutes leurs paroles et fut compris par eux à un point tel qu'on le promut aux hautes fonctions d'interprète. Il convenait de relever de telles assertions, qui ont été souvent répétées pour beaucoup de langues tout à fait dissemblables. N'a-t-on pas dit, par exemple, que les Basques et les Celtes de la Grande-Bretagne, Gallois (Irlandais), pouvaient se comprendre?

Il y a longtemps que le caractère celtique du basque a été affirmé. Dans ses *Mémoires sur la langue celtique* (Besançon, 1754-1760, 1 vol. in-fol.), Bullet rapporte (page 19 du tome Ier) une anecdote qu'il appuie ensuite (p. 27) d'assimilations fantaisistes de mots. L'anecdote est empruntée en ces termes au *Dictionnaire géographique* de la Martinière (*sub voce* Celtes) : « On prétend que la langue celtique s'est conservée dans la Bretagne, province de France; au pays de Galles, en Angleterre, et dans la Biscaye, en Espagne. Leur langue est la même, ou plutôt ce sont trois dialectes d'une même langue; ce qui le prouve, c'est qu'avec un peu d'attention ces trois peuples se peuvent entendre. Je l'ai éprouvé moi-même, un jour que j'avais chez moi un gentilhomme bas-breton, un voyageur du pays de Galles, et un Biscayen. Chacun d'eux croyait sa langue inintelligible à tout autre qu'à ses compatriotes ; ils en firent l'essai et furent surpris de pouvoir s'entendre et se parler les uns aux autres. » De pareils récits me rappellent toujours la plaisanterie du *Charivari* qui représentait un jour un professeur de l'École orientale des langues vivantes s'entretenant couramment en anglais avec un Hindou, devant ses élèves émerveillés. Il y a longtemps que l'origine celtique du basque a été niée par les personnes les plus compétentes, notamment par La Tour d'Auvergne-Corret qui avait habité et parcouru le pays basque. (Cf. ses *Nouvelles recherches sur la langue*, etc., *des Bretons*, Bayonne, 1792, p. 32-36, note.) Mais rien n'arrête les faiseurs d'étymologies ; il s'est trouvé, même en 1870, un amateur anglais pour démontrer la parenté du celte et du basque dans deux fascicules de 8 et 12 p. (*The basque problem solved*, dans *Litterary leaves for general readers*, mars et avril 1870.) Victor Hugo, dans l'*Homme qui rit*, fait réciter un *pater* alternativement par une Irlandaise et une Basquaise. (Voyez à ce sujet notre note dans la *Revue de linguistique*, t. V, p. 434-436.)

On pourrait citer bien d'autres faits analogues. Un ancien procureur impérial à Constantine, M. de Harambure, n'a-t-il pas affirmé que, dans la tribu algérienne des *Chaouias* (au sud de Constantine), des ouvriers basques n'avaient pas eu de peine à se faire comprendre ? Il est vrai que M. de Harambure, malgré son nom basque, déclare ne pas connaître la langue de ses ancêtres ; ce qui ôte beaucoup de poids à son affirmation. Il suffit du reste d'un peu de réflexion pour reconnaître, non-seulement l'impossibilité, mais l'absurdité de pareilles conversations. Les gens illettrés, dont l'oreille est inhabile à saisir les nuances des sons, ne comprennent bien qu'un langage identique au leur propre : un simple changement d'accent suffit pour les dérouter. Un Toulousain parlant français aura souvent de la peine à entendre un paysan de la Touraine ou de la Beauce ; un campagnard bordelais ne saisira pas toujours le sens d'une phrase béarnaise ; un Basque de Saint-Jean-de-Luz ne comprendra presque pas un Basque des environs de Bilbao ; et l'on voudrait que des personnes appartenant à deux peuples géographiquement très-distincts et très-éloignés l'un de l'autre se comprissent au premier mot !

M. Torrès Caicedo a signalé à M. Adam la langue des Tunebos, dans l'état colombien de Boyaca, comme renfermant quelques mots assez semblables à de l'anglais : il paraît que sur cette base insignifiante on n'a pas manqué d'édifier tout un système d'origine et de parenté linguistiques.

M. Adam rappelle à ce propos les aberrations de quelques linguistes d'aventure. L'abbé Brasseur de Bourbourg a découvert, dans les langues de l'Amérique centrale, des affinités nombreuses avec le groupe germanique des langues indo-européennes. M. Lopez, de Montevideo, voit dans le quichua une langue aryenne agglutinante, dont toutes les racines se retrouvent notamment dans le rameau pélasgique. Un missionnaire, M. Robert Ellis, fait au contraire de ce même quichua un idiome scythique, proche parent de la famille africaine. Il suffit d'énoncer ces théories pour les juger.

Les observations de M. Adam étaient d'autant plus nécessaires qu'elles sont précédées, dans le volume, d'un long mémoire, d'ailleurs fort intéressant, du Père Petitot, oblat de Marie-Immaculée, sur la tribu peau-rouge des Déné-dindjiés, au milieu desquels il a vécu pendant treize ans. Ce mémoire s'ouvre par un rappel de la légende biblique de la tour de Babel et par l'affirmation de la nécessité de retrouver éparses des traces de l'idiome unique primitif, et le pieux missionnaire donne une liste comparative où figurent pêle-mêle le déné-dindjié, le chinois, le malais, le coréen, le japonais, l'esquimau, le tamoul, l'allemand, etc. Un seul exemple fera voir avec quelle précision a été dressée cette liste : *three* « trois » est donné comme allemand-anglais ! Au mot « mère », *madavé* figure comme tamoul ; or, en tamoul vulgaire, *mâdâvê* est le vocatif de *mâdâ*, mais *mâdâ* n'est que la transcription pure et simple du sanscrit *mâtr*; le vrai mot tamoul est *tây*. Certes, le travail de M. Petitot est à beaucoup de points de vue fort instructif ; mais la partie linguistique en est si faible qu'on éprouve un véritable soulagement à parcourir, quelques pages plus loin, le résumé lucide de la *Grammaire algon-*

quine (dialectes cri et chippeway) due à la plume aussi habile que prudente du savant secrétaire général du congrès de Nancy.

Nous aurions à faire les mêmes réserves au sujet d'un autre mémoire de M. Petitot sur les Esquimaux, dont l'idiome est rapproché du maori, du malais et du japonais. Nous approuverions beaucoup, en revanche, les objections présentées par le même travailleur contre un manuscrit iroquois, le seul que l'on connaisse, apporté au congrès par M. de Rosny. M. de Rosny en affirme l'authenticité, assez douteuse cependant. Il est certain, en effet, qu'aucune des peuplades de l'Amérique du Nord, de New-York à la mer Glaciale, ne connaît l'écriture. Quant à voir dans ce manuscrit des hiéroglyphes, l'hypothèse est encore plus hasardée; la voie, en tout cas, est beaucoup trop aventureuse pour qu'un linguiste ose s'y engager. Les mêmes doutes doivent être opposés aux traductions, d'ailleurs très-dissemblables, dont a été l'objet la fameuse inscription soi-disant phénicienne de Grave-Creek, en Virginie, à laquelle M. Lévy Bing a consacré un mémoire.

Ce qui montre combien la linguistique américaine laisse encore à désirer, c'est, par exemple, le travail de M. Gavino Pacheco-Zegarra sur l'*alphabet de la langue quichua :* le quichua est l'idiome national du Pérou. Il ne s'agit, bien entendu, que d'un alphabet phonétique transcriptif. Il résulterait des études de M. Zegarra que la langue des Incas, encore vivante, possède une telle organisation générale de gutturalité, qu'elle serait à peu près imprononçable pour des bouches européennes; le tableau du consonnantisme de cet idiome, dont la valeur historique serait si grande, offre en effet une série vraiment effrayante d'aspirées et de gutturales auprès desquelles la *jota* espagnole et les explosives arabes sont très-peu de chose. N'y aurait-il pas quelque excès dans la notation de toutes ces nuances? Si on le voulait bien, l'ensemble des patois français en présenterait un bien grand nombre; et le basque, sur le territoire très-restreint où il est parlé, demanderait à lui tout seul un alphabet composé au moins d'une soixantaine de signes.

Puisque nous voici revenu au basque, il faut mentionner, dans le recueil que nous examinons, notre mémoire sur *le Basque et les Langues américaines*. Nous avons cherché à démontrer que les affinités complaisamment signalées entre ces deux groupes ne sont point exclusives, qu'elles embrassent plus ou moins d'autres idiomes européens et asiatiques, qu'elles sont enfin purement extérieures, et s'expliquent fort bien par une égalité de développement ou de décadence. Ce n'est pas une mince satisfaction pour nous que de nous être trouvé tout à fait d'accord avec M. Hovelacque sur le caractère général des langues du Nouveau-Monde, accord, d'ailleurs, très-naturel, puisque nous envisageons de la même manière la science dont nous avons fait l'objet de notre activité, comme diraient les Allemands; plus on y réfléchit, plus il semble que cette opinion est la seule soutenable : on ne connaît pas encore assez les langues de l'Amérique pour avoir le droit de conclure quoi que ce soit sur leurs affinités ou leurs origines.

Nous ne saurions mieux terminer ce paragraphe qu'en rapportant un fait curieux signalé par de Lancre (*Tableau de l'inconstance des mauvais anges*, Paris, 1613, p. 29) et sur lequel nous appelons l'attention des américanistes : « En l'an 1609, le sieur de Mons, disputant au privé conseil du Roy contre quelques gens de Sainct-Iean-de-Lus... il luy fut maintenu que de tout temps et avant qu'il en eust cognoissance, les Basques trafiquoient au Canada, si bien que les Canadois ne traictoient parmy les François en autre langue qu'en celle des Basques. »

Parmi les sujets intéressants d'étude que peut offrir la linguistique américaine, et dont pourraient s'occuper les congrès futurs, il faut mentionner les patois nègres (l'appellation semble adoptée), ou, si l'on veut, créoles, en usage parmi les travailleurs des colonies européennes. Le fond en est toujours une langue d'Europe (français, espagnol, anglais, hollandais), mais, parfois, par suite des changements de possesseurs, le patois s'est enrichi de termes empruntés à des vocabulaires très-divers. Dans certains endroits même, un véritable idiome analogue à la *lingua franca* de la Méditerranée, paraît avoir été formé ; un savant anglais, M. Clough, s'empare de ce fait pour démontrer la possibilité de l'existence des langues mixtes (*On the existence of mixed languages.* Londres, 1876, in-8° de VIII-26 p.). Il expose, d'après le docteur Wilson (*Prehistoric man*), qu'au fort Vancouver, principal poste du territoire de la Compagnie de la baie d'Hudson, on parle journellement un langage formé de français-canadien, d'anglais, de chinois, d'iroquois, de cri, de sandwichais, et de plusieurs autres idiomes américains. Voici quelques exemples de ce curieux vocabulaire : *talla* (dollar) « argent monnaie », *oluman* (old man) « vieillard », *paia* (fire) « feu », *wata* (water « eau», *tumola* (to-morrow) « demain », *laklés* (la graisse) « graisse », *lawié* (la vieille) « vieille femme ». Il faut remarquer les modifications euphoniques éprouvées par ces mots, et, pour ceux tirés du français, la fusion de l'article avec le nom. Quant à la grammaire, il paraît que les noms et les cas ont disparu, que les temps sont exprimés par des adverbes, que les noms et les verbes sont constamment employés comme adjectifs ou préfixes modificatifs : ceci ne prouve point du tout, à notre avis, qu'il y ait là une langue mixte ; il y a tout simplement une langue agglutinante indigène dominante (les Américains natifs sont l'élément principal de la population) dont le vocabulaire a été envahi par une énorme quantité de mots étrangers.

Il nous resterait encore à parler de quelques publications

importantes qui ont été faites depuis le congrès de Nancy. L'espace nous manque pour les énumérer et les citer toutes, mais il suffira de dire qu'il s'agit de réimpressions ou de publications d'anciens ouvrages, traités linguistiques dus pour la plupart à des missionnaires catholiques du seizième et du dix-septième siècle. Ce sont ordinairement des grammaires, des catéchismes, des vocabulaires; quelle qu'en puisse être la valeur intrinsèque, ils n'en sont pas moins précieux soit pour la connaissance d'idiomes aujourd'hui disparus, soit pour l'étude historique d'autres encore en vie. Malheureusement, la plupart de ces publications sont exécutées avec un grand luxe typographique et le prix en est relativement très-élevé. Aussi préférerions-nous moins de solennité. De pareils traités seraient tout à fait à leur place dans les Revues spéciales. Déjà, dans la *Revue de linguistique,* M. Paul Gaffarel, professeur à la Faculté des lettres de Dijon, a réédité, sur la langue tupi, un chapitre emprunté à la relation du voyage fait au Brésil par Léry, missionnaire protestant, en 1578.

Dans la même *Revue,* M. Lucien Adam a donné de remarquables articles sur plusieurs langues des moins connues de l'Amérique; il prépare une étude d'ensemble qui sera évidemment, si cette expression nous est permise, la pièce de résistance du congrès de Luxembourg. Ce deuxième congrès semble devoir s'ouvrir le 10 septembre prochain sous les plus heureux auspices. Une réunion préparatoire, tenue le 29 janvier 1876, a permis de constater l'adhésion déjà connue de beaucoup de savants très-sérieux et de beaucoup de grands personnages. Le ministre de l'instruction publique a souscrit pour 100 fr.; la librairie Maisonneuve pour *cent* exemplaires; enfin le bureau de 1875 a versé une somme de 5,732 fr. 25 qui lui était restée en mains toutes dépenses payées, heureux résultat dû à la bonne organisation du congrès et à l'activité des membres de son bureau :

d'autres congrès pourraient se modeler sur celui de Nancy. Quoi qu'il en soit, tout fait prévoir une bonne et intéressante session. Si celle de 1875 n'a guère servi qu'à éveiller l'attention ; si elle n'a fait que montrer le désordre, l'incohérence, le manque absolu de méthode, l'esprit d'imagination et d'aventure qui semble jusqu'ici avoir accompagné toutes les études américaines en France, et même en Europe, elle a convié les travailleurs isolés à communiquer les uns avec les autres, à s'éclairer réciproquement, à se concerter en vue d'une action scientifique commune, à se partager la besogne. C'est pourquoi nous avons applaudi au congrès de 1875 ; nous nous félicitons vivement de ses travaux et nous espérons le plein succès de la réunion de Luxembourg.

J. V.

LES FUEROS

DES PROVINCES BASQUES DE L'ESPAGNE[1]

La guerre civile qui désolait depuis si longtemps le nord de l'Espagne est aujourd'hui terminée, et les vainqueurs se proposent, paraît-il, de supprimer entièrement les priviléges, les *fueros* des provinces basques. Qu'est-ce donc que cette Constitution tant vantée qui a pu faire d'une race libre, fière, indépendante, les hommes du droit divin; qui a pu réduire les prétendus descendants de ces Ibères inflexibles, qui résistèrent si énergiquement aux meilleures troupes de la Rome césarienne, à n'être plus que les soutiens acharnés de l'abolutisme et de la théocratie, au moment même où la vieille Europe tout entière a secoué le joug et se redresse de toutes parts, mûre pour la liberté? A deux reprises différentes, les Basques espagnols ont pris les armes aux cris de : « Vivent les fueros! » pour imposer aux autres peuples de la Péninsule un monarque n'ayant d'autre titre qu'un soi-disant droit héréditaire. Et pendant ce temps, leurs congénères de France, qui ont dû subir ou accepter le grand nivellement de la Révolution, n'ont pas songé une seule fois à protester contre leur assimilation aux autres nations de la patrie, à se soulever en faveur des représentants de l'ancien droit; quand

[1] *La Réforme économique*, n° du 14 mars 1876. — Reproduit de deux feuilletons de la *République française* (n°s des 16 janvier 1874 et 23 octobre 1875).

la Vendée s'agitait, le pays basque français demeurait indifférent et immobile. Et pourtant, lorsqu'on étudie de près les mœurs, les institutions, le langage des habitants des deux versants des Pyrénées, on ne découvre, entre le Nord et le Sud, aucune différence fondamentale, aucune distinction originelle. Il y a plus : en étendant l'examen aux peuplades circonvoisines, on demeure convaincu que le peuple basque n'est pas le moins du monde, à ce point de vue, isolé ; qu'il ne présente aucune originalité politique ou sociale, et qu'il n'a conservé de ses mystérieux ancêtres aucun autre héritage que sa langue.

Le mot même de *fuero,* qui ne signifie pas du tout « privilége, » et dont le sens est fort large, n'a rien de basque. C'est un mot bas-latin, *forus,* dérivé de *forum* « place de justice, » qui se prenait, principalement dans les pays soumis à la domination gothique, avec l'acception de « loi, coutume municipale, règle du droit à faire valoir en justice ; » plus tard, sa signification s'étendit et il fut employé pour ce que nous appellerions aujourd'hui soit « code, » soit « charte constitutionnelle. » Si *fuero* est la forme espagnole de ce mot, le correspondant français est *for*, que nous n'avons plus guère conservé, si ce n'est dans cette expression encore assez commune, « le for intérieur », c'est-à-dire « le jugement de la conscience, la règle d'après laquelle juge la conscience » ; mais anciennement, dans la région pyrénéenne, on disait aussi bien *for* en France que *fuero* en Espagne, et les compilations connues sous le nom de *fors de Béarn*, *fors de Navarre,* sont l'équivalent exact des *fueros* de Guipuzcoa, d'Alava, de Biscaye ou de Castille.

L'emploi de ce mot n'est donc point limité au territoire basque proprement dit, qui n'a jamais correspondu exactement à des divisions régionales administratives. La langue basque, en effet, bien qu'elle paraisse avoir perdu quelque peu de terrain, au moins en Espagne, n'était point parlée sur la totalité des provinces basques. Ces provinces étaient au nombre de cinq : la Biscaye, l'Alava, le Guipuzcoa, tout entières, en Espagne; la Navarre, dont une des six subdivisions, la Basse-Navarre avec son annexe la Soule, est aujourd'hui française ; enfin le Labourd. Le Labourd, limité par la mer et les montagnes, comprenait les cantons de Bayonne (moins cette ville), de Saint-Jean-de-Luz, d'Ustaritz, d'Espelette et partie de celui de Hasparren, c'est-à-dire les trois quarts environ de l'arrondissement actuel de Bayonne ; la Soule était formée par les cantons de Mauléon et de Tardets, de l'arrondissement de Mauléon, ainsi que par quelques communes du canton de Saint-Palais ; la Basse-Navarre, subdivisée en pays de Cize, Mixe, Arberoue, Ostabaret et vallées de Baigorry et d'Ossès, a formé le surplus de l'arrondissement de Mauléon et les cantons de Bidache et Labastide-Clairence presque entiers, avec une partie de celui de Hasparren, de l'arrondissement de Bayonne.

Ces cinq provinces ont eu des destinées diverses. Le Labourd, auquel était jointe politiquement la ville gasconne de Bayonne (elle obéissait au même gouverneur militaire, mais était administrativement distincte), formait une vicomté vassale du duché d'Aquitaine, dont il a suivi constamment le sort. La Navarre fut scindée en 1513, quand eut été consommée la spoliation du vieux royaume entreprise par Ferdinand-le-Catholique; la Basse-Navarre et la Soule firent dès lors partie de la France. L'Alava fut réuni à la couronne de Castille en 1332, par suite d'un traité consenti par la confrérie d'Arriaga qui gouvernait et « possédait » le pays. La Biscaye s'annexa au même royaume par le traité du 21 juin 1356. Enfin, le Guipuzcoa, réuni à la Navarre en 1027, passa à la Castille en 1076, revint à la Navarre en 1123 et fut définitivement joint à la Castille en 1200.

Quelle était auparavant la situation politique des régions

qui nous occupent? Toutes les traditions anciennes ont été rompues par les trois invasions successives des Romains, des Goths et des Musulmans; nous aurions pu même en ajouter une quatrième, antérieure à toutes les autres, celle des peuplades celtiques. Pour rester sur le domaine exclusif de l'histoire. nous savons uniquement qu'avant les dates citées plus haut, il y avait, au pied et sur les flancs des Pyrénées orientales, des peuplades éparses, mélange et débris de populations diverses, indépendantes et surtout ennemies implacables des conquérants orientaux de l'Espagne. Peu à peu et sous la direction de chefs entreprenants, ces populations se groupèrent, s'organisèrent, reconquirent les territoires voisins sur les infidèles. Il y eut alors vraisemblablement un grand nombre de républiques fédératives catholiques, d'où sortirent plus tard le royaume de Sobrarve, puis celui d'Aragon et la seigneurie de Biscaye. L'Alava, plus avancé au milieu de l'invasion, forma longtemps une *Behetria;* mais on ignore le sens de cette appellation; l'Alava était gouverné et « possédé » exclusivement par une association de nobles, de cultivateurs délégués, de dames et de prêtres dont les membres se réunissaient dans la plaine d'Arriaga le 24 juin de chaque année (fête de saint Jean-Baptiste). Le Guipuzcoa et le Labourd ne paraissent pas avoir su s'élever jusqu'à former des États distincts; il semble qu'ils aient renfermé seulement de nombreuses associations plus ou moins confédérées, et désignées sous le nom de *hermandades* (en espagnol « fraternités »): ce mot se retrouve, sous la forme gasconne *armantat*, dans un document du temps de Henri IV d'Angleterre, où il est question de la condition originelle des habitants du Labourd. Il s'est conservé longtemps dans les provinces basques de l'Espagne, où il servait à désigner les assemblées de districts, bien que les Cortès de 1510 aient interdit les véritables *hermandades*, c'est-à-dire la confédération de plusieurs communes pour assurer la protection de l'ordre public. L'élection de tous les fonctionnaires est à la base de toutes les institutions des provinces.

Quoi qu'il en soit, les *fueros* ainsi entendus n'étaient nullement à l'origine l'apanage exclusif, la propriété spéciale des Basques. Au moyen âge, chacune des provinces, ou mieux chacun des royaumes qui constituèrent plus tard l'unité espagnole, avait ses institutions propres, ses coutumes, ses *fueros,* dont l'origine est partout identique. Chacune de ces législations spéciales qui se sont fondues ensuite dans le Code général de la Péninsule remontait, à travers de nombreuses transformations, aux temps de la guerre à outrance contre les Maures, dont l'autorité fut d'ailleurs, dès le principe, assez faible dans le Nord, où les communes purent s'organiser à leur fantaisie. Il en résulta une multitude de lois, de coutumes non écrites qu'on appelait *observances,* et où les souvenirs du droit gothique ou même du droit romain se mêlaient à des conventions récentes. Quand, plus tard, et sous l'influence d'une pensée religieuse, les chefs régionaux, pour reconquérir sur les infidèles le sol de l'Espagne, se rapprochèrent sous l'autorité d'un chef commun élu par eux, roi, comte, ou simplement seigneur, ils lui imposèrent certaines conditions qui, faites surtout en vue du partage des terres reconquises, forment avec les observances la base de tout le droit foral, au moins dans le nord de l'Espagne. Les plus anciens *fueros* connus sont celui dit *de albedrio* (fuero arbitral) et celui du royaume de Sobrarve, qui comprenait la partie montagneuse de l'Aragon : c'est d'eux que sont manifestement inspirés les *fueros* actuels de la Navarre et des provinces basques. On voit comment, dans des lois purement civiles par leur raison d'être, s'introduisirent des conventions politiques.

Longtemps ces fueros se conservèrent par la simple tradition orale ; puis ils furent écrits et sans cesse remaniés, avec des modifications plus ou moins graves, en tel ou tel sens, suivant le cours des événements politiques ; ce ne fut que très-tard qu'on songea à les fixer par l'impression. Le fuero général de Navarre, en un patois roman intermédiaire entre le béarnais et l'espagnol, fut imprimé pour la première fois en 1686 seulement, mais on cite un fuero particulier, c'est-à-dire local, livré à l'impression dès 1557. Celui de Biscaye a été imprimé en 1526; celui de Guipuzcoa paraît ne l'avoir été qu'en 1690; nous n'avons point trouvé la date exacte de la publication de celui d'Alava. Tous ces documents sont écrits en espagnol. Quant aux textes correspondants des provinces basques françaises, les *fors et coutumes* de la Basse-Navarre ont été rédigés en béarnais au XVIe siècle et publiés pour la première fois en 1545: les coutumes de Soule, aussi en béarnais, ont été imprimées en 1553, après la réforme de 1514; celles de Labourd, réformées aussi en 1514 par des jurisconsultes du Parlement de Bordeaux, ont vu le jour en 1553; elles sont écrites en langue française. Nous ne pouvons citer que pour mémoire les *fors de Béarn*, en béarnais, publiés en 1552, et les diverses *coutumes* de la région pyrénéenne française : tous ces documents sont très-analogues les uns aux autres. Nous devons mentionner seulement un fait important et sur lequel nous aurons à revenir: la coutume de Bayonne, réformée en 1514, fut alors transcrite en langue française; mais un magistrat de Bayonne, M. Jules Balasque, a retrouvé aux archives de cette ville une rédaction primitive en gascon, datée de 1273, et qui est beaucoup plus importante à tous les points de vue que l'édition française vulgarisée.

On conçoit aisément les altérations, les obscurités, les incertitudes que peuvent présenter de pareils textes. Rien de plus pénible à lire, rien de moins clair par exemple que les *fueros* espagnols. Le nombre en est considérable; car, à côté du for général de chaque province, il y a le for particulier de chaque ville ou de chaque groupe de villes ; ces coutumes locales, ces privilèges spéciaux proviennent soit d'un règlement municipal, soit d'une « lettre de repeuplement ». On appelait de ce dernier nom, *carta de poblacion*, un acte par lequel le souverain, pour encourager l'immigration des étrangers dans ses États presque déserts, autorisait la création d'un nouveau centre d'habitation, d'un nouveau village, en accordant à ses fondateurs et à leurs descendants, à perpétuité, des immunités particulières et des faveurs exceptionnelles. Enfin, pour tous les cas imprévus où étaient muets à la fois le *fuero* général et les *fueros* particuliers, on avait habituellement recours, sous le régime foral, à ce qu'on nommait la législation supplémentaire, *supletoria*, c'est-à-dire par exemple au droit romain (en Navarre), au fuero de Castille (en Alava) : d'autres fois, on s'en rapportait à la tradition immémoriale.

Aussi, lorsqu'on veut comparer entre eux tous ces textes, y rencontre-t-on des dispositions absolument contradictoires ; si l'on procède historiquement, le travail d'analyse devient beaucoup plus compliqué, à cause des nombreuses réformes, des changements graves, des modifications radicales, si ce mot n'est pas excessif, dont ils ont été l'objet. En Espagne, ces variations ont été faites le plus souvent par des Commissions de gens du pays nommées par les souverains ; d'autres cependant résultent de simples ordonnances royales ou proviennent de décisions des législatures locales. La sanction royale est toujours nécessaire pour la validité des *fueros*, et chaque prince, à son avénement, doit les sanctionner de nouveau ; pas un des rois d'Espagne, jusqu'à Ferdinand VII, n'y a manqué, et, tout récemment, l'aventurier don Carlos s'est donné le plaisir enfantin de renouveler une cérémonie d'un autre âge et de jurer solennellement le maintien des fueros basques ; il a d'ailleurs promis de remettre en vigueur ceux de la Catalogne et de l'Aragon. Faute de l'accomplissement de cette formalité, les provinces basques pourraient ne pas reconnaître le pouvoir central et se rendre indépendantes. Nous disons: pourraient, parce qu'il y a, dans l'histoire des rois catholiques, plus d'un exemple de violation effective des fueros, quoiqu'un grand nombre de tentatives dans le même sens aient échoué devant la résistance énergique des provinces et de leurs représentants.

C'est que les Basques prétendent être simplement rattachés à l'Espagne par la personne du gouvernant, comme c'est le cas du Luxembourg vis-à-vis de la Hollande. Des prétentions analogues existaient dans le pays basque français; c'est ainsi qu'en 1649, les Bas-Navarrais refusèrent d'envoyer des délégués aux États-Généraux « de France » et qu'en 1789, ils imposèrent à leurs députés le mandat impératif de réclamer l'indépendance absolue de leur pays et de refuser leur concours à toute mesure n'intéressant que la France: aussi, les députés de la Navarre ne tardèrent-ils pas à se retirer de l'Assemblée nationale, où ceux du Labourd, les Garat notamment, jouèrent au contraire un rôle très-actif. Mais si, en France, ces velléités d'autonomie ont été bien vite éteintes pour jamais, au sud des Pyrénées les aspirations particularistes subsistent encore dans toute leur force : le roi d'Espagne n'est, pour les Basques, que « le roi de Navarre, — le seigneur de Biscaye, — le chef suprême d'Alava ou de Guipuzcoa. »

Nous n'avons point la prétention d'esquisser même d'une manière sommaire, dans un article pour lequel l'espace nous est nécessairement mesuré, l'ensemble de la législation forale des provinces basques françaises et espagnoles. Nous devons même nous excuser de la longueur de ces préliminaires; mais ils nous ont semblé utiles, en raison du peu de précision des connaissances générales du public sur une question d'une importance relative aussi grande. Nous avons lu, par exemple, avec étonnement, dans un article de

M. John Lemoinne, publié le 16 juin 1874 dans le *Journal des Débats,* les lignes suivantes : « Cette absolue indépendance s'étend même à l'Église... Nous ne croyons pas qu'il y ait dans ces provinces ni évêque, ni diocèse ; les curés sont maîtres chez eux et se soucient peu du saint-père. » Ces assertions sont tout à fait inexactes : le clergé basque espagnol, complétement ultramontain, obéit à deux évêques, celui de Pampelune (Navarre), et celui de Vitoria. Ce dernier évêché a été créé en 1862, par suite du Concordat conclu avec la cour de Rome, et a été formé de parties détachées des diocèses de Pampelune et de Calahorra. Les seuls points principaux dans la constitution de ces provinces sont les cinq suivants, auxquels nous devons réduire l'examen des *fueros :* condition sociale des habitants, gouvernement et représentation, impôts, service militaire, municipalités ; nous en ajouterons un sixième, intéressant uniquement, au point de vue historique et au point de vue juridique, l'ordre légal de transmission de la propriété.

La condition des habitants du sol n'est point la même dans les quatre provinces ; elle est beaucoup plus démocratique en Biscaye et en Guipuzcoa qu'en Alava et en Navarre. Dans ce dernier royaume il y avait trois classes distinctes de personnes, subdivisées en huit catégories sociales : les NOBLES, composés d'abord des célèbres *ricombres* (anciens grands propriétaires, appelés *princes* avant 1100), puis des *chevaliers* et des *gentilshommes linagers;* les INFANÇONS, sorte de classe intermédiaire, dont il existait deux espèces ; et les ROTURIERS, distingués en *ruanos* (qui habitaient les rues des cités), en *villanos* (vilains, qui habitaient les villages ruraux), et *labradores* (paysans et cultivateurs serfs). Les nobles étaient désignés sous le nom de *hidalgos* (fils de quelque chose). Le principe de ces distinctions, la base de la constitution sociale, en Navarre comme d'ailleurs en Aragon, était le partage des terres par moitié entre le roi et les « nobles » qui l'aidaient à les reconquérir sur les infidèles ; on sait qu'en Castille ou en Léon, au contraire, le roi était l'unique propriétaire du sol. Quant aux infançons, c'étaient, à l'origine, les commandants des contingents d'infanterie recrutés exclusivement parmi les roturiers. Les priviléges des *hidalgos* navarrais étaient considérables : ils exerçaient le droit d'asile, pouvaient constituer des majorats, avaient le droit de loger et de manger chez le premier venu (c'est de là que vient, dit-on, la coutume, conservée chez beaucoup de familles navarraises, de mettre à table un couvert de plus que le nombre des convives ordinaires); ils avaient, avant le règne de Sanche le Sage, le privilége de répudier leur femme sans indemnité, tandis que les vilains ne pouvaient le faire que moyennant le don d'un bœuf en nature. Dans les fueros, la bâtardise n'est point déshonorante, le mariage n'étant considéré que comme un pur contrat civil, mais le mariage d'un hidalgo avec une vilaine lui faisait perdre sa noblesse.

Tous les Navarrais jouissaient d'ailleurs des priviléges suivants : 1° la *fianza judicial,* véritable *habeas corpus,* qui entraînait l'obligation de les mettre en liberté sous caution, s'ils venaient à être arrêtés pour un crime ou un délit qui ne fût ni une trahison ni un vol; 2° l'inviolabilité absolue de leur domicile, où l'on ne pouvait faire aucune perquisition judiciaire; 3° le droit de n'être jugés que par des juges nés en Navarre; 4° la publicité des jugements; 5° le droit de n'être point soumis à l'inquisition ; 6° le droit de dénier toute autorité aux bulles du pape qui n'auraient pas été sanctionnées par le roi.

Les mêmes distinctions existaient, naturellement, en Basse-Navarre et en Soule; mais, en dépit de ces classifications un peu compliquées, tous les Bas-Navarrais et tous les Souletins, s'ils pouvaient justifier de quatre générations basques, étaient considérés en Espagne comme nobles et traités comme tels. Les Labourdins revendiquaient le même privilége, en invoquant également la part prise par leurs ancêtres à l'expulsion des Mahométans. C'est en vertu de cette prétention que, en Biscaye et en Guipuzcoa, tous ceux qui peuvent prouver la pureté de leur descendance et l'origine locale de leurs familles, ont été de tout temps regardés comme nobles; mais cette noblesse est de rang inférieur dans la minutieuse hiérarchie espagnole. En Alava, au contraire, on retrouve, dès l'époque la plus reculée, la noblesse seigneuriale avec son cortége habituel de travailleurs et de vassaux; de plus, comme cette « hidalguia » était « de sang » et non « de sol », ainsi que c'était le cas pour les deux autres provinces, les nobles alavais étaient entièrement assimilés à ceux de Castille et prenaient le pas sur les Guipuzcoans et les Biscayens.

Ces diverses manières d'être de la société, qui n'ont plus guère aujourd'hui qu'un intérêt de curiosité, ont produit des modes différents de gouvernement, d'administration et d'organisation judiciaire. Mais, partout, le principe était le même : le roi n'étant qu'un mandataire librement choisi, il fallait limiter son pouvoir et le surveiller sans cesse; aussi trouvons-nous partout une assemblée seule maîtresse du règlement des impôts et devant autoriser l'exécution des décisions émanées de l'initiative royale, mais ne tenant que de très-courtes sessions dans l'intervalle desquelles elle est représentée par une délégation plus ou moins nombreuse. Ces institutions n'existent plus sur le territoire français; elles ont disparu en Navarre dès 1812, après que la province eût, pour la première fois, envoyé des délégués aux Cortès générales, les célèbres Cortès de Cadix; mais elles sont en pleine vigueur dans les trois provinces basques de l'Espagne, qui sont pourtant aussi représentées aux Cortès de Madrid.

Le *fuero* de Biscaye est muet sur la représentation nationale, la *junte* générale, qui se réunit tous les ans au mois de juillet et tient ses séances sous le fameux chêne de Guernica. Chaque *pueblo* (pour ainsi dire village classé, reconnu) nomme un député; la junte comprend actuellement 250 membres environ. Les sessions, qui ne durent pas plus de dix à quinze jours, commencent par des messes et des prières. Les séances sont publiques ; on vote par tête, au scrutin individuel. La junte traite toutes affaires de la Seigneurie, reçoit, vérifie et arrête les comptes; nomme au sort, sur une liste comprenant deux noms pour chaque emploi, les principaux fonctionnaires locaux, et notamment les deux *députés*, les six *régisseurs*, les deux *syndics* et les deux *secrétaires* : ils entrent en fonctions le 31 juillet qui suit leur élection. L'administration générale du pays est confiée aux deux députés et à un *corrégidor* nommé par le roi : ce dernier est proprement un juge civil et criminel, mais, avec l'assistance des députés, il devient juge d'appel. Dans les cas graves, on assemble ce qu'on appelle le *regimiento*, c'est-à-dire le conseil des régisseurs, qui doit pourtant, suivant la tradition, n'être convoqué qu'une fois par an. Les seuls fonctionnaires laissés à la nomination du pouvoir central sont les employés des postes.

L'origine des juntes générales du Guipuzcoa se perd également dans la nuit des temps ; mais les règlements abondent sur leur mode d'élection et de réunion, qui ont plusieurs fois varié. Aux termes des dispositions actuellement en vigueur, les députés à la junte sont élus par les principaux propriétaires : ils sont au nombre de 53. Le vote de chaque député est proportionnel à l'importance, au nombre de feux de la localité représentée, ce qui assure la majorité aux représentants des six ou sept centres les plus populeux s'ils arrivent à s'entendre; ainsi, sur un total de 2,440 1/2 suffrages, la voix du député de Saint-Sébastien compte pour 245 et celle du représentant de Tolosa pour 148 1/2. La junte se réunit chaque année, le 2 juillet; elle siége tour à tour dans une ville différente : l'ordre de ces sessions est rigoureusement fixé. Chaque session ne peut durer plus de onze jours.

La junte arrête chaque fois le budget provincial de l'année suivante et répartit par feux, souverainement, sans appel ni recours, les contributions à percevoir. Elle examine les plaintes et les vœux qu'on lui adresse. Elle contrôle et sanctionne les lettres et décisions du gouvernement de Madrid, qui ne seraient pas exécutoires sans cette formalité, appelée *pase foral*. La junte organise enfin, pour l'année suivante, le pouvoir exécutif, complété, comme en Biscaye, par un corrégidor qui représente le roi d'Espagne et qui doit habiter successivement, pendant trois ans, chacune de ces trois villes : Tolosa, Aspeitia et Ascoitia. La *députation générale* du Guipuzcoa se divise en *ordinaire* et en *extraordinaire; l'ordinaire* est formée par le député de la localité où siége pour le moment le corrégidor, par le député-adjoint et les deux premiers fonctionnaires municipaux de la même ville : elle s'occupe de l'administration courante. La députation *extraordinaire* se compose, en outre, de trois autres députés généraux et de leurs adjoints, tous élus par la junte générale; elle est convoquée dans les cas graves et, réglementairement, deux fois par an, en décembre et en juin.

Les juntes générales de l'Alava, qui ont succédé aux réunions de la confrérie d'Arriaga, sont formées de députés élus par les juntes particulières de districts. Elles se réunissent deux fois par an, du 4 au 7 mai (huit séances) et du 18 au 25 novembre (seize séances); elles peuvent être, de plus, convoquées extraordinairement à d'autres époques. Elles répartissent l'impôt, examinent les plaintes et exercent le *pase foral*. Le vote a lieu à la majorité absolue ; mais il n'y a pas longtemps que les deux tiers des voix étaient nécessaires pour qu'une décision fût valable. Les députés votent par districts ; en d'autres termes, chaque district n'a droit qu'à un suffrage, quel que soit le nombre de ses députés. Les titulaires des charges sont nommés, dans les juntes générales, par trois électeurs que le sort désigne entre quinze députés choisis au scrutin.

L'autorité supérieure exécutive est confiée à un seul député qui porte le titre particulier de *maître de camp* (maestre de campo); il est l'administrateur général et le juge suprême; il choisit son lieutenant et est assisté de deux *commissaires* de la province, élus, l'un par les représentants des villes, l'autre par ceux des campagnes. Sous ses ordres et sous ceux des commissaires, sont placés les 75 *alcaldes* des 53 *hermandades* (districts ou arrondissements), juges et administrateurs locaux choisis par les juntes particnlières : quatre de ces alcades, désignés par les juntes générales, forment, avec les commissaires et le maître de camp qui est le représentant du roi, le conseil de gouvernement. Ces fonctionnaires, qui ne peuvent être consécutivement réélus, sont nommés tous les ans par les juntes générales dans leur dernière session annuelle.

Les trois provinces dont nous venons de parler sont, comme nous l'avons déjà dit, représentées dans les Cortès espagnoles par des députés élus de la même manière que dans le reste du pays, et elles n'en ont pas moins conservé leur autonomie. La Navarre l'a perdue, au contraire, depuis 1812, lorsque, par l'envoi de députés aux Cortès de Cadix, elle eut consommé son union avec les autres parties de la Péninsule. Mais avant cette époque, la Navarre avait ses Cortès particulières, dont l'origine est dans le conseil des douze *ricombres* qui devait assister le roi dans les cas où il fallait décider de la paix ou de la guerre. Le vote de l'impôt était la principale prérogative de ces assemblées, qui exerçaient aussi le droit de *sobrecarta* « contre-lettre », analogue au *pase foral* des provinces voisines. Les Cortès de Navarre, convoquées par le vice-roi, se composaient de trois « bras » ou *ordres :* le bras noble, comprenant les *ricombres*, les chevaliers et les infançons; le bras ecclésiastique, constitué par des représentants du clergé, et le bras populaire, formé par les députés des communes. Les séances n'étaient pas publiques et les trois ordres délibéraient séparément; mais aucune décision n'était valable si elle n'avait été prise par les trois ordres, à la majorité absolue dans chacun d'eux. Une délégation permanente, *diputacion foral*, partageait avec le vice-roi le pouvoir exécutif. Après beaucoup de variations, le nombre des délégués était en dernier lieu de sept : un ecclésiastique, deux militaires, deux représentants de Pampelune, et deux représentants de subdivisions territoriales; un des délégués, appointé par la province de 2,000 ducats, résidait à Madrid auprès du roi. Les délégués étaient inviolables. Dans les derniers temps, les réunions des Cortès n'avaient plus lieu que tous les six ans.

La Basse-Navarre, sous les rois de France, conserva jusqu'en 1789 des institutions tout à fait pareilles : des États-Généraux composés de députés inviolables représentés dans l'intervalle des sessions par un syndic élu. Il en était de même en Soule, où cependant les États comprenaient seulement les représentants de la noblesse et du tiers.

Quant au Labourd, son organisation administrative était beaucoup plus démocratique. Les affaires intéressant le pays étaient examinées et traitées dans une Assemblée générale connue sous le nom basque de *Bilçar*, dont l'étymologie est incertaine. Elle élisait annuellement un syndic qui jouait le rôle des députés généraux des provinces basques espagnoles et qui, notamment, convoquait à des époques indéterminées, suivant les nécessités du moment, les membres du *Bilçar*. Ces membres étaient les maires des communes du pays, assistés d'un député spécialement élu par la commune; ils tenaient leurs séances, sous la présidence du bailli (juge royal) ou de son lieutenant, dans le bois de Capitoharri, près d'Ustaritz, si l'on en croit la tradition, car au dernier siècle les réunions avaient lieu dans la salle ordinaire de justice du bailliage d'Ustaritz.

Dans toutes ces provinces, la fixation du budget et la répartition de l'impôt était ou est encore la principale attribution des assemblées délibérantes. En principe, et d'après leurs *fueros,* les provinces basques ne doivent rien à la monarchie espagnole, à laquelle il leur a plu volontairement de s'unir; aussi les contributions perçues sont-elles exclusivement destinées à couvrir les dépenses provinciales, à part quelques droits, relativement de peu d'importance, payés à l'État. Les Biscayens ont à acquitter cependant cinq impôts spéciaux, dont le principal, appelé *pedido tasado,* est une sorte de rente annuellement versée dans les caisses du gouvernement national. Les Guipuzcoans et les Alavais n'ont à supporter qu'une contribution dite *alcabela perpetua,* dont le chiffre total, 11,000 fr. pour chacune des deux provinces, ne varie jamais. Les Basques espagnols ne sont pas astreints à se servir de papier timbré et le commerce du tabac est absolument libre dans leur pays. Il ne faut pas oublier d'ajouter qu'on a souvent demandé aux juntes, et qu'elles les ont fréquemment votées, des impositions extraordinaires destinées, soit à couvrir des frais de guerre, soit à faire des dons gracieux aux rois et même aux reines d'Espagne. Depuis l'insurrection dernière, carlistes et libéraux perçoivent à l'envi, et l'un après l'autre, les contributions de guerre décrétées par les juntes « provisoires » ou « extraordinaires » à leur dévotion. Le commerce, même en temps de guerre, est absolument libre.

La Navarre jouissait naguère encore de semblables priviléges; mais le décret des Cortès du 25 octobre 1839, qui a confirmé solennellement les fueros des trois provinces basques, l'a assimilée au reste de l'Espagne en ce qui concerne les impôts des douanes, du tabac et du sel. Par le même décret, la part contributive de la Navarre dans la perception de l'impôt direct a été fixée à 1,800,000 réaux (environ 450,000 fr.); elle a conservé cependant l'exemption du papier timbré.

En principe, avant la Révolution, le pays basque français ne payait de même qu'une contribution directe fixe. C'était, d'ailleurs, à part les subsides « extraordinaires », une somme relativement peu considérable. On cite un grand nombre d'ordonnances qui dispensent le Labourd des « tailles » à cause de sa « pauvreté et stérilité » ; en 1764, la capitation de la noblesse était dans cette province de 640 livres et celle du tiers état de 12,500. D'après ce qui a été exposé plus haut, ces distinctions de « noblesse » et de « tiers », appliquées aux Labourdins par les agents du fisc, n'avaient guère de raisons d'être; les « nobles » en question, malgré leurs titres de vicomtes ou barons, ne jouissaient parmi leurs compatriotes d'aucuns priviléges réels.

Si les Basques ne participent pas aux charges publiques, en ce qui concerne les dépenses de l'État, dans la même proportion que les autres Espagnols, ils jouissent, au point de vue du service militaire, de priviléges encore plus exorbitants. D'abord, l'accès de leurs territoires est, en principe interdit aux troupes régulières; de plus, ils sont eux-mêmes exempts de tout service en temps de paix : c'était là, du reste, chez les Goths, une règle générale. En temps de guerre, les Basques doivent le service, parce que c'est une des obligations de la noblesse, mais à certaines conditions. Ainsi les contingents biscayens ne sauraient être conduits plus loin qu'un certain arbre appelé *Malato*, près de Luyando, si ce n'est de leur plein gré; mais alors ils doivent être payés. En Guipuzcoa, la durée du service est volontaire; il faut pour la mobilisation un appel du roi et un ordre de la junte. Quant à l'Alava, ses fueros sont muets à cet égard; mais, d'après la coutume, les levées peuvent y être faites en masse; les recrues doivent recevoir une solde et être commandées par des officiers alavais; on ne doit point les employer à un service de garnison; enfin, les hidalgos ne peuvent servir que dans la cavalerie. En temps normal, les seuls soldats basques qui existent en Espagne sont les *Miquelets*, qui forment une sorte de milice provinciale volontaire chargée exclusivement du maintien de l'ordre public. Les Guipuzcoans et les Biscayens doivent néanmoins à l'État, en tout temps, le service de mer; mais les marins de ces deux provinces, qui sont désignés individuellement aux agents de l'État par les députations, ne sont pas assujettis à la juridiction de la marine nationale et ne sont pas soumis à l'inscription maritime (*matriculas de mar*).

La Navarre a joui de priviléges analogues jusqu'en 1839; mais depuis cette époque ses enfants subissent la conscription. Les provinces françaises avaient également jadis le droit de se garder elles-mêmes et ne devaient presque rien à l'État. Le pays de Labourd fournissait à la flotte royale, mais volontairement, de nombreux marins. Une milice de 1,000 hommes, dont les officiers étaient nommés par les « abbés » (maires) des paroisses, était exclusivement chargée de la surveillance de la frontière. Une enquête faite en 1311, pour reconnaître la limite des franchises locales et du pouvoir royal, avait établi que les Basques de Labourd devaient au roi le service militaire gratuit jusqu'au port de Caulas(?)-sur-Garonne; au delà ils ne pouvaient être retenus plus de quarante jours sous les armes et avaient droit à une solde.

La constitution des municipalités dans la région qui nous occupe est extrêmement intéressante. Le principe général est la liberté la plus absolue. Les *alcaldes* (maires) et les membres de l'*ayuntamiento* (conseil municipal) sont regardés uniquement comme les représentants des communes et ne dépendent en aucune façon du pouvoir central ; ils discutent et arrêtent seuls et souverainement le budget communal. Mais les formes de l'élection sont extrêmement variées : dans l'Alava, par exemple, il n'est peut-être pas deux villages où il y soit procédé de la même façon et à la même époque. Ainsi, à Carranca, la municipalité nouvelle est nommée par l'alcalde sortant et par deux habitants à son choix; à Salinas de Anana, les électeurs ne sont qu'au nombre de huit, désignés par le sort entre les habitants mariés possédant un revenu de 20,000 maravédis (environ 150 fr.); à Comunion, le seigneur local nomme seul les membres de la municipalité ; à Erena, ils sont choisis de manière que, si l'alcalde est noble, le syndic soit du tiers et inversement ; à Guevara, le seigneur désigne l'alcalde et ses lieutenants, mais les autres membres du conseil sont élus ; à Saint-Vincent-de-Arana, le collége électoral ne comprend que les hidalgos. Ils se réunissent le 1er janvier et mettent chacun une fève dans un sac, puis on remplace quatre de ces fèves par quatre autres teintes en noir, et chaque hidalgo vient remettre la main au sac : les quatre personnes qui tirent les fèves noires nomment seules les autorités municipales de l'année.

Avant l'assimilation de la Navarre, les municipalités y étaient librement élues. Elles possédaient une indépendance complète et se réunissaient dans les églises. Les communes du Labourd s'administraient de même librement par des conseils élus, appelés officiellement *chapitres paroissiaux*, dont les séances avaient lieu d'ordinaire le dimanche et sous le porche de l'église : dans les anciennes églises du pays, ce porche est un véritable vestibule où plus de vingt personnes peuvent aisément trouver place. Les communes étaient gouvernées et représentées par des chefs élus assermentés, des jurats, dont le premier, « le plus grand, le maire », portait le titre d'*abbé*; cette particularité n'était pas spéciale au Labourd : il paraît qu'au xe siècle, dans toute la Gascogne, les seigneurs laïques des villages exerçaient avec ce titre d'*abbé, abat* en gascon, des fonctions purement ecclésiastiques : ils baptisaient, mariaient et même confessaient.

Nous avons encore, avant de terminer cette revue sommaire, à traiter d'un point important et qui touche au fond même du droit civil. Comme nous l'avons déjà dit, il ne présente d'ailleurs aucun intérêt d'actualité, mais il mérite d'être examiné ici, parce qu'il a souvent été cité comme un trait essentiellement basque, essentiellement caractéristique de la nationalité « ibérienne ». D'après ce que nous avons vu ci-dessus sur l'origine du droit général écrit dans les provinces basques espagnoles, toutes les dispositions d'ordre civil y viennent du droit romain ou de la législation gothique; c'est donc seulement dans les provinces françaises que nous pouvons espérer trouver des traces authentiques d'un vieux droit basque ou ibère.

Or, en ouvrant les *fors* ou les *coutumes*, non-seulement du Labourd, de la Basse-Navarre et de la Soule, mais encore de Bayonne, de Dax, de Saint-Sever et d'autres villes et régions voisines, on y constate la reconnaissance formelle du droit absolu de l'enfant premier né à recueillir l'intégralité des successions paternelle et maternelle, et en même temps l'existence légale de la communauté chez les époux. Quand ce droit de primogéniture, qui s'exerce sans distinction de sexe, n'est plus admis par les coutumes comme règle générale, on en trouve encore des traces assez nombreuses pour qu'on soit forcé d'admettre que telle était la règle, au moyen âge, dans toute la région occidentale des Pyrénées : presque partout un avantage important est accordé à l'aîné des enfants, mâle ou femelle; aujourd'hui encore, dans le Labourd, il est d'usage que la quotité disponible soit attribuée au premier né. On a rapproché ces textes d'un passage de Strabon, où il est dit que, chez les Cantabres, les filles héritent au détriment de leurs frères (liv. III, chap. IV, § 18). L'assimilation est-elle justifiée? Une conséquence du droit de primogéniture est bien que la fille aînée l'emporte sur les mâles puînés, mais ce n'est pas tout à fait ce que dit l'auteur grec. Quoi qu'il en soit, nous ne croyons pas qu'il y ait rien de spécialement basque dans le fait indiqué. L'opinion favorable à cette appréciation de Laferrière (*Histoire du droit français*) et de M. Eug. Cordier (*Organisation de la famille chez les Basques;* Paris, 1869, VI-113, pet. in-8°) a été victorieusement combattue par un habile jurisconsulte de Bayonne, M. Jules Balasque. Ce magistrat autorisé a publié, de 1862 à 1875, en collaboration avec M. E. Dulaurens, le savant archiviste de la même ville, trois volumes remarquables, *Études historiques sur la ville de Bayonne*, où il a longuement discuté (p. 241 à 400 du second volume) la question qui nous occupe. En comparant le texte français de la coutume de Bayonne, réformée en 1514, avec le texte gascon de 1273, M. Balasque a relevé, entre autres graves altérations, la suivante : la communauté, suivant le premier de ces textes, commence dès que le mariage est célébré, tandis que, dans le second, elle ne commence qu'à la naissance du premier enfant. Cette disposition jette une vive lumière sur le droit coutumier pyrénéen ; elle montre que le principe de ce droit est la préservation de l'héritage, la conservation du patrimoine. Mais ce principe, qui a inspiré dans des coutumes septentrionales le droit tout contraire de « juveignerie » en faveur de l'enfant dernier né, est précisément celui de tout le droit celtique, basé sur la famille, le mariage, et non plus, comme le droit romain, sur la puissance paternelle. Nous souscrivons pleinement aux conclusions de M. Balasque, et nous admettons avec lui « que les Basques n'ont vraiment pas possédé un droit particulier différent du droit traditionnel des populations d'origine celtique établies de temps immémorial sur le sol de la Gaule », et que « la législation coutumière des populations basquaise, béarnaise et gasconne du pied des Pyrénées, eut pour premières assises le droit celtique ou gallique » (*Études,* etc., t. II, p. 246).

Arrivé au terme de notre examen, il ne nous reste plus qu'à conclure, qu'à apprécier l'esprit et le caractère des *fueros* que nous venons de résumer. Nous y avons signalé d'excellentes choses, qu'envieraient volontiers aux Basques bien des populations civilisées de l'Europe moderne; mais on y aura remarqué aussi d'étranges lacunes, des contradictions nombreuses, des droits fort mal établis et des façons de procéder bien plus autoritaires que libérales. L'esprit qui règne dans ces vieilles habitudes, dans ces coutumes séculaires, est en définitive celui du moyen âge, un mélange de puérilités brillantes et de fiertés mal placées, un compromis d'idées étroites, de naïvetés ignorantes et de tendances très-larges. Quoi d'étonnant si les *fueros* ont abouti à faire des Basques des ultramontains ardents et des monarchistes incorrigibles? Ces libertés, ces priviléges (qu'un tel mot sonne mal dans une constitution qne ses admirateurs disent républicaine!) ne sont nullement inspirés par les principes du droit social moderne, et c'en est assez pour que nous ne déplorions pas, pour que nous souhaitions même leur suppression prochaine. La liberté n'est rien sans l'égalité et la fraternité, sans le droit pour chacun de développer ses facultés dans la mesure de ses forces, sans le devoir de sacrifier l'intérêt individuel à l'intérêt général. Tant que les provinces basques resteront unies à l'Espagne avec leurs fueros, elles seront un obstacle à la marche en avant de ce généreux pays. Si elles venaient à en être séparées, elles formeraient, avant peu, une monarchie ou, qui pis est, une république cléricale sans avenir, destinée à se consumer en luttes intestines, capable pourtant d'exercer sur les États voisins une influence extrêmement pernicieuse. De toute manière, les *fueros* ont fait leur temps; ils iront rejoindre prochainement toutes ces vieilles institutions du passé dont la résurrection ou la persistance serait véritablement un malheur public.

J. V.

LA COUVADE CHEZ LES BASQUES[1]

Il en est de certaines affirmations scientifiques comme de ces « faits divers » des journaux politiques, qui sont reproduits à l'infini de l'un à l'autre et dont l'origine est insaisissable. Acceptées de proche en proche et confirmées d'âge en âge par les auteurs les plus estimables, les plus consciencieux, qui se citent les uns les autres, elles en viennent à former certains lieux communs que personne ne dément. Et pourtant, si l'on serrait de près ces légendes incontestées, combien peu laisseraient un résidu de quelque valeur!

Dans une étude de Mme Clémence Royer sur *les Migrations atlantiques,* publiée en 1869 par la *Revue ethnographique*, on lit (p. 48-49) le passage suivant : « Parmi ces usages (qui attestent l'unité d'un groupe ethnographique), je citerai surtout la *couvade*, que Tylor (*Early history of mankind,* ch. x) nous montre dans toute son ingénuité primitive chez les Guaranis, les Caraïbes, les Abipones du Mexique, les Topinambas du Brésil, *mais qui se retrouve à l'état de superstition altérée et détournée de son sens originel chez les Ibères et les Basques, leurs descendants.* Elle existait en Corse au temps de Diodore, à l'ouest de l'Afrique chez quelques tribus, et enfin, chose étrange, chez quelques groupes ethniques isolés des montagnes du centre de l'Asie. On l'a signalée chez les Tibarans du Pont, au sud

[1] Extrait de la *République française* du 19 janvier 1877.

de la mer Noire; Marco Polo l'a rencontrée dans les provinces chinoises du Yunnam occidental; on l'a signalée également chez les Miaotsze, une race sauvage inférieure des montagnes chinoises, et jusque dans l'archipel oriental, à Bouro. » Un intérêt particulier nous a engagé à vérifier l'assertion relative aux Basques et à en rechercher l'origine.

On sait en quoi consiste la *couvade :* lorsqu'une femme est accouchée, son mari la fait lever, se couche à sa place auprès de l'enfant, qu'il *couve* pour ainsi dire pendant quelques heures, pendant un temps plus ou moins long. Cette coutume existe-t-elle chez les Basques? Mme Royer l'affirme sans citer ses auteurs, comme s'il s'agissait d'un fait reconnu et incontestable, en ajoutant qu'il a été détourné de son sens originel et que ce n'est plus qu'une superstition altérée. Les Basques tiendraient cette superstition de leurs ancêtres, les Ibères. Sans parler de la parenté des Basques et des Ibères, qui n'est nullement démontrée et qu'on doit, jusqu'à nouvel ordre, regarder seulement comme une hypothèse possible, ce passage de Mme Royer soulève deux questions principales : Est-il vrai que la couvade ait été détournée de son sens primitif chez les Basques? Est-il vrai que cette coutume existe chez les Basques? La seconde question doit être résolue avant la première, car une réponse négative à cette dernière fait immédiatement disparaître la première.

Avant Mme Royer, maint auteur a parlé de la couvade comme d'un usage spécial non-seulement aux Basques, mais à tous les peuples anciens et modernes de la région pyrénéenne.

Dans le *Bulletin de la Société des lettres, sciences et arts de Pau,* 1874-1875, p. 131-134, M. Piche cite le passage suivant d'un article de la *Revue des Deux-Mondes* (1er novembre 1874) sur « les origines de la famille », et qui n'est guère qu'une notice signalétique de deux ouvrages de M. John Lubbock (*Origine de la civilisation*) et de M. A. Giraud-Teulon (*Origines de la famille*) : « L'idée de la parenté, telle qu'elle existe chez les peuples civilisés, nous semble tellement nécessaire et naturelle, que la constitution juridique de la famille sur la base du droit de la mère et de la filiation dans la ligne féminine nous paraît le monde renversé. — On en rencontre pourtant des vestiges dans tous les pays du globe; chez les races inférieures, la généalogie se trace par la mère, les biens d'un homme se transmettent aux neveux. Plus tard, le principe de la paternité prévaut, au moins chez les races les mieux douées. Dans certains cas, la parenté du père se substitua si complétement à celle de la mère, que celle-ci fut pour ainsi dire exclue. — C'est ce qui explique, d'après M. Lubbock, une curieuse coutume que l'on rencontre chez les Indiens de l'Amérique, en Asie et jusque dans le midi de l'Europe : à la naissance de l'enfant, c'est le père qui se met au lit et qu'on soigne; c'est ce qui s'appelle en Béarn « faire la couvade ». M. Giraud-Teulon veut voir dans ces bizarres pratiques un symbole d'adoption, par lequel le père est en quelque sorte investi de droits égaux à ceux de la mère. »

M. Herbert Spencer dit également, dans *la Science sociale* (trad. fr., ch. VI, p. 145) : « Mettez une personne au défi d'imaginer toutes les analogies possibles, jamais elle ne tombera sur un usage qui se rencontre chez les Basques et qui a existé chez d'autres races : quand une Basque accouche, le mari se met au lit et reçoit les félicitations des amis, tandis que sa femme vaque aux soins du ménage. »

M. de Quatrefages, dans ses *Souvenirs d'un naturaliste*, a écrit ce qui suit : « Les Basques montagnards présentent un trait de mœurs plus caractéristique encore. Quand une femme accouche, le mari se met au lit, prend le nouveau-né avec lui et reçoit ainsi les compliments des voisins, tandis que la femme se lève et vaque aux soins du ménage. M. Chaho explique cette singulière coutume par la légende d'Aïtor. Pendant son exil sur la montagne, ce père des Euskaldunois eut un fils, et la mère, craignant pour les jours de cet enfant, si elle restait seule auprès de lui, le laissa sous la garde de son mari pendant qu'elle allait elle-même chercher la nourriture nécessaire à toute la famille. Depuis lors, les Basques ont conservé cette espèce de cérémonie en souvenir de la rude existence de leurs premiers parents. On comprend que nous ne saurions admettre cette explication d'un usage si contraire à nos mœurs, et nous aimons mieux y voir un reste de cette barbarie qu'on trouve chez tant de peuples sauvages, où l'homme, le *guerrier*, est tout, et la femme rien. »

Nous verrons plus loin quelle peut être la valeur du témoignage de Chaho, à qui M. de Quatrefages s'en rapporte entièrement.

Enfin, dans sa fameuse *Luciniade, poème en dix chants sur l'art des accouchements* (Paris et Nîmes, 1790-1815, quatre éditions in-12), le citoyen Sacombe, de Carcassonne, s'exprimait en ces termes :

En Amérique, en Corse, et chez l'Ibérien,
En France même encor chez le Vénarnien,
Au pays Navarrois, lorsqu'une femme accouche,
L'épouse sort du lit et le mari se couche ;
Et, quoiqu'il soit très-sain et d'esprit et de corps,
Contre un mal qu'il n'a point l'art unit ses efforts.
On le met au régime, et notre faux malade,
Soigné par l'accouchée, en son lit fait *couvade :*
On ferme avec grand soin portes, volets, rideaux ;
Immobile, on l'oblige à rester sur le dos,
Pour étouffer son lait, qui gêné dans sa course,
Pourrait en l'étouffant remonter vers sa source.
Un mari, dans sa couche, au médecin soumis,
Reçoit, en cet état, parents, voisins, amis,
Qui viennent l'exhorter à prendre patience
Et font des vœux au ciel pour sa convalescence.

La description est complète; mais l'assertion du médecin-poète n'est appuyée d'aucune preuve. Le témoignage le plus affirmatif et le plus précis est celui de M. Cordier, qui s'exprime en ces termes : « Est-il vrai que le mari se mette au lit quand la femme est accouchée, ainsi que Strabon le rapporte des Ibères? On n'en saurait douter. Zamacola, Chaho, témoignent du fait pour la Biscaye. J'ai voulu m'en assurer moi-même chez les Basques français : dans la Navarre, on me dit en rougissant : Oui, cela se pratique, mais dans certaines familles, dans quelques lieux écartés seulement. Dans la Soule, on me renvoyait à l'Espagne, mais quelqu'un dit : « Il est vrai, la nouvelle accouchée se lève et sert son époux, qui se met au lit avec l'enfant; il y reste quatre jours et quatre nuits; il en est qui se contentent d'y demeurer quelques heures; on pense que la chaleur du père est de nature à fortifier l'enfant et, si c'est un fils, la coutume est encore plus suivie. » Je n'ai pu en apprendre davantage, ni voir de près fonctionner cet usage... La coutume basque paraît s'être étendue au Béarn, où on l'appelait *coubade*, nom curieux et qui nous rappelle que, chez certains oiseaux, le mâle couve ainsi que la femelle. C'est dans une note du fabliau de Nicolette et Aucassin que Legrand d'Aussy mentionne la couvade béarnaise (*Fabliaux ou Contes,* Paris, 1829, t. III, p. 372); et il est à remarquer que le fabliau lui-même nous transporte dans le Midi de la France, notamment à Beaucaire, et place dans cette région le grotesque épisode qu'il tire de cet usage. » (E. Cordier, *de l'organisation de la famille chez les Basques,* Paris, 1869, in-8°, p. 23 et 25.)

Avant de discuter le témoignage personnel de M. Cordier, examinons les textes qu'il cite et reportons-nous aux passages originaux.

C'est au livre III de sa *Géographie* (ch. IV, § 17) que Strabon fait allusion à la couvade. Dans ce chapitre, il parle surtout de la cruauté, de la dureté, de la fermeté de tous les habitants de l'Espagne, et surtout de ceux du Nord; il cite, comme exemple, les Cantabres massacrant leurs enfants pendant la guerre, les femmes et les enfants tuant leurs pères et leurs amis prisonniers, pour ne pas les laisser vivants entre les mains des vainqueurs. Il assure que ces coutumes barbares sont communes aux Celtes, aux Scythes et aux Thraces, et il ajoute : « Ils ont aussi en commun ce qui touche à la virilité et des hommes et des femmes. Celles-ci travaillent la terre, et ayant enfanté servent les hommes, les ayant fait coucher à leur place (*anth' heautôn kataklinasai*); dans les travaux souvent elles enfantent et lavent et emmaillotent (leurs enfants), les inclinant vers quelque ruisseau. » Le géographe grec ne parle que très-accessoirement de la couvade : ce qui l'a frappé, c'est l'énergie et la vigueur des femmes; il insiste sur le fait de leur action au travail immédiatement après l'accouchement, en citant aussi un exemple caractéristique donné par une Ligurienne.

Quant aux affirmations de Zamacola et de Chaho pour la Biscaye actuelle, voyons à quoi elles se réduisent. Je n'ai plus sous les yeux le texte du premier de ces auteurs; mais son livre *Historia de las naciones bascas*, imprimé à Auch en 1818, ne m'avait paru qu'une élucubration à la façon de Chaho. J'y avais copié le passage suivant, qui est significatif à cet égard (je traduis) : « Les anciens Basques, sans doute à l'époque où ils embrassèrent la religion chrétienne, firent une loi qui existait encore, il y a peu d'années, dans certain vieux for qui se trouvait à la bibliothèque de Valladolid, par laquelle ils disposèrent que, attendu que les ministres du culte ne pouvaient se marier, mais puisqu'ils étaient des hommes comme les autres, pour que les femmes biscayennes fussent quittes de leurs poursuites, il leur était permis à chacun d'avoir une concubine. Mais les ecclésiastiques du pays firent bientôt disparaître ces soupçons par leur vertu et leur sagesse, et les Biscayens eux-mêmes supprimèrent cette loi dans les copies de leurs fors qui ont passé à la postérité. »

C'est dans son *Voyage en Navarre pendant l'insurrection des Basques* (Paris, 1836, et Bayonne, 1865, chap. x) que Chaho s'occupe de la couvade. Voici tout ce qu'il en dit : « Il existe dans cette province (la Biscaye) des vallées dont la population rappelle, par ses usages, l'enfance de la société : les Biskaïennes y quittent le lit immédiatement après leurs couches, et le montagnard prend la place de sa femme auprès du nouveau-né. » Cette phrase est accompagnée de la note ci-après : « Voir *Strabon,* liv. III » et Chaho continue : « Il est fort ordinaire de voir une Biskaïenne se livrer au travail des champs jusqu'aux derniers jours de sa grossesse; plus d'un enfant baigné dans le ruisseau au bord duquel il vint au monde, passe son premier jour à l'ombre de quelque haie ou d'un arbre, tandis que sa mère retourne à son travail. » Ainsi Chaho n'a fait que paraphraser Strabon, en vertu d'un raisonnement analogue au suivant : les Basques étant les descendants des Ibères, des Cantabres, des Vascons, etc., ont dû conserver les coutumes et les mœurs de ces peuples; mais si la couvade se pratique quelque part, ce ne peut être que chez les Biscayens, les plus rudes des Basques contemporains. C'est par des raisonnements de ce genre, joints à un déplorable système de travail par à peu près et aidé par une imagination ardente, que Chaho a présenté au public savant un pays basque tout de fantaisie, et exposé des théories séduisantes qui ne supportent pas la moindre analyse. La soi-disant légende d'Aïtor, citée par M. de Quatrefages, est tout entière de l'invention de Chaho et ne repose sur aucune tradition réelle. M. Bladé a été d'ailleurs trop sévère en taxant le brillant écrivain basque d'imposture et de mensonge : il n'est coupable que de légèreté. Mais, pour en revenir à là couvade, ni M. Bladé ni M. Cordier n'ont remarqué que Chaho, qui était de Tardets, c'est-à-dire du cœur de la Soule, se garde bien d'attribuer à ses compatriotes cette coutume bizarre. S'il l'avait vue fonctionner autour de lui, il n'eût certainement pas manqué de le dire, puisque, pour les besoins de la cause, il suppose qu'elle est spéciale aux vallées reculées de la Biscaye.

Du reste, aucun écrivain basque, aucun voyageur moderne n'en a parlé. A l'affirmation de M. Cordier qui prétend qu'en Soule et en Basse-Navarre on lui a avoué l'habitude de la couvade, on peut opposer des affirmations contraires. Par exemple, M. Bladé (*Études sur l'origine des Basques*, Paris, 1869, in-8°, p. 527) s'exprime en ces termes : « Durant mes fréquents voyages dans le pays basque, français et espagnol, j'ai vainement essayé de constater un seul fait relatif à la couvade. J'ai interrogé là-dessus les curés, les médecins, les vieillards et les sages-femmes. Personne n'a pu me signaler un seul fait qu'il me fût possible de vérifier par une enquête que j'étais résolu à aller faire sur les lieux. » Bien d'autres personnes ont également entendu des réponses négatives à toutes les questions adressées aux Basques sur la couvade. Celui qui écrit ces lignes habite depuis dix ans aux portes du pays basque qu'il a fréquemment occasion de parcourir; il n'a jamais pu rencontrer un cas vérifiable de couvade, bien que certains chercheurs maladroits et crédules aient été à ce propos, sous ses yeux, l'objet de mystifications plaisantes.

La communication faite à la Société scientifique de Pau, en 1874, par M. Piche, ancien conseiller de préfecture des Basses-Pyrénées, que nous avons cité plus haut, se terminait ainsi : « Il me paraît surtout intéressant de rechercher si cette étrange coutume de *la couvade* qu'on nous prête a jamais existé dans le Béarn ou le pays basque, et, en cas d'affirmation, s'il en reste encore des traces aujourd'hui.

Notre honorable secrétaire général (M. V. Lespy) penche pour la négative; cependant M. Cordier, qui est un auteur sérieux, rapporte des faits qui sembleraient indiquer l'existence de cette coutume de nos jours encore. Il y a là un point à éclaircir; je me borne à le signaler à qui de droit. Je formulerai ainsi les questions qu'il y aurait à résoudre : la coutume désignée par les auteurs sous le nom de couvade a-t-elle existé dans le Béarn ou le pays basque? Si oui, peut-on déterminer son extension géographique ou historique? Existe-t-elle encore? Quelle explication donne-t-on de cette coutume? » Malgré la publicité donnée à ces questions par les journaux du département, aucune réponse n'y a encore été faite. Quoi qu'il en soit, il ne paraît point du tout établi que la coutume de la *couvade* existe chez les Basques.

Mais y a-t-elle existé? C'est plus que douteux pour le Labourd (partie sud-ouest de l'arrondissement de Bayonne); en tout cas, on peut assurer qu'elle ne s'y pratiquait déjà plus en 1609, car de l'Ancre, conseiller au parlement de Bordeaux, qui parcourut le Labourd pendant cinq mois (de mai à septembre 1609), n'en dit pas un mot. On sait qu'il y avait été envoyé, avec le président d'Espaignet, pour faire une enquête judiciaire sur la sorcellerie; il en a rendu compte notamment dans son *Tableau de l'inconstance des mauvais anges* (Paris, 1610 et 1612, in-4°) : ces magistrats prirent leur mission tellement au sérieux qu'ils firent brûler comme sorciers environ cinquante personnes, dont trois prêtres. Or, le pieux conseiller n'eût pas manqué de relever, à la charge des Basques, la couvade, lui qui leur impute à crime leur souplesse physique, leur habileté à la nage, leur habitude de se nourrir de pommes et leur passion pour le tabac.

Quant à la Basse-Navarre et à la Soule, il est plus possible, bien que la preuve n'en ait pas non plus été faite encore, que la couvade y ait été en usage. Ces provinces touchent en effet au Béarn : la plupart des auteurs qui ont parlé de cette coutume étrange l'attribuent aux Béarnais, dont le patois a fourni même le mot caractéristique de *couvade*. C'est des Béarnais qu'il est question dans le passage de Legrand d'Aussy cité par M. Cordier.

Au tome II des *Fabliaux* publiés par le savant que nous venons de nommer, on lit (édition de 1779, p. 180) l'histoire d'Aucassin et de Nicolette. A la page 203 se trouve le passage qui nous intéresse. Dans leur fuite, Aucassin et Nicolette s'embarquent sur mer : « Une tempête horrible qui survint les obligea de gagner le port et le château de Torelore (*m*). Le damoiseau resta trois ans dans cette ville, etc. » — Au renvoi *m* correspond (p. 216) la note suivante de Legrand d'Aussy : « C'est un pays bien singulier que cette terre de Torelore. Le roi est au lit et se couche quand Aucassin y arrive. La reine, d'un autre côté, à la tête d'une armée de femmes, fait la guerre avec des œufs, du fromage mou et des pommes cuites, fiction misérable que quelques romans modernes ont pourtant imitée, car quelle est la sottise qui n'a été dite qu'une fois? Est-ce là une allégorie? est-ce une critique? Je l'ignore. Cette coutume, au reste, de faire lever les femmes accouchées pour vaquer aux travaux de leurs maris, tandis que ces mêmes maris se mettent au lit pour elles, n'est point une imagination de romancier. On l'a trouvée établie, deux ou trois siècles après, chez les Caraïbes d'Amérique, et l'on prétend qu'elle a existé chez les peuples du Béarn (*Colomiès, Mél. hist.*, p. 26). Quoi qu'il en soit, Aucassin prend un bâton et rosse le monarque, auquel il fait jurer qu'il abolira cette coutume dans sa terre. Il termine aussi promptement avec son épée la guerre des pommes cuites. J'ai supprimé cet épisode...., l'expression de *roi de Torelore* devint une injure que l'on appliquait à l'homme fanfaron qui promettait beaucoup et ne tenait rien. » Je n'ai pu me reporter encore au texte du fabliau, mais le résumé de Legrand d'Aussy est suffisamment expressif.

Il restait à vérifier, à propos de la couvade béarnaise, l'auteur cité par Legrand d'Aussy. Il s'agit de Paul Colomiès, dont les *Mélanges historiques* ont eu deux éditions, l'une à Orange, en 1675, et l'autre à Utrecht (elzévir), en 1692, toutes deux in-12. A la page 25 de la première et à la page 26 de la seconde on lit ce qui suit (entre les deux éditions il n'y a que de légères différences orthographiques) : « C'étoit une assez plaisante coutume que celle qui s'observoit autrefois dans le Béarn : lorsqu'une femme était accouchée, elle se levoit, et son mari se mettoit au lit, faisant la commère. Je crois que les Béarnois avoient tiré cette coutume des Espagnols, de qui Strabon dit la même chose au troisième livre de sa Géographie. La même coutume se pratiquoit chés les Tibaréniens, au rapport de Nymphodore, dans l'excellent scholiaste d'Apollonius le Rhodien, livre II, et chés les Tartares suivant le témoignage de Marc Paul Vénitien, au chapitre 41 du deuxième livre de ces voiages, qui ne passent plus pour fabuleux, depuis que de nouvelles relations ont confirmé ce qu'ils nous apprennent. »

On pourra objecter qu'officiellement la Basse-Navarre se rattachait au Béarn et que les écrivains étrangers au pays ont pu sous le nom de Béarnais désigner les habitants de la province de Saint-Jean-Pied-de-Port. Il n'en demeure pas moins établi qu'aucun témoignage positif et indiscutable n'est venu encore démontrer que la couvade se pratique dans le pays basque. Aussi, s'il est peut-être téméraire de nier catégoriquement la conservation dans la région pyrénéenne de cet usage de l'humanité primitive, il ne serait pas moins imprudent d'en faire un des caractères ethnologiques des Basques. Les allusions des différents auteurs qui la leur ont attribuée se rapportent toutes à des opinions courantes qui ont pour base, lorsqu'on veut les discuter, une phrase de

Chaho; et Chaho, qui prête cet usage aux régions du pays basque qu'il connaissait le moins, se retranche devant une remarque, incidemment présentée, de Strabon. Les nombreux écrivains qui se sont occupés du pays basque aux derniers siècles n'en ont rien dit : Oihenart, Poça, Garibay, Isasti, n'en parlent pas ; et ils étaient Basques. M. Cordier est le seul qui, en 1869, rapporte d'un voyage rapide une affirmation catégorique.

Deux hypothèses seulement sont permises : ou M. Cordier a été bien habile et bien adroit pour faire avouer à des Basques un secret si bien gardé jusque-là, ou sa bonne foi a été surprise. La seconde hypothèse est la plus vraisemblable : comment admettre qu'on ait répondu négativement à tant de personnes, avant et après M. Cordier, si la coutume existe réellement ; pourquoi la dissimulerait-on quand ceux qui s'enquièrent à son sujet ne la présentent point comme un signe de décadence, mais comme une preuve irrécusable de cette antiquité que les Basques revendiquent tous si fièrement ? Il ne faut pas oublier que M. Cordier, comme la plupart des voyageurs, n'a pas parcouru le pays basque français pied à pied, village par village, mais s'est arrêté vraisemblablement seulement dans les centres importants ; en sa qualité d'étranger, ne parlant point et ne comprenant même pas l'idiome du pays, il n'a pu se trouver en rapport qu'avec des gens parlant français, plus ou moins élevés à la française, et plus enclins que les autres à méconnaître ou à vouloir cacher les originalités de leurs compatriotes, les particularités de leur vie intime qui diffèrent essentiellement des habitudes générales françaises. On a vu ou plutôt on a cru voir beaucoup, mais on a mal vu et les récits qu'on fait se trouvent inconsciemment faux. Pour se rendre un compte exact des mœurs d'un pays, il est nécessaire de s'y établir et d'y demeurer longtemps ; il est nécessaire de se familiariser avec les gens, les choses, le langage de l'endroit. C'est seulement ainsi qu'on pourra pénétrer dans le secret des foyers. En procédant autrement, on risque souvent de faire rire à ses dépens : c'est ce qui est arrivé à maints voyageurs. Qu'on ait, par exemple, comme M. Jacolliot, une imagination vive et les souvenirs un peu vagues d'un séjour de dix-huit mois à Pondichéry et de dix-huit mois au Bengale, on arrivera aisément à produire de nombreux volumes pleins de détails piquants et d'aventures romanesques ; mais si l'un de ces livres arrive par malheur dans le pays qu'on a voulu décrire, s'il tombe seulement sous les yeux de personnes l'ayant longuement habité et le connaissant bien, on s'expose à recevoir quelquefois de graves démentis.

Tel n'est pas, du reste, le cas de M. Cordier, qui était, certes, de bonne foi ; qui, dans son ardeur, a probablement posé des questions un peu complexes qu'on a mal comprises ; qui a sans doute aussi interprété dans un sens favorable à sa thèse certaines réponses ambiguës. Il est d'ailleurs très-fâcheux qu'il n'ait pas donné à son affirmation un caractère de précision qui en aurait fait toute la force, en nommant les personnes dont il tenait ses renseignements, en indiquant exactement les localités où elles les lui ont fournis, en donnant enfin, sur l'époque et les autres circonstances de son enquête, les détails minutieux que demandait une question de cette importance.

Le témoignage de M. Cordier, qui est le seul, est donc au moins très-douteux. Je conclus par suite que, jusqu'à présent, il n'est pas possible d'attribuer aux Basques cette coutume de la couvade.

J. V.

LES CAGOTS DES PYRÉNÉES[1]

Gafets, Gahets, Capots de Guyenne. — Gafos, Agotes d'Espagne. — Cacous de Bretagne. — Cacous du Maine et de Bourgogne. — Les lépreux. — La lèpre blanche.

On parle beaucoup de décentralisation dans un certain monde qu'effraient toujours les vaillantes initiatives de la capitale ; mais il faut convenir qu'au moins sur le terrain scientifique cette prétention de se passer de Paris et de lui faire une concurrence redoutable est tout simplement ridicule. Paris n'est pas seulement l'inspirateur, le propulseur ; c'est encore et surtout le point de contact des divers efforts, le centre d'activité indispensable, le régulateur nécessaire des entreprises individuelles et locales. Les travaux personnels n'ont en effet qu'une faible portée et qu'une valeur très-médiocre lorsqu'ils sont entrepris, en province, par tel ou tel homme de mérite, qui, fier de son isolement, ne songe point à s'enquérir de l'état où sont parvenues dans les mains de ses devanciers, s'il en existe, les études auxquelles il entend consacrer ses veilles.

C'est faute d'avoir compris la nécessité de ces informations, c'est pour s'être enfermées dans leur étroite sphère que tant de Sociétés savantes de province végètent assez mi-

[1] Extrait de la *République française* du 24 août 1877.

sérablement. Ce ne sont guère alors que des réunions d'érudits, célèbres *intra muros*, chacun dans sa spécialité, et se prodiguant d'autant plus volontiers les témoignages d'une admiration mutuelle qu'ils ne se portent point réciproquement ombrage. Ces Sociétés publient des Recueils, des Bulletins, des Actes, où le travailleur sérieux n'a que peu d'occasions de s'instruire, et où, en revanche, il constate, souvent avec peine, une ignorance incroyable de découvertes récentes, de faits élémentaires, de principes établis, jointe à une absence complète de méthode. Heureux encore quand il ne feuillette pas avec surprise de longues dissertations sur des questions oiseuses ou insignifiantes, depuis longtemps bannies du domaine de la science.

Hâtons-nous toutefois de reconnaître que de jour en jour il se manifeste, dans les assemblées provinciales, un mouvement véritablement progressif. Plusieurs de ces Sociétés sont même injustement victimes d'un dédain trop justifié naguère. On voit se multiplier dans leurs recueils ces précieuses études de première main, dont l'observation locale, directe, peut seule fournir les éléments.

Parmi les Sociétés qui nous semblent avoir le mieux compris le rôle qui leur est assigné par la force des choses, nous signalerons celle des Sciences, Arts et Lettres de Pau. Établie en 1872, elle a déjà publié cinq volumes de mémoires, pour la plupart excellents et relatifs à d'importantes questions d'histoire, d'ethnographie, de linguistique, de géographie, d'histoire naturelle locales. L'un de ces travaux, dû à la plume élégante de M. le docteur de Rochas, de Pau, a formé tout un volume dont la lecture est éminemment instructive[1].

[1] *Les Parias de France et d'Espagne* (*Cagots et Bohémiens*), par V. de Rochas. Paris, L. Hachette et Cie, 1876, gr. in-8. — Tiré à part du *Bulletin de la Société des lettres, sciences et arts* de Pau, t. IV et t. V.

La question examinée par M. de Rochas n'est certes point nouvelle. Il y a longtemps que l'attention a été appelée sur les Cagots des Pyrénées, ces étranges parias du Béarn et du pays basque. Ramond ne pouvait manquer de s'en occuper dans ses *Observations faites dans les Pyrénées* (1789); Court de Gébelin en parle aussi dans son *Monde primitif* (1773); Palassou leur a consacré tout un chapitre de ses *Mémoires pour servir à l'histoire naturelle des Pyrénées* (Pau, 1815); on comprend que nous ne puissions citer ici tous les auteurs qui ont traité des Cagots, soit simplement pour constater leur existence, soit pour rechercher leur origine; mais nous devons une mention spéciale à l'*Histoire des races maudites de France et d'Espagne,* de M. Francisque Michel (Paris, 1847, 2 vol. in-8°), ouvrage plein de documents et de renseignements précieux. Il convient de rappeler aussi deux notes publiées dans le *Bulletin de la Société Ramond* (de Bagnères-de-Bigorre) : la première, de M. Eug. Cordier, publiée dans le volume de 1866 (p. 51-58 et 107-120), et la seconde de M. W. Webster, dans le volume de 1867 (p. 59-61). La question avait été portée devant la Société de Pau, avant M. de Rochas, par M. le Dr Cazenave de la Roche, dont le mémoire, intitulé : *Coup d'œil sur l'ethnographie et l'anthropologie des Cagots des Pyrénées,* a été publié dans le recueil de cette Société (t. III, p. 209-223).

M. de Rochas s'est attaché à un point de vue plus spécial. Il s'est demandé si le cas des Cagots était exceptionnel, s'il n'y avait pas eu, dans notre vieille Europe, d'autres espèces d'*outlaws;* et, généralisant la question, il a recherché les rapports, les analogies, les différences qui avaient pu exister, au point de vue de leur position dans la société, entre les Cagots et les diverses autres espèces de « parias ». Nous lui devons un classement méthodique de faits et de données dont l'ensemble concorde merveilleusement et qui amènent sans efforts à une conclusion inévitable.

Les Cagots du Béarn étaient connus sous le nom béarnais de *Chrestiaas;* dans le pays basque, on les appelait *Agotak* « les Agots ». Ceux des villes étaient comme parqués dans un faubourg spécial, d'où ils ne pouvaient sortir sans porter sur leurs vêtements un signe distinctif, généralement un morceau de drap rouge sur le béret ou sur le côté droit de la robe; dans les campagnes, ils couchaient dans des huttes misérables groupées fréquemment sous les murs d'un couvent ou d'un château, et séparées des villages par un cours d'eau ou un bouquet d'arbres. Tout commerce familier avec les habitants du pays leur était interdit par la loi et encore plus par les mœurs. Suivant Marca (*Histoire du Béarn*, 1642), les prêtres faisaient difficulté de les entendre en confession et de leur administrer les sacrements ; ils entraient dans les églises, où une place à part leur était réservée derrière les fidèles ordinaires, qu'une balustrade en bois préservait du contact impur [1], par une petite porte ouverte pour eux seuls, visible encore dans beaucoup de localités du pays basque; ils prenaient l'eau bénite dans un bénitier particulier ; le pain bénit leur était dédaigneusement jeté. On ne les enterrait point dans le cimetière commun.

Ils exerçaient généralement la profession de charpentier ou celle de bûcheron : c'est à eux qu'était réservée la fabrication des cercueils; ils étaient exclusivement chargés de la construction des potences pour l'exécution des criminels. Ils n'étaient point jugés dignes de porter les armes, mais leurs services, comme charpentiers, pouvaient être utilisés

[1] Dans les églises catholiques des missionnaires apostoliques de l'Inde, une place spéciale, dans une nef latérale, est affectée aux parias. Il y a quelques années, une émeute faillit avoir lieu à Pondichéry, parce qu'on avait voulu donner aux parias le libre accès dans toutes les parties de l'église de la mission. On sait que le mot *paria* est purement dravidien; il vient probablement de *par'ei* « bruit, parole », et *par'eyia* signifié vraisemblablement « l'être qui parle ».

pendant les siéges. Ils étaient, dans beaucoup d'endroits, exempts des tailles, mais il leur était interdit de traverser les villages pieds nus, d'entrer aux moulins pour y moudre leur grain, de venir laver aux lavoirs communs, d'entretenir des bestiaux et de labourer, de danser et de jouer avec leurs voisins. On ne les entendait en justice qu'à défaut d'autres témoins. Ils ne pouvaient se marier qu'entre eux. Enfin, ils étaient astreints à porter, sur leur béret, comme marque d'infamie, un morceau de drap rouge en forme d'une patte d'oie ou de canard.

Avec le temps, la rigueur de ces prohibitions s'adoucit pendant que les préjugés perdaient de leur force. Néanmoins, ce ne fut pas sans peine qu'ils arrivèrent à se confondre avec leurs compatriotes non cagots ; là aussi, il fallut l'action puissante de la Révolution pour effacer les dernières traces de la proscription dont ils étaient victimes. Je dis proscription et non servitude, car M. de Rochas établit nettement, à l'aide de textes nombreux et précis, que les Cagots ne sauraient, en aucune façon, être assimilés à des serfs.

La raison de ces préjugés n'est pas facile à établir et se lie nécessairement à la question d'origine. L'étude anthropologique directe ne révèle rien qui les justifie. M. de Rochas, en effet, a pu examiner soigneusement de nombreux descendants des Cagots. Malgré leur mélange avec la population basque ou béarnaise générale, certaines familles lui ont été désignées comme représentant les anciens Cagots du pays. Les observations les plus intéressantes sont celles qu'il a pu faire aux hameaux français de Chubitoa, près d'Anhaux (canton de Saint-Jean-Pied-de-Port), et de Michelena, près du château d'Echaux (canton de Baigorry), ainsi qu'au village espagnol de Bozate, à l'entrée de la vallée de Baztan (Navarre). Ce sont d'anciennes cagoteries dont les habitants semblent être demeurés purs de toute alliance étrangère ; ailleurs, il est parfois presque impossible de reconnaître les descendants des Cagots, que l'on confond souvent, au grand dommage des curieux étrangers, avec les Bohémiens; d'autres fois, on applique leur nom aux goîtreux ou aux crétins du pays.

De tous les ethnographes qui ont, avant M. de Rochas, essayé d'observer directement les Cagots, Palassou, « l'infatigable explorateur des Pyrénées », est celui qui a recueilli les renseignements les plus exacts et les plus précis. Il résulte de ses recherches, qui datent déjà de plus de soixante ans, que les Cagots des Pyrénées ne sont pas sujets à plus de maladies que les autres habitants du pays; qu'ils n'ont généralement ni goître ni affection cutanée héréditaire; qu'ils n'offrent enfin, dans leurs mœurs, leurs habitudes ou leur type physique, aucun caractère spécial et distinctif. M. E. Cordier, qui a parcouru le pays basque français il y a une quinzaine d'années, prétend au contraire que les Cagots offrent un type unique, qui est le type blond du Nord; il trace ensuite un portrait tout de fantaisie et n'ose pas se prononcer sur les deux signes distinctifs des Cagots, suivant le préjugé populaire: la déformation de l'oreille et l'odeur infecte de tout le corps. Entre les recherches de Palassou et les observations de M. de Rochas, le témoignage de M. Cordier ne peut servir qu'à montrer avec quelle légèreté ce dernier, dont le talent et la science de jurisconsulte sont d'ailleurs incontestables, prétendait résoudre les plus graves questions : on a déjà vu un exemple de cette légèreté scientifique de M. Cordier dans notre article sur la couvade (*République française* du 19 janvier 1877).

A Chubitoa, à Michelena, à Bozate, M. de Rochas n'a rien constaté de particulier. Les individus qu'il a examinés dans la première de ces localités étaient généralement bruns à l'âge adulte, mais les enfants étaient presque tous châtains ou blonds; les yeux étaient marrons, gris-bleu ou gris clair; la bouche et le menton élégants, le nez variable, le front bombé et un peu étroit, la tête large et postérieurement saillante ; la taille des blonds est plus élevée que celle des bruns, la moyenne étant de 1m63 environ; chez aucun il n'a reconnu de goître ni de scrofules héréditaires. La fécondité est normale, puisque le chiffre des enfants est en moyenne de 3-4 par ménage. L'intelligence n'est ni supérieure ni inférieure à celle de la population basque environnante ordinaire. A Michelena, le type est le même, mais enlaidi; la race y paraît être scrofuleuse, ce qui est facilement explicable par la misère d'abord, puis par les mauvaises conditions hygiéniques des maisons du hameau, humides, mal aérées, étroites, basses et sombres. A Bozate, M. de Rochas a retrouvé les mêmes caractères qu'à Chubitoa; le nombre des blonds ou châtains clairs, aux yeux bleus, y est pourtant plus considérable et atteint environ 25 pour 100. Mais partout les préjugés populaires ne sont point entièrement effacés : « Qui voudrait d'un Cagot? » disait à M. de Rochas une jeune fille d'Urdax.

Nous avons dit tout à l'heure que, d'après la tradition, les Cagots sont caractérisés par un défaut de conformation de l'oreille et par les mauvaises odeurs qu'ils exhalent. Ce dernier reproche, qui est également adressé aux Juifs dans le pays, ne semble aucunement fondé. Quant à l'autre, M. de Rochas n'en a point non plus constaté la justesse; presque toutes les personnes qu'il a examinées avaient l'oreille régulièrement conformée. Le témoignage de M. Cazenave de la Roche confirme celui de M. de Rochas. Mais voici ce que dit à ce sujet une chanson basque :

« LA BERGÈRE. — Hier quelqu'un a été chez mes père et mère — pour les avertir que nous nous aimons l'un l'autre; — qu'ils s'empressent vite de nous éloigner l'un de l'autre, — et qu'ils ne s'unissent point à une caste cagote.

« LE BERGER. — J'ai entendu dire qu'il y a des Cagots : — vous me dites que moi aussi je le suis; — si j'avais eu la moindre filiation (avec cette race), jusqu'ici — je n'aurais point osé vous regarder.

« LA BERGÈRE. — On dit que le Cagot est, parmi les gens, le plus beau : — cheveux blonds, peau blanche et œil bleu[1] ; — vous êtes le plus beau parmi les bergers que j'ai vus ; — pour être beau, faut-il au moins être Cagot ?

« LE BERGER. — Voyez d'où on reconnaît qui est Cagot : — on lui jette le premier regard à l'oreille ; — l'une est plus grande, et en revanche l'autre — est ronde et partout couverte de poils.

« LA BERGÈRE. — S'il en est ainsi, vous n'êtes point de ceux-là ; — car vos deux oreilles se ressemblent. — Si celui qui est Cagot a l'une des oreilles plus petite, — je dirai à mon père que vous avez les deux égales[2]. »

On cite également le couplet béarnais suivant :

Que t'as-tu heit de l'aüreihou,
Jean-Pierre lou mey amigou ?
L'as-tu dat à l'inchère ?

« Qu'as-tu fait de l'oreillon, — Jean-Pierre mon mignon ? — L'as-tu donné à l'enchère[3] ? »

Ce n'est pourtant que très-exceptionnellement que M. de Rochas a constaté, chez les descendants des Cagots, l'absence du lobule inférieur de l'oreille. Aussi s'étonne-t-il à bon droit qu'un caractère ethnique aussi peu établi ait pu faire

[1] *Begi ñabarra* n'est pas proprement « l'œil bleu », sens évident ici. *Nabar* est plus exactement « bigarré ».

[2] Fr. Michel, *le Pays basque*, Paris, 1857, in-8°, p. 269-272. Cette chanson a dû être composée il y a une cinquantaine d'années. Elle a été recueillie à Aussurucq (canton de Tardets, arrondissement de Mauléon).

[3] Une autre chanson dit *Guigne-tu l'aüreilhette, si y an lou pandrilhou.* « Regarde à l'oreille, s'il y a le bout qui pend. » C'est pourquoi l'on supposait les Cagots incapables de porter des boucles d'oreilles. M. Fr. Michel a réuni de nombreux textes gascons relatifs aux Cagots, Capots et Gahets.

l'objet d'une communication à l'Académie des sciences (*Comptes rendus*, 2e série, t. V, 1842, p. 415 : *Sur les Cagots des Pyrénées*, par M. le docteur Guyon).

Nous venons d'établir la situation ethnologique des Cagots ; il importe de voir maintenant en quoi ils diffèrent ou en quoi ils se rapprochent des autres déclassés de l'Europe occidentale. Trois groupes présentent à cet égard de singulières analogies avec les Cagots : ce sont les *Agotes* d'Espagne, les *Capots* ou *Gafets* de Guyenne et de Languedoc, et les *Cacous* de Bretagne.

Les *Agotes,* appelés aussi *Gafos* et *Christianos,* étaient exclus des centres d'habitation, parqués dans un coin des églises, privés du droit de port d'armes, en un mot traités exactement comme les *Cagots* de France.

Les *Capots, Gafets* ou *Gahets,* ne pouvaient aller pieds nus et devaient porter sur le côté gauche de leur robe un signe distinctif en drap rouge, ayant primitivement la forme d'une patte de canard ; il leur était défendu de frayer avec les autres habitants, de demeurer dans les villes et villages, de faire le commerce, de se tenir dans les églises en dehors de la place spéciale qui leur était réservée. On leur donnait aussi communément le nom de *Chrestians* ou *Chrestiens.*

Les *Cacous* de Bretagne, dits aussi *Caqueux, Caquots, Caquins,* étaient également relégués dans des habitations isolées : à l'église, ils devaient se tenir en arrière des autres fidèles et dans la partie basse ; il leur était défendu de communiquer avec « les gens sains », de cultiver d'autre terre que les jardins de leurs maisons, d'exercer d'autre métier que celui de cordier. Une obligation qui leur était rigoureusement imposée, c'était la fourniture des cordes pour les potences. Ils devaient avoir sur leurs habits une marque distinctive en drap rouge. En résumé, l'analogie avec les Cagots est complète.

La ressemblance des effets fait présumer l'identité des

causes; l'origine des Cagots sera bien près d'être découverte quand on connaîtra celle des Capots, Gafets, Cacous, etc. Il y a là un élément important du problème. Cet élément a néanmoins été négligé par la plupart de ceux qui se sont occupés de la question. Au commencement du dix-septième siècle, un savant vénitien, Jean Botero, voyait en eux les descendants des Albigeois, tandis qu'un moine espagnol, Martin Biscay, les rattachait aux Visigoths d'Espagne. Marca, en 1642, préfère voir en eux les débris des soldats d'Abdérame vaincus par Charles Martel; Ramond voit en eux des Goths réfugiés dans les montagnes, débris de l'armée d'Alaric, mise en déroute à Vouillé; Court de Gébelin en fait les représentants d'une race qui aurait précédé les Cantabres dans les Pyrénées et les Bretons en Armorique : il les identifie du reste à une tribu d'Alains cantonnés dans l'Aunis, sous le nom de *Taïfales;* Walckenaër *Annales des voyages,* 1838) incline à les regarder comme les descendants des chrétiens de la primitive Église; l'abbé Venuti pense que ce sont les fils des premiers croisés revenus de la terre sainte avec la lèpre; l'abbé Chaudon et Faget de Baure en font également des lépreux, tandis que Sanadon les rattache aux conquérants musulmans de l'Espagne. M. Francisque Michel accepterait l'hypothèse de leur descendance des Sarrasins défaits par Charlemagne. D'autres auteurs en font simplement des goîtreux et des crétins.

M. de Rochas discute ces diverses opinions. Il n'a pas de peine à démontrer leur peu de fondement ou leur invraisemblance. L'hypothèse d'une descendance des Albigeois se réfute d'elle-même : on a des preuves historiques de l'existence des Cagots un siècle au moins avant l'hérésie des Albigeois. L'origine gothique ne s'appuie sur aucun texte : elle n'a pour base matérielle qu'une étymologie ridicule dont nous reparlerons tout à l'heure; elle est contredite par tous les caractères ethnographiques, et entre autres par le fait certain que, loin d'être une flétrissure, l'origine gothique était un titre d'honneur pour les populations pyrénéennes. L'hypothèse sarrasine est encore moins soutenable; aucun témoignage historique ne peut être invoqué en sa faveur; elle se heurte à de graves objections anthropologiques. Au surplus, M. Webster a fait remarquer que l'on ne trouve chez les Cagots aucune trace de légendes ou de traditions propres, et que rien dans leur langage n'éveille l'idée d'une origine étrangère. Aucun fait sérieux et précis ne prouve que les Cagots soient atteints de goître ou de crétinisme.

L'étymologie ne donne point non plus la confirmation de ces hypothèses. On a expliqué *cagot* par le béarnais *ca got* « chien goth », mais *cagot* est notre mot français, et le nom béarnais est *chrestiaa;* ce dernier mot a été expliqué par la *crète* en drap rouge qui distinguait ces parias de la société pyrénéenne. Cette explication est ingénieuse, mais elle tombe devant la suivante, beaucoup plus plausible. Nous avons vu que les Agotes s'appelaient aussi *Christianos,* et les Gafets *Chrestians* ou *Chrestiens :* ces deux noms ne pourraient-ils avoir la même origine que *chrestiaas*? Ils sont, au point de vue linguistique, exactement assimilables. Mais les *Gafets* (*Gahets* est la forme moderne, où *h* s'est substitué à *f*) tirent leur nom de la même racine que *gaffe,* du roman *gaf* « croc, crochet »; divers textes établissent que les *Gafets* n'étaient autre chose que des lépreux, caractérisés par la forme *crochue* de leurs mains : la lèpre amène la rétraction des muscles fléchisseurs des doigts; en espagnol, *gafo* est proprement « lépreux »; en portugais, *gaferia* est « la lèpre blanche ». Les diverses appellations des Cacous de Bretagne dérivent du bas-breton *Cacodd* « ladres », c'est-à-dire « lépreux ». *Capot* paraît se rattacher à la cape ou capote dont s'affublaient ces malheureux, qu'on appelait aussi *Cabots, Cassots,* ou *Cachots* (ces deux derniers mots de *cassatus* « séparé »). Beaucoup d'écrivains du moyen âge et du dernier siècle confondent les Cagots, Capots, Gahets sous la même accusation de « ladrerie ». Les Gahets de Bordeaux formaient au quatorzième siècle une communauté distincte, reléguée dans un faubourg et vivant exactement dans les mêmes conditions que les Chrestiaas de Bayonne; ceux-ci, cantonnés hors des remparts, n'entraient en ville que par une porte spéciale qui avait reçu le nom de « porte Saint-Lazare ». On sait que « ladre » est une forme populaire de « lazare »; les lépreux étaient jadis désignés sous les noms de *pauperes Christi* et *pauperes sancti Lazari,* en langue vulgaire « pauvres du Christ, pauvres de saint Ladre »; si, par abréviation, on a dit « les ladres » pour « les pauvres de saint Ladre », on a tout droit d'admettre que « les Chrestiaas ou Chrestians » n'est qu'une abréviation de « les pauvres du Christ, les pauvres chrétiens ».

Il y a donc de bonnes raisons pour s'en tenir à l'opinion proposée, d'ailleurs sans preuves, par Venuti, et qui fait des Cagots des descendants de lépreux. D'autres ont indiqué aussi cette origine comme possible, mais sans la démontrer davantage. Une plaquette de 16 pages, publiée à Pau en 1801, et intitulée *Préjugé vaincu,* traite, dans son deuxième chapitre, de « l'origine et progrès de l'opinion sur les ladres ou Cagots ». Les ladres sont incontestablement « les lépreux ». Les habitations des Cagots n'étaient donc que d'anciennes léproseries. On sait, en effet, que la lèpre, cette épouvantable maladie de saint Ladre[1], déjà connue en Europe, y prit un développement extraordinaire à l'époque des croisades; au treizième siècle, on comptait 19,000 léproseries ou maladreries, dont 2,000 en France. Propagée et entretenue

[1] Saint Ladre n'est autre que Lazare, celui qui, couvert d'ulcères, se trouvait à la porte du mauvais riche (Évangile de Luc, ch. XVI, v. 19-31). — *Ladre* est très-régulièrement formé de *Lazarus; Lazare* est un doublet postérieur.

par les déplorables conditions hygiéniques où vivaient la plupart des gens de cette époque, la lèpre, ce fléau incurable et d'ailleurs transmissible par l'hérédité, demeura endémique jusqu'au commencement du seizième siècle : elle décrut alors rapidement, et c'est seulement en Orient qu'il serait possible de l'étudier aujourd'hui. Celui qui écrit ces lignes a vu, dans l'Inde, un grand nombre de malheureux atteints de la lèpre; quand on a pu constater les effroyables ravages qu'elle produit dans tout l'organisme, quand on a vu ces bras et ces jambes dont les extrémités ont disparu, et ces corps couverts de taches hideuses, on comprend jusqu'à un certain point l'ostracisme rigoureux dont étaient frappés les lépreux en Europe, à une époque de superstition et d'ignorance. Une cérémonie spéciale excluait de l'Église et de la communion des fidèles le malade reconnu; réfugié dans une hutte misérable, aux abords du village, au milieu d'infortunés comme lui, il ne vivait désormais que de la charité publique et attendait avec impatience la mort libératrice, en assistant de jour en jour au spectacle de sa propre désorganisation. Exclu de la société, on fuyait son approche, on évitait avec dégoût le mendiant stigmatisé par le cape rouge réglementaire.

Bien des arguments directs appuient l'hypothèse de l'identité primitive des Cagots et des lépreux; mais cette opinion devient une certitude quand on reconnaît l'étroite analogie entre les Cagots et les Capots, Gahets et Cacous. Ils étaient également chassés du groupe social; ils ne pouvaient ni se mêler à leurs compatriotes, ni se marier en dehors de leurs compagnons de misère, ni exercer les métiers les plus honorables[1], ni sortir sans chaussures

[1] M. Paul Raymond, l'habile archiviste du département des Basses-Pyrénées, a fait voir que les Cagots ont pu, comme les Juifs, par suite de tolérances locales, exercer la médecine et même faire la banque.

et sans une marque d'infamie, ni témoigner en justice, ni porter les armes, ni payer la taille. Les uns et les autres font leur apparition dans l'histoire vers la même époque, au milieu du moyen âge. Ils sont connus sous deux désignations : l'une, inspirée par un sentiment de pitié, les place sous la protection directe du Christ; l'autre, devenue plus tard une injure, fait allusion à la redoutable maladie qui les ronge. Enfin le mot *Cagot* n'est probablement qu'un dérivé gascon de *Cacous;* on a connu les formes françaises *Cacouax, Cagueux* et *Cagous* ou *Cagoux* sous lesquelles on désignait au seizième siècle les lépreux blancs du Maine et de la Bourgogne. La lèpre blanche est une sorte d'albinisme qui paraît être, au bout d'une série de générations, l'état intermédiaire entre la lèpre véritable et la guérison complète. Ambroise Paré confond indistinctement parmi les gens de son époque attaqués de la lèpre blanche les « Cachots, Cagots et Capots » de Guyenne.

M. le docteur Cazenave de la Roche voit dans les Cagots d'anciens pellagreux; cette opinion est bien moins admissible que la précédente, quoique M. Cazenave réfute avec succès l'opinion commune qui rattache nécessairement la pellagre à l'usage immodéré du maïs dans l'alimentation.

En définitive, nous croyons que M. de Rochas a fait pleinement la lumière sur la question et que ses conclusions seraient difficilement réfutées. Nous avons résumé son intéressant mémoire, mais, à notre grand regret, nous avons dû laisser de côté bien des points importants. Le lecteur pourra lire avec fruit le livre que nous venons de prendre pour guide; certes, M. de Rochas ne rend point inutiles les ouvrages de ses prédécesseurs, mais ils les résume avec autorité, avec clarté; et, grâce à une méthode rigoureuse, il a changé des hypothèses en certitudes.

J. V.

Il nous paraît intéressant de publier la lettre ci-après, qui nous a été adressée à l'occasion de l'article qu'on vient de lire :

« Meulan, 27 août 1877.

« Monsieur,

« Voudriez-vous permettre à un de vos lecteurs d'oser vous communiquer quelques observations à propos de votre intéressant article : *les Cagots des Pyrénées,* qui a paru vendredi dernier dans la *République française ?*

« La théorie du docteur de Rochas ne me paraît pas entièrement satisfaisante. A mon avis, elle n'établit que la moitié de la vérité.

« M. de Rochas a parfaitement raison de soutenir que les Cagots étaient d'anciens lépreux. L'étymologie des mots *cagots, gafets, agots, caqueux, gésitains,* etc., indique clairement que ces malheureux avaient été primitivement atteints de la lèpre. Seule l'interprétation qu'il donne du mot *capot* me paraît douteuse : je ferais plutôt dériver ce nom du mot *capas,* grosse tête (V. le *Dictionnaire languedocien-français* de l'abbé de Sauvages). Bien des auteurs en effet s'accordent à prétendre que les Cagots avaient la tête très-grosse (F. Michel : *Races maudites,* t. I, p. 7, 89, etc.), et ce gonflement est précisément un des caractères de la lèpre. (V. Littré et Robin : *Dict. de médecine,* au mot Éléphantiasis.)

« M. de Rochas me semble encore voir juste en considérant que les Cagots n'étaient plus lépreux depuis longtemps lorsqu'ils apparaissent dans l'histoire. On achète volontiers leurs cerceaux et leurs charpentes, on les fait venir à la ville pour les employer aux travaux de construction : avec des lépreux, de telles relations auraient été évitées comme dangereuses.

« Toutefois leur condition d'anciens lépreux ne me semble

pas suffire à expliquer l'effroyable aversion que le moyen âge manifesta toujours envers eux. On reléguait les ladres dans la campagne par mesure de salubrité, mais en les plaignant plutôt qu'en les maudissant. On ne les détestait pas : des moines les soignaient, des seigneurs dotaient leurs maladreries, saint Louis les visitait, le roi Robert leur baisait les mains. Guéris, ils revenaient à la ville bien accueillis et non insultés. (Voy. le fabliau d'*Amis et Amile.*)

« Mais supposons maintenant que les Cagots aient été autrefois infectés en même temps de la lèpre et de l'hérésie, cette lèpre de l'âme : nous comprendrons à merveille la cause du mépris que le peuple vouait à ces hommes plus corrompus encore à ses yeux que les ladres chrétiens.

« Bien des raisons nous montreront la vraisemblance de cette hypothèse.

« Les Cagots sont flétris du nom de *marrons* en Auvergne. *Marrano* en espagnol signifie excommunié; mieux encore, « es el rezien convertido al christianismo y tenemos ruin « concepto del por averse convertido fingidamente » (*Tes. de la leng. castil.*, cité par F. Michel, t. II, p. 48). — Ouvrons le dictionnaire breton-français de Legonidec, au mot Kakôuz ; Kakouz : nom injurieux que les Bretons donnaient aux cordiers et aux tonneliers, qui passent parmi eux pour lépreux de père en fils comme descendants des Juifs dispersés après la ruine de Jérusalem. » — Les rouelles, les croix de draps, les pattes d'oie étaient des marques infamantes que l'on imposait aux hérétiques nouvellement convertis, mais que l'on ne songea jamais à faire porter aux ladres. Si les Cagots ont de ces signes sur leurs habits, c'est donc en souvenir de quelque hérésie abjurée. — Ils sont guéris : on les laisse donc commercer, professer la médecine, porter les armes ; cependant le dégoût qu'ils inspiraient autrefois se perpétue par une sorte d'habitude et les ordonnances rendues jadis contre eux sont encore appliquées par les magistrats qui en comprennent de moins en moins le sens. Ils se sont convertis, vont à la messe; et cependant leur ferveur semble si peu sincère que le mot *cagoterie* reste dans notre langue pour désigner une dévotion affectée.

« Il nous semble donc probable que les Cagots n'étaient autres que d'anciens lépreux hérétiques. M. de Rochas a définitivement démontré qu'ils étaient atteints de la lèpre. A d'autres — ou à lui encore, s'il le veut bien — l'honneur de prouver leur hérésie originelle.

« Veuillez agréer, monsieur, mes salutations empressées.

Raoul Rosières
(de la *Revue politique et littéraire*). »

VARIÉTÉS EUSCARIENNES

I.

Rabelais et la langue basque[1]

Le plus ancien texte basque imprimé connu se trouve dans Rabelais (ch. IX du livre II de *Pantagruel*) ; on le lit, pour la première fois, dans l'édition de F. Juste (Lyon, 1542). Toutefois, on peut voir encore deux mots basques, dont l'interprétation ne saurait soulever la moindre difficulté, au chap. V du livre Ier de *Gargantua : lagona edatera*, que tout le monde traduira au premier abord « camarade, à boire ! » L'orthographe *lagona* pour *laguna* n'arrêtera personne.

L'autre passage est beaucoup plus difficile à comprendre. Voici comment il est amené :

Pantagruel, menant vers l'abbaye Saint-Antoine, et devisant avec ses gens, rencontre, comme on sait, Panurge, sous la forme d'un homme « beau de stature et élégant en tout lineamens de corps, mais pitoyablement navré ». Il s'arrête et l'interpelle amicalement ; l'étranger, avant de lui répondre en français, lui parle successivement en allemand, en arabe, en italien, en anglais, en *basque*, en hollandais, en espagnol, en danois, en hébreu, en grec, en bas-breton et en latin. Tous ces discours se résument en compliments accompa-

[1] L'*Impartial des Pyrénées et des Landes*, n° du 8 novembre 1872.

gnés d'une demande pressante de nourriture. Le texte basque est ainsi conçu :

« Jona andie guaussa goussy etan beharda er remedio; beharde versela ysser landa. Anbat es otoy y es nausu ey nessassust gourray proposian ordine den. Nonyssena bayta facheria egabe gen herassy badia sedassu noura assia. Aran hondavan gualde cydassu naydassuna. Estou oussyc eg vinan soury hien er dastura eguy harm Genicoa plasar vadu ? »

Il y a là de graves altérations dues tant à l'ignorance des copistes qu'à celle des compositeurs; aussi certains membres de phrase sont-ils de prime abord tout à fait inintelligibles, mais d'autres, au contraire, se comprennent à première vue. Il faut donc écarter immédiatement l'hypothèse d'un état archaïque de la langue : d'ailleurs les poésies de Dechepare, imprimées en 1545, sont parfaitement et toujours compréhensibles, même pour le Basque le moins lettré.

La restitution de ce passage a été tentée pour la première fois dans le *Mercure de France* (n° 661, t. IX, p. 129-143 : *Aperçu sur le peuple basque*, par M. de la Chabeaussière junior) en juillet 1814; l'interprétation en fut de nouveau essayée par Lécluse, en 1826. Le célèbre helléniste, auteur d'un bon *Manuel de la langue basque*, a donné de ce passage une traduction « due à l'aimable complaisance d'un Labourdain et d'un Souletain » dans son *Examen critique*, publié en 1826 sous le pseudonyme basque de *Lor* (Fleuri) *Urhersigarria* (l'écluse). Nous ne reproduirons pas cette restitution qui est absolument inadmissible, parce qu'elle ne donne point un sens général acceptable et parce qu'elle s'éloigne beaucoup trop du texte primitif. Il faut rejeter, pour la même raison, une restitution proposée en 1858 par M. Archu, inspecteur primaire à La Réole, et publiée par M. Gustave Brunet l'année suivante (*Notice sur les proverbes basques*, etc., Paris, Aubry, 1859, p. 12).

Mais le même M. Archu a fait, depuis, une autre restitution qui doit être admise jusqu'à nouvel ordre. Ici, aucun mot n'est intercalé et le sens général du passage est bien celui qui semble convenir le mieux à la situation. Voici cette restitution que M. Archu veut bien nous communiquer. Nous rétablissons l'orthographe primitive à l'aide des mots non altérés du texte :

J*au*n andi*a*, *ga*ussa goussietan beharda erremedio; beharde*n* vessela yss*an* lan da. Anbates oto*i*yes nausu eynessass*ut* gourray proposian or*du dena,* non yssan*en* bayta facheria gabe gen herassy badi*e*ssadassu n*e*ure assia. Ar*e*n hondaran *ga*lde *ey* dassu nayd*u*ssuna. Estou oussyc egvin*e*n soury *d*iener dastura eguyn har*rec,* Ge*nc*oac plasar vadu. »

On écrirait aujourd'hui : « Jaun handia, gauza guzietan behar da erremedio; behar den bezela (*où* bezala) izan, lan da. Hambatez,othoyez nauzü, einezazüt (egin ezazüt) güre preposian ordü dena, non izanen baita facheria gabe jinerazi badiezadazü neure hazia (asia ?). Aren hondaran, galde eidazü (egidazü) nahi düzüna. Ez du hutsik eginen zuri diener gastüra egin hark, Jinkoak plazer badü. »

Et l'on traduirait : « Grand seigneur, dans toutes les choses il faut remède; être comme il faut, (c')est (là) la peine [le difficile]. Ainsi donc, vous m'avez en prières [je vous en supplie], faites-moi ce qui est l'objet de nos propos, comme cela sera si, sans fâcherie, vous me faites venir mon rassasiement. Après quoi, demandez-moi ce que vous voudrez. Cette dépense ne fera pas de tort à vos gens, s'il plaît à Dieu. »

Le passage serait donc en basque souletin ou plutôt bas-navarrais oriental, suivant la division du prince L.-L. Bonaparte.

Sans doute, cette restitution n'est pas absolument parfaite, au moins quant à deux ou trois points. Elle est pourtant excessivement probable.

Nous accueillerons avec plaisir toutes les observations qui nous seraient adressées à ce sujet. Quant à nous, nous dirons seulement que nous préférerions lire au troisième mot *gayss* au lieu de *gaussa* (avec le même *a* explétif que dans *jona* pour *jaun*), et il y aurait alors *gaitz guzietan*, c'est-à-dire : « Grand Seigneur, dans tous les maux, etc. »

II.

Richelieu et la langue basque[1]

On ne se douterait guère que le remarquable idiome des Pyrénées occidentales ait pu attirer un seul moment l'attention du grand ministre, et l'on ne s'imaginerait point que la langue basque ait joué un rôle quelconque dans le procès du malheureux Chalais, si les pièces de ce procès ne rendaient le fait incontestable. On sait que ces curieux documents ont été publiés par La Borde, fermier général, ancien premier valet de chambre de Louis XV, à la fin du dernier siècle. Le volume est intitulé : « Pièces du procès de Henri de « Tallerand (*sic*), comte de Chalais, décapité en 1626. *Lon-* « *dres* (*Paris*), 1781. » C'est un in-12 de vj-256 p. et deux portraits qu'on trouve ordinairement joints à la « Lettre de « Marion de Lorme (*sic*) aux auteurs du journal de Paris. « *A Londres,* 1780 » (in-12 de 60 p. et 6 portraits) ; le volume est dans ce cas précédé d'un feuillet portant ce titre général : « Recueil de pièces intéressantes pour servir à l'his- « toire des règnes de Louis XIII et Louis XIV. » C'est dans cet état que sont les exemplaires que nous avons consultés, à la Bibliothèque nationale (La 28,13) et à la Bibliothèque de la ville de Bordeaux (n° 25,291). Les *Pièces* seules figu-

[1] *Bulletin du bouquiniste*, d'Aubry ; n° du 15 mars 1877.

rent (n° 242) dans le catalogue Burgaud des Marêts et se sont vendues 7 fr. le 17 mai 1873. Notre exemplaire, bien que ne contenant pas la lettre de Marion Delorme, a le titre général « Recueil, etc. »; le livre n'est pas commun.

Les phrases basques que renferme ce volume sont peu nombreuses; elles font partie d'une correspondance échangée entre le valet de chambre de Chalais et son frère. Ce dernier était libre, au service de madame de Chalais la mère, tandis que le premier partageait la captivité de son maître. Dans une lettre écrite par Chalais à Richelieu, le 14 août 1626, il s'excuse d'avoir laissé cette correspondance s'établir et donne pour raison qu'il était amoureux. Ces billets avaient été écrits sur un carnet (des tablettes, comme on disait alors) appartenant au valet de chambre de l'illustre prisonnier. Le frère du valet de chambre de Chalais, dans ses interrogatoires et confrontations des 10 et 13 août 1626, se déclare âgé de vingt et un ans ou environ, et dit se nommer Joannes de Seinich (*alias* Smity), de Saint-Pée[1]. Le domestique de Chalais s'appelait Martin[2].

Les tablettes de Martin de Seinich, confiées par lui et son frère à Denis Tournier, jeune valet de chambre de M. Lamont, exempt des Gardes du corps du roi, étaient régulièrement portées, entre chaque correspondance, à Louis XIII qui faisait copier les billets. Elles furent remises le 9 août par M. Lamont à MM. de Marillac et de Beauclerc, chargés d'instruire le procès de Chalais. On voulut se rendre compte du sens des passages basques de cette correspon-

[1] Vraisemblablement Saint-Pée-sur-Nivelle, canton de Saint-Jean-de-Luz, arrondissement de Bayonne. Les registres ecclésiastiques de l'état civil de cette commune ne remontent pas assez haut pour que j'aie pu y chercher l'acte de baptême de ce Joannes de Seinich.

[2] Suivant l'usage du temps, ces deux domestiques portent aussi, dans toutes les pièces, le nom de Basque. On disait ainsi Comtois, Picard, etc.

dance. Faute d'un meilleur interprète, on les fit traduire au fur et à mesure par un nommé Étienne de Fosses, natif de Bayonne, homme de chambre du marquis d'Effiat. La Borde a eu la bonne idée de joindre le texte basque à la traduction de de Fosses, dont on peut ainsi constater l'inexactitude ou plutôt l'insuffisance. Les erreurs sont peut-être imputables après tout à la défectuosité de l'écriture et à l'irrégularité de l'orthographe.

Le premier passage se lit à la p. 68 des *Pièces* (lignes 6 à 15). C'est le commencement d'une lettre datée du 30 juillet 1626. Il est ainsi conçu : *Anaya igorico daranat goutum bat jaunac eman, baytaram galecody Gotaxeo baten. bare nean erta eman behardioc jaunac maite duen endreary à dixem espalimbadu andreorq haxa duc edo Pierres hauensen hararena duc gueue andre partexen den e quuen edo Indoan eman behar dioc eta erandioc gure andreac agorten diola. Eta badela serbait barnean othoy ni hore estesala iqus*[1]. Ce que de Fosses a traduit : « Frère, je t'envoie une lettre que mon Maistre m'a donnée à ce soir ; il y a assez de vœux là dedans ; il faut que tu la donnes à la Dame que Monsieur aime. Si cette Dame ne l'entend point tu as hasté ou bien Pierre (*haxa duc edo..... duc*). Car que la Dame demeure ou qu'elle parte, aussitost il faut que tu lui donnes et lui dis que nostre Maistresse la lui envoye et qu'il y a quelque chose dedans qu'elle la prie quelque personne ne voie » (p. 66, l. 10-20).

Pas plus que de Fosses, je ne comprends le passage *haxa.... hararena duc*; mais tout le reste me paraît très-clair. Le texte doit être ainsi corrigé des erreurs de copie ou d'impression (je conserve l'orthographe primitive) : *Anaya*

[1] Il paraîtrait qu'une autre lettre contenait des passages en basque, car, dans son interrogatoire, de Fosses dit avoir tout compris, sauf le mot *halamilla*. Cette lettre était la réponse de Joannes ; elle est datée du 4 août. On ne la donne qu'en français.

igorico darauat gutumbat, Jaunac eman baytarait. Gordeco duq botaxco[1] *baten barnean eta eman behar dioc Jaunac maite duen andreary. Adixen espalimbadu andreorq haxa... duc. Gueure Andrea partixen den egunean edo ondoan, eman behar dioc, eta eran dioc gure andreac egorten diola, eta badela serbeit barnean othoy nihorc estesala iqus.* Et je traduis : « Frère, je t'enverrai une lettre que Monsieur m'a donnée. Elle sera cachée dans une petite boîte et tu as besoin de la donner à la Dame que Monsieur aime. Si cette Dame ne l'entend point..... Tu as besoin de la lui donner le jour où notre Dame (Madame Chalais la mère) partira ou après, et tu lui diras que notre Dame la lui envoie et qu'il y a quelque chose dedans qu'elle la prie que personne ne voie[2]. »

A la p. 109, l. 10-12, est un court billet adressé, au contraire, du dehors au valet de Chalais et ainsi conçu : *Croc t gaunant es tuela beldur aren Grauogni darela a la fede eta ne semlan h arem birictria naicella.* Cette phrase des tablettes est ainsi rendue sur un papier séparé saisi avec elles : « Dis à Monsieur qu'il n'aye pas peur, que ses affaires sont bravement par ma foi et que *in semlan* jamais ; elle veut de ses nouvelles. » La traduction est exacte, sauf pour les derniers mots, qui signifient : « et que moi je suis pour toujours son serviteur »[3]. Je rétablis ainsi le texte for-

[1] C'est ce que de Fosses a compris : « assez de vœux », *botu, asco*, qu'on prononçait sans doute *botasco*, avec élision de l'*u*.

[2] Un philologue remarquerait, dans ce texte, le tutoiement, l'emploi pour « lettre » du mot *gutun* (oublié aujourd'hui, au moins dans ce sens) et l'usage des formes verbales en *r* (*daraut, darauat*) actuellement inconnues au labourdin, qui est le dialecte basque parlé à Saint-Pée-sur-Nivelle.

[3] Le traducteur a fait encore une confusion auriculaire, si je peux m'exprimer ainsi ; il n'a pas compris *bereterra* et l'a pris pour *berriaren* « de la nouvelle », et il a lu ensuite : *nahi cela* « qu'elle était voulant, qu'elle voulait ou voudrait » en deux mots, au lieu de *naicela* « que je suis » en un seul. Il semblerait

tement altéré : *Eroc Jaunari estuela beldur, haren Gauçac ongui direla ala fede, ela ni seculan haren bereterra naicella* [1].

A la p. 67, l. 6, on lit trois mots inexplicables : « J'enverrai ce garson, *esquaquyo galaat dieuson* », et à la p. 70, l. 7, on trouve cette phrase : « Vous avez parlé à *Orquaxary* », que Johannes explique être Madame de Chevreuse : *Orkhatzari,* comme on écrirait aujourd'hui, est le datif d'*Orkhatza* « le chevreuil ». Les domestiques de Chalais jouaient ingénieusement sur le sens du mot.

Tels sont les passages de ce petit volume sur lesquels je voulais attirer l'attention. J'aurais voulu rechercher si les documents originaux existent encore, et, s'ils sont conservés aux Archives nationales, collationner les phrases basques estropiées par les copistes de La Borde; il aurait été curieux aussi de voir si d'autres phrases en cette langue se trouvent dans la même correspondance. Mais ne pouvant m'occuper encore de cette recherche et de cette vérification, j'ai cru pouvoir publier néanmoins ces notes, sauf à les reprendre et à les compléter plus tard. Mes lecteurs voudront bien excuser leur imperfection.....

III.

Un vieux texte basque [2]

La famille des Poisson a occupé un rang distingué et joué un rôle assez important, paraît-il, dans l'histoire de la

pourtant d'après les dépositions de Johannes, que la phrase française (sur le papier séparé) serait le texte primitif, dicté par Mme de Chalais, pour être mis par lui en basque sur les tablettes.

[1] C'est à M. l'abbé Inchauspe que je dois l'explication de *birictria* par *bereterra*.

[2] *L'Impartial des Pyrénées*, n° du 5 juin 1873.

comédie française. Quatre Poisson ont successivement paru sur la scène depuis le dix-septième siècle jusqu'au milieu du dix-huitième. Le dernier, François, a même composé dix comédies, à l'exemple de son grand père, Raimond, dont les ouvrages étaient fort estimés de son temps, et qui mourut en 1690.

C'est de ce Raimond que nous avons à parler ici. Il a écrit un certain nombre de pièces de théâtre qui, publiées sous le titre de : *les œuvres de M. Poisson,* ont eu plusieurs éditions, en 1679 et en 1681 (chez Jean Ribou, 2 vol. in-12), en 1743 (Compagnie des libraires associés, 2 vol. in-12). Parmi ces pièces, on en trouve une qui offre un intérêt particulier; c'est une comédie intitulée : *le Poète basque :* elle renferme un passage en langue euscarienne qui peut se lire aux pages 201-202 des premières éditions que nous venons de citer et à la page 237 de la seconde.

Cette comédie est, en elle-même, assez médiocre et de fond et de forme; on ne peut guère en saisir le but et la portée. Il s'agit d'un certain bachelier (en théologie), André Dominique Jouanchaye, natif de la ville d'Ordogna (Orduña) en Biscaye, qui, fier des éloges que lui a valus dans son pays son talent poétique, veut aborder la scène française. Mais il a une théorie particulière, fort économique, du reste, pour les directeurs de théâtres de province : il veut que le nombre des acteurs soit très-réduit, chacun jouant à l'aide de travestissements successifs plusieurs rôles à la fois. Et, pour justifier son dire, il va lui-même jouer ses pièces, aidé seulement par son laquais, Bidache, et par son « apprentif poëte » (*sic*), Godenesche (évidemment pour Goyeneche, Goiheneche ou Goihenetche).

La comédie s'ouvre par un dialogue entre deux acteurs, M. de Hauteroche et Mlle Poisson, qui se moquent à l'envi du « poète basque » dont ils attendent la visite et que le portier du théâtre a ordre de recevoir de la belle manière.

Survient le baron de Calazious, un Gascon pur sang, amoureux d'une actrice, et que M. de Hauteroche et Mlle Poisson laissent en présence du poète lorsque celui-ci, forçant la consigne, fait son entrée, d'assez mauvaise humeur, suivi de ses deux acolytes fort dépités aussi.

Nous reproduisons, aussi exactement que possible, le texte même des premières éditions, mais nous indiquons en note les variantes de la seconde :

SCÈNE IV.

Le poète, Bidache, Godenesche, le Baron.

LE POÈTE.

Bidache, ago qui belean.

BIDACHE.

Non best i tu conaïs.

LE POÈTE.

Choco batean carsadi.

BIDACHE.

Ah[1] arrata besa la nouté, eta estaqui équité coua.

GODENESCHE.

Broutala, da bortal caina.

LE POÈTE.

Erran derean[2] cerbait gavea.

GODENECHE.

Eleina emenderaut[3] biga edo hirour on soufflet
Eta son bait ostico.

LE BARON.

Comment ! ils parlent vasque, ah ! le plaisant auteur.

[1] 2e éd. — ab...
[2] 2e éd. — dereau...
[3] 2e éd. — emendaraut...

La restitution des quatre premières lignes n'offre manifestement aucune difficulté. Il n'en serait pas de même des quatre dernières, si Poisson n'avait pris la peine de les traduire lui-même en français. La scène en effet se continue ainsi :

LE BARON.

S'ils ne parlent françois, je suis leur serbiteur.

LE POÈTE.

Il vouloit m'insulter.

LE BARON.

Ah ! j'entends.

LE POÈTE.

Et sans cause ?

GODENESCHE.

C'est un brutal portier.

LE POÈTE.

T'a-t-il dit quelque chose ?

GODENESGHE.

Non, mais il m'a donné deux ou trois bons soufflets
Et quelques coups de pied (*sic*)...

Les huit lignes basques doivent donc être lues ainsi qu'il suit (orthographe ancienne) : Bidache, ago guibelean. — Non bestitouco naïs ? — Choco batean cassadi. — Ai ! arrata besala nouté, eta estaquit eguitecoua. — Broutala da bortalçaina. — Erran derauc cerbait gauça ? — Es beina eman deraut bia edo hirour on soufflet eta sombait ostico.

C'est donc du labourdin ou plutôt du bas-navarrais occidental et l'on devra traduire : « Bidache, reste derrière. — Où m'habillerai-je ? — Cache-toi dans un coin. — Ah ! ils m'ont comme le rat [ils me prennent pour un rat] et je ne sais ce qu'il y a à faire. — Le portier est brutal. — T'a-t-il dit quelque chose? — Non, mais il m'a donné deux ou trois bons soufflets et quelques coups de pied. »

Ajoutons, pour terminer, que le basque de ces passages n'est pas pur et qu'il a dû être écrit à Paris, peut-être par Poisson lui-même, sous la dictée probablement d'un domestique originaire du pays basque mais qui l'avait quitté depuis longtemps. On sait que les domestiques basques étaient alors assez communs, témoin le nom de Basque qui figure, comme étant celui d'un valet quelconque, dans beaucoup de lettres, romans ou pièces de théâtre des deux derniers siècles.

Ce fragment basque était déjà connu, puisque M. Burgaud des Marêts, dont on vient de vendre la bibliothèque, l'avait fait réimprimer en 1856 à *deux* exemplaires seulement, sur papier vert. L'un de ces deux exemplaires est dans la bibliothèque du prince L. L. Bonaparte, à Londres (voir les numéros 244 et 245 du catalogue Burgaud des Marêts); l'autre s'est vendu 2 fr. le 17 mai 1873.

IV.

Les dérivés du mot pierre en basque[1]

On trouve dans la langue basque trois mots fort intéressants au point de vue archéologique. Ce sont les noms de la hache, *aizkora* ou *haizkora;* de la pioche, *aitzurra;* et du couteau, *aiztto*. Les savants du pays les expliquent de la façon suivante :

[1] L'*Impartial des Pyrénées*, n° du 10 mai 1873.

1° *Aitz* « pierre dure (silex) », et *gora* « en haut », devenu euphoniquement *kora* après le *tz* affaibli en *z;*

2° *Aitz*, et *urra* « déchirer » ;

3° *Aitz*, et *tto* diminutive.

Le sens primitif de ces trois mots serait donc : « pierre élevée *sur un manche* », « pierre qui déchire », et « petite pierre ». Il faut remarquer, à ce propos, la tournure sémitique, habituelle au basque, qui place le déterminant *après* le déterminé.

Quoique nous soyons très-peu partisan des étymologies proposées par les Basques, qui ont la déplorable manie de passer leurs journées à en inventer, torturant à plaisir de pauvres mots qui n'en peuvent mais, nous estimons qu'ici ils ont raison, au moins en un point. Les trois mots cités ci-dessus peuvent fort bien être dérivés de *aitz* ou *haitz* « rocher ».

Il paraît, du reste, que cette découverte n'est pas le fait d'un Basque, mais bien celui d'un habile philologue, l'homme du monde qui sait le mieux et le plus à fond la langue euscarienne, le prince L. L. Bonaparte.

Cependant, dès 1847, M. Baudrimont, dans son *Histoire des Escualdunais primitifs,* indiquait *aizcora* comme dérivé de *aitza* « la pierre ». — L'*a* final est l'article basque.

De nos jours, le mot *aitz* s'est conservé avec son sens primitif dans les dialectes espagnols seulement : les Guipuzcoans disent, sous cette forme, *aitz* « la peña » ; les Biscayens, avec le même sens, varient ce mot en *atch, aitch.* Comme les dialectes français, à l'inverse de ceux d'Espagne, ont gardé les aspirations initiales, ils devraient avoir pour « rocher » le même mot sous la forme *haitz,* puisqu'ils écrivent *haizkora :* or, en fait, ce mot n'existe pas.

Mais son existence passée nous est révélée notamment par le proverbe *emaitzak hausten tu* HAITZAC, cité, en 1657, par Oihenart, qui traduit : « Les présents brisent *les rocs.* »

V.

Saint-Palais [1]

Il n'est pas de question plus intéressante, plus importante et plus difficile à résoudre que celle de l'origine et de l'histoire des noms de lieux du pays basque. L'étude de la toponymie euscarienne est certainement appelée à rendre de grands services à la linguistique en lui révélant bien des formes dérivées, bien des permutations phonétiques encore méconnues.

Un des points les plus dignes d'attention sera certainement la recherche et la restitution des noms originaux remplacés par des noms de saints, vraisemblablement pendant l'effervescence religieuse du moyen âge. Ainsi des documents historiques nous apprennent que le village actuel de *Saint-Pée-sur-Nivelle* s'est appelé longtemps *Saint-Pée-d'Ivarren* (pr. *Ibarren* ou *Ibarron :* un des quartiers actuels de la commune porte encore ce dernier nom), après avoir longtemps été connu sous la seule désignation d'*Ivarren*. Ces substitutions de noms de saints aux appellations toponymiques primitives proviennent le plus souvent de la construction d'une église sous tel ou tel vocable, pour employer l'expression reçue. Malgré la forme basque *Sempere*, il est établi, pour l'exemple que nous venons de citer, que le saint Pée en question n'est autre que l'apôtre Pierre : la fête du village se célèbre le 29 juin, et les chartes latines disent toujours *Sanctus Petrus de Ivarren*.

Mais nous venons de faire usage de deux moyens d'information qui font souvent défaut, soit parce qu'il y a des

[1] L'*Impartial des Pyrénées* du 31 août 1873.

exemples de changements plus ou moins récents de « vocables », soit parce que souvent les noms primitifs sont restés dans l'usage courant (p. ex. à Urrugne, appelé dans les documents des XIIIe et XIVe siècles *S. Vicentius de Urruina*), soit enfin parce que le changement a eu lieu en dehors de toute influence religieuse.

Parmi les localités les plus importantes du pays basque français qui portent des noms de saints catholiques, il faut citer la ville de *Saint-Palais,* dans l'ancienne Basse-Navarre. Elle s'appelle en basque *Dona Phaleu.* Les écrits latins, espagnols et gascons du XVe siècle la nomment *Sent Palay, Sent Palays, Sant Pelay, San Pelay.* Quel est le saint dont il s'agit ici?

Le mot basque *phaleu* ne saurait fournir aucun renseignement; il en est tout autrement de la désignation latine de *Sanctus Pelagius Garrucium* reproduite notamment par Oihenart (*Notitia*, p. 402 des deux éditions). Mais quel est ce Pélage et à quelle occasion son nom a-t-il été donné à la ville qui nous occupe?

On lit à ce propos dans Moret (*Congresiones apologeticas*, p. 422): « La fortaleza heroica del santo niño Pelayo en tanta terneza de años havia derramado yá la forma de su ilustre martyrio y veneracion de sus reliquias, sin las quales no se daba entonces el titulo de advocacion á los templos.... Y en quanto podemos entender, la devocion al Martyr dió por aquellos tiempos ó muy cercanos el nombre de San Pelay á la noble villa assi llamada en Navarra la baxa, con ocasion de alguna restauracion ó augmento. » Ainsi, pour Moret, il est probable que le nom de *Saint-Palais* est une corruption de « Saint-Pélage », en espagnol *Pelayo.*

Le même auteur nous raconte (même vol., page 383) l'histoire de ce Pélage. En l'an 920 de notre ère, Abdérame, prince maure, vainquit à Valdejunquera l'armée chrétienne et fit prisonnier Hermoigius, évêque de Tuyd, qu'il emmena à Cordoue. L'évêque obtint cependant sa liberté pour aller négocier un échange de prisonniers, mais il dut laisser en otage son neveu, fils de sa sœur, Pélage, qui fut tué par ordre d'Abdérame, le 26 juin 925, à l'âge de dix ans. Cet acte paraît avoir vivement impressionné le monde chrétien de l'époque; Pélage fut canonisé et sa réputation s'étendit dans toute l'Europe : une religieuse d'Allemagne, Rohsvitha, composa même un poème en son honneur. Ce poème, avec d'autres pièces de même genre, est reproduit dans le recueil célèbre des Bollandistes (journée du 26 juin).

Quoi qu'il en soit, il est certain que, vers les onzième et douzième siècles, on comptait en Espagne beaucoup d'églises ou de monastères sous le « vocable » de Pélage, tantôt seul, tantôt réuni à d'autres saints, comme le couvent « de Saint-Jean et de Saint-Pélage » d'Oviédo, où le cadavre, plus ou moins authentique, du « martyr » fut transporté en 999 par l'évêque de Léon. Ces « reliques » avaient été rendues à cet évêque par Abdérame, à la prière de son ami Sanche de Navarre. Rien ne s'oppose donc formellement et *a priori* à ce que l'hypothèse de Moret soit regardée comme vraisemblablement conforme à la réalité des faits.

Les notes qui précèdent ont été rédigées, il y a plus de deux années, à la prière de feu M. Edgar Daguenet, substitut du procureur de la République à Bayonne, que cette question préoccupait beaucoup. Elles nous sont tombées sous la main, il y a quelques jours, pendant une recherche dans des papiers mis en réserve, et il nous a paru, malgré le peu d'importance du sujet, qu'il y avait pour nous une sorte de devoir à les publier, comme un dernier hommage à une jeune intelligence prématurément éteinte.

VI.

Anciens documents sur Bayonne et le pays basque[1]

On sait que le plus ancien document écrit où se trouve un témoignage certain de l'existence de la langue basque est un livre de Marinæus Siculus, imprimé à Alcalà de Hénarès en 1530, et qui traite *de las cosas memorables de España*. Un court passage de ce volume est consacré à la langue basque, dont quelques mots, empruntés au dialecte de la Biscaye, sont cités. Il m'a paru intéressant de rechercher et d'étudier quelques récits de voyage de cette époque, afin de saisir, s'il est possible, la pensée des hommes du temps sur ce curieux pays et sur son remarquable idiome.

M. Dulaurens, notre savant archiviste, l'habile collaborateur et le digne continuateur du regretté M. Balasque, m'a signalé deux textes dont je dois parler en premier lieu.

Dans les *Archives curieuses de l'histoire de France*, publiées en 1835 par Cimber et Danjou, on trouve (tome II de la première série) la reproduction d'un manuscrit conservé à la Bibliothèque nationale, à Paris, sous le n° 9902, et qui est intitulé : *La prinse et delivrance du roi* (François Ier), par Sébastien Moreau, de Villefranche en Beaujolais. Ce récit, assez minutieux, a dû être composé de 1524 à 1530. Après avoir raconté que le roi traversa la Rantière (Renteria), Fontarabie, Andaye, Moreau s'étend sur le séjour du roi à Sainct-Jehan-de-Luz. « Il n'eust faute, » dit-il, « de vivres en quelque manière que ce fust, mais en

[1] L'*Avenir des Pyrénées* des 10, 17 et 31 octobre 1876.

grant abondance, mesmement de pain; parce que les filles du païs, autrement appellées en basque *statuas*, portèrent jour et nuict, des villaiges du païs de Labour, qui se nomme Basque, du pain et autres choses, comme poyres, pommes et autres fruyctaiges, aussi du foing et de la paille, sur leurs testes. Je ne saiche guères païs où les filles prennent plus de peyne qu'elles font là, et davantage ne faillent à aller de six ou sept grans lieues loing audict Bayonne ung jour de la sepmaine et du marché qui est le jeudi, achepter du bled et le portent sur leurs testes. Pareillement, en caresme, les dictes filles des villaiges près dudict Bayonne, sur la marine, nommés Sainct-Jehan de Luz, Gatary, Bidare, Bieris et autres villaiges, tous les jours portent sardines et autres poissons, selon la saison, audict Bayonne pour vendre. »

Moreau fait un grand éloge de Saint-Jean-de-Luz, où il était descendu, « à l'hôtel de l'Étoile, sur les sables », mais en ajoutant cette réflexion philosophique : « Toutefois, après tout dire, il n'y a que Paris. »

On aura remarqué dans le passage précédent le mot *statua*, qui est dit être le nom distinctif des filles du pays. C'est une représentation évidente du mot *neskatua*, qui a principalement aujourd'hui le sens plus restreint de « servante ». Dans un autre endroit, il est question du *bayle* de Saint-Jean-de-Luz; on sait que c'était là le nom officiel du maire de cette localité, tandis que les autres communes du Labourd étaient gouvernées par des *abbés* (d'où les noms basques *auzaphez*, *baldarnaphez*) : le maire de Saint-Jean s'appelle encore aujourd'hui en basque *yaun baillia* « monsieur le bayle ».

J'ai encore deux citations à faire : la première est relative au costume des femmes du pays; je la recommande à toute l'attention de nos lecteurs, parce que c'est une question sur laquelle j'aurai à revenir. Moreau parle expressément « des grant cornes qu'elles ont sur la tête ». Une autre remarque de l'historiographe, qui n'a pas absolument cessé d'être vraie, est que « le pavé du dict Bayonne est fort mauvais et dangereux ».

Le second texte, dont je dois la connaissance à l'amabilité de M. Dulaurens, est le *Voyage de Charles IX en France,* par Abel Jouan, un de ses serviteurs, qui fait partie de la collection, *Pièces fugitives pour servir à l'histoire de France,* 3 vol. in-4°, 1759. Il y est dit notamment que, le 3 juin 1564, le roi s'embarqua « sur le fleuve du Gave, qui passe au pied de Bayonne pour aller dîner à La Honsse, une petite abbaye cachée en un bois ». Le 14 juin, Charles IX alla recevoir « la reine d'Espaigne jusques au dernier pas de son royaume, à un lieu appelé Endaye ou Boyvie ». C'est de ce mot *pas* que Béhobie a tiré le nom de *Pausu,* qu'elle a seul conservé en basque.

Le passage suivant du récit de Jouan n'est pas moins curieux : « Le roi séjourna huit jours (du 3 au 10 juillet) à Sainct-Jehan de Luz, pendant lequel il prit plaisir à se faire promener à la mer dans des barques, et à voir danser les filles à la mode du Basque, qui sont toutes tondues, celles qui ne sont poinct mariées, et ont toutes chacune un tabourin faict en manière de crible, auquel y a force sonnettes, et dansent une danse qu'ils appellent *les Canadelles* et l'autre *le Bendel.* » J'appelle l'attention sur ces deux noms que je ne saurais, pour ma part, expliquer.

En 1691, parut à Paris, chez Claude Barbin, libraire « au Palais, sur le second perron de la Sainte-Chapelle », un ouvrage anonyme, en trois petits volumes in-18, intitulé *Relation du voyage d'Espagne.* Il eut un certain succès dans le beau monde, et il le méritait à la fois par l'intérêt du récit, les qualités incontestables du style, la position enfin de son auteur, dont le nom ne fut pas longtemps un mystère. Mme d'Aulnoy, plus connue de nos jours par ses *Contes* (l'*Oiseau bleu*, entre autres, est un des plus répandus), avait en effet exécuté récemment un grand voyage au delà des Pyrénées, et c'est elle qui en rendait compte avec son talent habituel ; elle y a inséré des histoires amoureuses assez invraisemblables, mais qui n'empêchent pas le reste du volume d'offrir le plus grand intérêt. On y trouve une grande abondance de détails dont on n'a généralement pas contesté l'exactitude. — Une réimpression de cette *Relation*, faite tout récemment à Paris, a été sur-le-champ traduite en anglais, et, grâce aux événements qui s'accomplissaient en Espagne, l'ouvrage paraît avoir été tout à fait du goût de nos voisins.

Le voyage de Mme d'Aulnoy eut lieu au commencement de 1679 ; on n'allait point alors de Paris à Madrid en trente-six heures, comme aujourd'hui. C'est pourquoi notre voyageuse, obligée de faire venir des litières de Saint-Sébastien, dut s'arrêter à Bayonne, où elle vint, dit-elle, « de d'Axe, par eau ». En attendant ces litières, elle se fit présenter « quelques jolies femmes » de la ville, où c'était alors la coutume que « les gens du païs allassent faire la première visite aux étrangers ».

Les Bayonnaises de 1679 étaient belles, mais parlaient gascon ; « elles commencent là », dit Mme d'Aulnoy, « de se ressentir des ardeurs du soleil : leur teint est un peu brun ; elles ont les yeux brillans ; elles sont aimables et caressantes ; leur esprit est vif ; et je vous rendrois mieux raison de leur enjouement, si j'eusse entendu ce qu'elles disoient ; ce n'est pas qu'elles ne sçachent toutes parler françois : mais elles ont tant d'habitude au langage de leur Province, qu'elles ne peuvent le quitter ; et comme je ne le sçay point, elles faisoient entre elles d'assez longues conversations où je n'entendois rien. »

Ces dames avaient d'ailleurs une autre mode, qui semble fort bizarre à Mme d'Aulnoy : « Quelques-unes qui vinrent me voir, » ajoute-t-elle, « avaient un petit cochon de lait sous le bras, comme nous portons nos petits chiens ; il est vray qu'ils étaient fort décrassés, et qu'il y en avait plusieurs avec des colliers de rubans de différentes couleurs... Il fallut, lors qu'elles dansèrent, laisser aller dans la chambre ces vilains animaux, et ils y firent plus de bruit que des lutins. » Mme d'Aulnoy décrit une danse assez étrange que je voudrais pouvoir décrire à mon tour, si l'espace ne me manquait. Après le bal, on servit « de très-belles confitures seiches ; ce sont des Juifs qui passent pour Portugais et qui demeurent à Bayonne qui les font venir de Gennes ».

Un peu plus loin, notre voyageuse raconte que Bayonne « est un Païs admirable pour la bonne chère ; tout y est en abondance et à très grand marché » ; que l'on ne peut voir « de Linge plus beau que celui qu'on fait en ce païs... dont la toile est faite d'un fil plus fin que les cheveux » ; qu'à Bayonne « on a de la voix naturellement, et qu'il n'y manque que de bons maîtres » ; enfin que les dames de Bayonne « aiment passionnément les rubans et en mettent quantité sur leurs têtes et à leurs oreilles ».

Elle partit pour Madrid avec deux litières, quatre mules pour ses gens et deux pour ses bagages, huit guides et huit conducteurs. Elle quitta Bayonne « par la porte Saint-Antoine » (porte d'Espagne), entra dans une campagne stérile où elle ne vit que des châtaigniers, et longeant la mer, sur le sable, arriva d'assez bonne heure à Saint-Jean-de-Luz : « Il ne se peut rien voir de plus joly, » dit-elle, c'est le plus grand Bourg de France et le mieux bâti. » On y mangeait fort bien, mais les lits, sans matelas, y étaient garnis avec des plumes de coq.

De Saint-Jean, par le château d'Artois (Urtubie), qui lui parut « assez fort », elle alla à Iron, en traversant « Orognes où l'on ne parle que Biscayen ». Elle passa la Bidassoa en bateau, ayant à sa droite l'île de la Conférence et laissant à sa gauche les montagnes de « Béotie »; à un quart de lieue de la rivière était le bourg du Tran (?) qui précède Iron d'un autre quart de lieue.

Le lendemain, elle alla à Saint-Sébastien par Rentery et ce que nous appelons aujourd'hui Passages. Elle traversa ce bras de mer sur les fameux bateaux conduits par des filles « admirables » qui lui firent un discours commençant par *andria* (« madame »). Je demande la permission de citer ici textuellement :

« Ces filles sont grandes, leur taille est fine, le teint bruni, les dents admirables, les cheveux noirs et lustrez comme du geais; elles les nattent et les laissent tomber sur leurs epaules, avec quelques rubans qui les attachent; elles ont sur la tête un espèce de petit voile de mousseline brodée de fleur d'or et de soye qui voltige et qui couvre la gorge; elles portent des pendans d'oreilles d'or et de perles, et des colliers de corail; elles ont des espèces de just'aucorps comme nos Bohémiennes, dont les manches sont fort serrées. Je vous asseure qu'elles me charmèrent. L'on me dit que ces filles au pied-marin nâgeoient comme des poissons, et qu'elles ne souffroient entre elles ni femmes ni hommes; c'est une espèce de petite république où elles viennent de tous côtés et leurs parens les y envoyent jeunes.

« Quand elles veulent se marier, elles vont à la Messe à Fontarabie; c'est la ville la plus proche du lieu qu'elles habitent, et c'est là que les jeunes gens se viennent choisir une femme à leur gré; celuy qui veut s'engager dans l'Himenée, va chez les parens de sa maîtresse leur déclarer ses sentimens, régler tout avec eux; et cela étant fait, on en donne avis à la fille; si elle en est consente, elle se retire chez eux où les noces se font.

« Je n'ai jamais vu un plus grand air de gayeté, que celui

qui paroît sur leurs visages; elles ont de petites maisonnettes qui sont le long du rivage et elles sont sous de vieilles filles auxquelles elles obeyssent comme si elles étoient leurs mères. »

J'emprunte à Mme d'Aulnoy un dernier extrait relatif au pays et à la langue basques : « Ce païs, appellé la Biscaye, est plein de hautes montagnes, où l'on trouve beaucoup de mines de fer. Les Biscayens grimpent sur les Rochers aussi vite et avec autant de légèreté que feroit un cerf. Leur langue (si l'on peut appeler langue un tel baragouin) est si pauvre qu'un mot signifie plusieurs choses. Il n'y a que les naturels du païs qui la puissent entendre; et l'on m'a dit qu'afin qu'elle leur soit particulière, ils ne s'en servent pas pour écrire; ils font apprendre à leurs enfans à lire et à écrire en Françoys ou en Espagnol, selon le Roy duquel ils sont sujets. »

J'en demande bien pardon à mes lecteurs, mais je vais pour cette fois encore mettre leur patience à une assez rude épreuve en leur faisant subir deux ou trois morceaux de vieux français qui ne les intéresseront que médiocrement peut-être; mais, outre que c'est la dernière fois que j'abuse de leur complaisance, plusieurs personnes m'ont prié de faire encore un article sur ces vieux sujets. On m'a rappelé que j'ai promis de parler du costume des femmes du pays; on m'a prié de citer, si ce n'était pas trop long, la description que fait Mme d'Aulnoy de la danse élégante bayonnaise au XVIIe siècle.

En ce qui touche le costume des femmes, le seul auteur que j'appellerai pour aujourd'hui à mon aide est ce fameux de Lancre dont j'ai déjà largement usé, il y a deux mois, à propos de la sorcellerie dans le Labourd. Dans son *Tableau de l'inconstance des mauvais anges,* écrit en 1609, le pieux conseiller au parlement de Bordeaux s'exprime ainsi qu'il suit :

« La coeffure des femmes de qualité à Bayonne, et les toiles pendantes avec leurs ouvrages qui paroissent au dessoubs accompagnées de fraizes, et pieces ouvrees qu'elles portent sur la poitrine, sont fort honnestes, mais penibles et de grand labeur et despense. Elles m'ont confessé qu'il y faut la moitié du jour pour les bien blanchir, accommoder et agencer. Mais, parmi les filles et femmes du commun, y comprenant Bayonne, comme ville capitale dont tout le reste puize l'exemple, aucunes sont tondues sauf les extremitez qui sont à longs poils, d'autres un peu plus relevées, sont à tout leur poil couvrant à demy les jouës, leurs cheveux voletant sur les épaules, et accompagnant les yeux de quelque façon, qu'elles semblent beaucoup plus belles en cette naïveté et ont plus d'attraict que si on les voyoit à champ ouvert. Elles sont dans cette belle chevelure tellement à leur advantage, et si fortement armees, que le soleil jetant ses rayons sur cette touffe de cheveux comme dans une nuee, l'esclat en est aussy violent et forme d'aussi brillans esclairs qu'il fait dans le ciel, lorsqu'on voit naistre Iris, d'où vient leur fascination des yeux, aussi dangereuse en amour qu'en sortilege, bien que parmy elles porter la perruque entière soit la marque de virginité. Et pour le commun des femmes en quelques lieux, voulant faire les martiales, elles portent certains tourions ou morrions indecens, et d'une forme si peu seante, qu'on diroit que c'est plus tôt l'armet de Priape que celui du Dieu Mars ; leur coeffure semble tesmoigner leur desir, car les veufves portent le morrion sans creste pour marquer que le masle leur deffault. Et en Labourt les femmes monstrent leur derriere tellement que tout l'ornement de leurs cotillons plissez est derriere, et afin qu'il soit vu elles retroussent leur robbe et la mettent sur la teste et se couvrent jusqu'aux yeux. »

Quant à la danse dont le spectacle fut donné à Mme d'Aulnoy, elle en donne la description suivante : « Ces dames dansèrent à ma prière, le baron de Castelnau ayant envoyé quérir les Flutes et les Tabourins. Pour vous faire entendre ce que c'est, il faut vous dire qu'un homme joue en même temps d'un espèce de Fifre et du Tabourin, qui est un Instrument de bois fait en triangle et fort long, à peu près comme une Trompette-marine, monté d'une seule corde, qu'on frappe avec un petit bâton ; cela rend un son de Tambour assez singulier.

« Les hommes qui étoient venus accompagner les Dames, prirent chacun celle qu'il avoit amenée, et le branle commença en rond, se tenant tous par la main ; ensuite, ils se firent donner des cannes assez longues, ne se tenant plus que deux à deux avec des mouchoirs qui les éloignoient les uns des autres ; leurs airs ont quelque chose de guai et de fort particulier ; et le son aigu de ces Flutes se mêlant à celui des Tabourins, qui est assez guerrier, inspire un certain feu qu'ils ne pouvoient modérer ; il me sembloit que c'étoit ainsi que se devoit danser la Pirrique dont parlent les Anciens, car ces Messieurs et ces Dames faisoient tant de tours, de sauts et de cabrioles, leur cannes se jettoient en l'air et se reprenoient si adroitement, que l'on ne peut décrire leur legereté et leur souplesce. »

Je terminerai ces citations par un dernier emprunt au livre de l'Ancre, qui révèle de singuliers détails sur le costume et les allures des prêtres du pays basque au commencement du XVIIe siècle : « La plupart des gens du pays sont de grands et abominables sorciers, et surtout les Prestres et Curez, lesquels sont si fort respectés qu'on ne se scandalize de nulle de leurs actions. Le cabaret, la danse, le jeu de la bale par les ruës, l'espée au côté, la demi pique en la main, se promenant dans le village, ou allant aux festes des paroisses ne leur sont en reproches. Aller aux vœux seuls, à Notre Dame d'Iron, et par tous autres lieux dans le païs, accompagnez de trois ou quatre belles filles, sont choses communes aux prestrès Navarrois qui sont sur la frontière. »

Le *Voyage d'Espagne*, d'Aarssens de Sommerdyck (anonyme, 1666, in-4° ou in-12), contient (p. 4-6) les passages suivants : « Comme il fait tout le commerce d'entre ces deux Frontieres, S. Iean de Luz vaut vne bonne ville, car il est grand, vaste, riche et bien basty. On estime fort les matelots, qu'on en tire pour la pesche des moruës et des Baleines.

« On commence à s'apperceuoir dés Bayonne, que l'humeur de ces peuples tient vn peu de celle de ses Voisins, et qu'ils sont rogues et peu communicatifs avec l'Estranger ; les femmes y marchent couuertes de leurs cotillons qu'elles se iettent sur la teste, et decouurent leurs fesses, pour cacher leurs iouës........ C'est vn païs pauuvre et montagneux. où il ne croist que du fer, tant ce qu'en tient la France, que, ce que l'Espagne en possede, et qui en est la plus grande partie. Il se nomme *Biscaye*. On y parle vne langue qui n'est entenduë que de ceux du pays, aussi est-elle si pauuvre qu'un mesme mot signifie plusieurs choses, et qu'elle ne peut par ceste raison estre receuë dans le commerce ; on ne l'écrit point et les petits enfans apprennent à l'escole le Castillan ou le François, selon le Roy auquel ils sont suiets. »

VII.

Un vieux livre bayonnais[1]

Le plus ancien imprimeur établi à Bayonne est un certain François Bourdot. On ne connaît de cet imprimeur qu'un seul livre, en langue basque, et l'unique exemplaire qui paraît avoir échappé à la destruction est actuellement con-

[1] L'*Avenir des Pyrénées* du 30 janvier 1877.

servé à la Bibliothèque impériale de Vienne (Autriche). Il est daté de 1642.

Après Bourdot, on peut signaler l'existence en 1666 d'Étienne Bertier, qui paraît avoir été le beau-frère et le prédécesseur immédiat d'Antoine Fauvet, le père de cette brillante famille de typographes qui a occupé une place si importante dans l'histoire locale pendant plus d'un siècle et demi, et dont l'atelier principal était à côté du couvent des Carmes.

Mais avant Bertier il y avait eu, dans le même local, « près les Carmes », au moins un autre imprimeur, Bernard Bosc, qui passa plus tard à Toulouse. Le seul livre où figure le nom de Bosc est assez rare ; un exemplaire, porté au prix de *six* francs sur un catalogue de livres d'occasion publié à Paris en 1875, fut immédiatement vendu. Mais la Bibliothèque nationale possède, sous le n° Y 5120 C, cet ouvrage, dont voici le titre exact : « LE [CALENDRIER [SPIRITUEL ; [composé d'autant de madrigaux, [en l'honneur de nos saincts, qu'il y a de [iours en l'Année. [Povr la consolation des ames [deuotes et curieuses. [*Par le R. P. Germain Cortade,* [*Definiteur et Predicateur Augustin* [(fleuron) [A BAYONNE, [par B. Bosc, Imprimeur de la [Ville, prés les Carmes ; [— [M. DC. LXV. [Avec Permission, Approbation, et Privilége. » Le volume est un très-petit in-quarto de (XVJ)-174 p. L'exemplaire de la Bibliothèque de la rue Richelieu vient de la Bibliothèque du Tribunat.

Les seize pages préliminaires non chiffrées comprennent le titre, deux feuillets de dédicace, une page d'approbations ecclésiastiques et une préface. Nous apprenons par la dédicace « à Messieurs du corps de ville de Bayonne » que le P. Cortade, qui était venu prêcher le carême de 1665, avait été contraint de quitter la chaire à la mi-carême par une maladie qui avait « donné alarmes » à la municipalité. C'est pendant le répit que lui laissa cette maladie qu'il dit avoir composé son singulier livre. — Nos archives municipales possèdent, datée du 17 avril 1665, une quittance de 300 livres « pour avoir prêché le dernier carême » signée « F. Germain Cortade, relig. augustin. » (Archives municipales de Bayonne, CC 463-84) ; à la date du 15 avril 1665, on trouve une autre quittance du même religieux auquel on avait alloué 120 livres pour « le livre dédié à la ville » (Arch. de Bay., CC 463-83) : c'est évidemment du *Calendrier spirituel* qu'il s'agit.

Le texte du volume dont nous nous occupons se compose d'une série de pièces de vers étranges, pour ne rien dire de plus, se succédant dans l'ordre des jours de l'année et toutes précédées d'un titre explicatif. Au 21 février, par exemple, il est question de sainte Brigide, « qui obtint d'être borgne pour échapper au mariage et recouvra l'œil dès qu'elle fut religieuse » ; au 14 août, de sainte Radegonde, « dont le cœur étoit si brûlant pour Dieu qu'il y faloit continuellement appliquer des réfrigérans » ; au 30 décembre, du bienheureux Jean de Saint-Guillaume, augustin, « auquel on ne trouva pas de cœur à la dissection », apparemment parce qu'il l'avait donné tout au ciel. On voit que le poète pieux a choisi pour sujets de ses madrigaux les épisodes les plus grotesques et les plus contestables des légendes hagiographiques. Ceci nous rappelle l'histoire de saint Savin, qui, dans la chaleur de son divin amour, pouvait enflammer ses yeux des ardeurs de son cœur et rallumer ainsi la chandelle de cire qui venait à s'éteindre pendant les longues veillées qu'il consacrait à la prière. (*Vie de S. Savin*, par F. Abbadie, Tarbes, 1861.)

Nous allons donner, du reste, quelques spécimens du style du P. Cortade. On lit, par exemple, à la date du 22 mars, le madrigal « de sainte Catherine de Suède, qui au berceau refusoit de teter des nourrices impudiques » :

Vne louve allaita les deux frères Romains,
Mais de nostre poupée et les cris et les mains
Prennent telle offre pour injure;
D'un lait, qui doit passer au sang
Et couler pour Iesus de la mamelle au flanc,
Elle hait le ruisseau si la source n'est pure.

Voici la pièce sur saint Léon, patron de Bayonne :

Beaux murs, qui faites digue eu débord estranger,
Dont l'orgueil insolent viendroit tout rauager ;
Cité, toy-mesme ton otage,
Fidele à Dieu, fidele au Roy,
Chez qui l'on void faire à la foy
Ce que sont tes rochers pour les flots et l'orage :
Six siècles t'ont bien reproché
D'un Apostre meurtry l'action inhumaine ;
Mais son sang amoureux passe en eau de fontaine
Et coule incessamment pour lauer ce péché.

Mais les vers les plus excentriques sont ceux « au B. Louis de Gonzague, jésuite, qui jeune mettoit ses éperons sous sa chemise pour mortifier sa chair » :

Il ne pourra donc plus ni ruer ni hennir
Sous le rude éperon dont tu fais son supplice?
Qui vit jamais tel artifice
De piquer un cheval pour le mieux retenir?

Ces citations ne sont pas de nature à donner une haute idée de la littérature cléricale du XVIIe siècle. Nous pourrions donner d'autres spécimens; c'est ainsi que, dans les *Peintures morales* du P. Lemoine, on lit des strophes comme la suivante (chapitre VII, éloge de la pudeur) :

Les chérubins, ces glorieux
Composés de tête et de plume
Que Dieu de son esprit allume
Et qu'il éclaire de ses yeux;
Ces illustres faces volantes
Sont toujours rouges et brûlantes
Soit du feu de Dieu soit du leur,
Et, dans leurs flammes mutuelles,

Font du mouvement de leurs ailes
Un éventail à leur chaleur.
Mais la rougeur éclate en toy,
Delphine, avec plus d'avantage
Quand l'honneur est sur ton visage
Vestu de pourpre comme un Roy, etc.

Pour en revenir au P. Corlade, les bibliographes citent deux autres ouvrages de lui : 1° *les Sept saints tutélaires d'Agen*, avec les sept sonnets du sr. D. P. L. S., *Agen*, Jean Gayan, 1664 (réimprimé en 1831; xx-152 p. in-12); 2° *l'Octave du Saint-Sacrement,* ou le Soleil de Justice caché sous la nuée des espèces, *Toulouse*, Bernard Bosc, 1676.... Ses titres ont toujours quelque chose de rare..... Nous empruntons ces derniers renseignements à la *Revue de Gascogne* (t. XVII, p. 143); le même journal a le premier cité le quatrain sur saint Louis de Gonzague.

VIII.

La Saint-Barthélemy à Bayonne[1]

Il a été question, ces jours derniers, dans l'*Avenir*, de la Saint-Barthélemy et du rôle qu'aurait joué à Bayonne, à cette occasion, le vicomte d'Orthe. Certes, je ne suppose pas que la question puisse être encore douteuse : elle est depuis longtemps résolue; mais il m'a paru utile de rappeler les faits décisifs qui ont été mis en lumière, il y a environ une dizaine d'années, et qui ont complétement « démoli » (pardonnez-moi cette expression vulgaire) la légende bénévolement créée par d'Aubigné autour du moins aimable des gouverneurs de Bayonne.

[1] L'*Avenir des Pyrénées* du 16 novembre 1876.

La question n'est, du reste, pas spéciale à notre région ; le massacre des protestants, commencé à Paris dans la nuit du 23 au 24 août 1572 et continué en province pendant les deux mois suivants, eut-il lieu en vertu d'ordres écrits venant de la cour? L'affirmative est soutenue par ceux qui regardent comme authentique la lettre attribuée par d'Aubigné au vicomte d'Orthe. Une lettre analogue, qu'on prétendait avoir été adressée au roi par le gouverneur de l'Auvergne, est apocryphe, si l'on en croit, outre Dulaure, M. Imberdis, l'excellent auteur de l'*Histoire des guerres religieuses en Auvergne*. Michelet a montré le premier combien il eût été contraire à la prudence de la reine-mère de faire donner par écrit de pareils ordres. Or, si ces instructions sont douteuses, les belles réponses de Saint-Herem, le gouverneur de l'Auvergne, et de Adrian d'Aspremont, vicomte d'Orthe, gouverneur de Bayonne, le sont à plus forte raison.

Malgré l'appui de Cantu et de la plupart des écrivains protestants, la lettre qui aurait contenu la phrase célèbre sur les soldats et les bourreaux, mise en vers par l'auteur des *Tragiques*, a vu son authenticité contestée par les historiens les plus autorisés de notre temps, Henri Martin, Lavallée, Dargaud, Duruy, pour ne nommer que ceux-là. Aucun traité d'histoire consciencieusement rédigé ne saurait admettre sans quelque réserve un document dont aucun contemporain n'a parlé, et qui a échappé aux minutieuses recherches de de Thou. Ajoutons que ce document n'est guère compatible avec ce que les archives de Bayonne nous apprennent sur le caractère et les allures du personnage auquel on veut en attribuer le mérite.

D'ailleurs, la question a été déjà discutée à Bayonne même. Un abonné du *Courrier* avait fait la proposition d'élever une statue, sur la place d'Armes, au vicomte d'Orthe; dans le numéro du 5 septembre 1853 du même journal, cette proposition fut vivement combattue par un écrivain parfois superficiel d'ailleurs, M. Garay de Montglave, dont l'article fut le point de départ d'une brillante polémique dans les deux premiers tomes du *Bulletin de la Société de l'histoire du protestantisme français*.

Il y a mieux encore, et cette fois l'argument est décisif. Un habile érudit, qui s'occupe avec passion des choses du midi de la France, M. Tamizey de La Roque, a eu le bonheur de découvrir, à Paris, à la Bibliothèque nationale (fonds français, manuscrits, nº 15555, p. 601), une pièce officielle originale, signée du vicomte d'Orthe, relative à la Saint-Barthélemy : la lettre donnée par d'Aubigné, tout à fait incompatible avec celle-là, ne pourrait être vraie que si le nouveau document était apocryphe ; or son authenticité est tout à fait incontestable.

Je demande la permission d'allonger encore un peu cette lettre, dont l'étendue est peut-être déjà excessive, en reproduisant ci-après la pièce dont je viens de parler. Je l'emprunte, ainsi que les détails qui précèdent, à un article de M. Tamizey de La Roque dans le numéro de janvier 1867 de la *Revue des questions historiques*.

« Sire, ces jours passés je vous ay donné advertissement de ce que j'ay peu aprandre du cousté de ceste frontiere et continuant d'en sçavoir des nouvelles j'ay trouvé qu'il se achemine quelques compagnies de chevaulx et d'infanterie ez villes de Sainct Sebastien, La Renterie et Fontarrebie, et le long de la frontière d'Espaigne et Navarre. Là dessus Messieurs de ceste ville m'ont remonstré pareilz advertissementz pour y pourvoir, et avons prins resolution de vous en advertir affin, Sire, qu'il vous plaise y pourvoir. Cependant je leur ay dict ce que nous avions à faire attendant qu'en feussiez adverty, les aiant trouvez si affectionnez au bien de vostre service qu'ils m'ont offert tout devoir pour prandre garde à vostre ville, en quoy il y sera pourveu de façon que Vostre Majesté en demeurera satisfaicte à l'aide de Dieu.

Bien vous supplie très humblement vous souvenir de ce que je vous ay escript et du piteulx estat en quoy ceste vostre ville est, et de combien elle vous importe. Despuis les dictz advertissements j'ay entandu ce qu'est arrivé à Paris les XXIIe et XXIIIe du présent mois d'aoust, et puis ce que sont querelles particulières. J'espoire vous randre si bon et fidel compte de ceulx qui m'avez baillé en charge que de les fere vivre en tel poinct qu'il ne se attamptera chose quelconque à votre descomte.

« Sire, je suppliera y le Createur vous donner en sancté très bonne et très longue vie.

« De vostre ville de Baionne, ce dernier aoust 1572.

« Vostre très humble et très affectionné subject et serviteur,

« D'ASPREMONT.

« Au demeurant, Sire, craignant que ceste mutation engendrast quelque chose de maulvais, et que ceulx qui le pourroient prandre de ceste façon se prevaleussent des deniers qui se levent de ceulx de la religion pretendue refformée, et que les commissaires receveurs et aultres commis à la dicte levée sont de la dicte religion pretandue, j'ay commandé à ceulx de ceste ville de n'en vuider leurs mains ou bien les mectre en main si seure et solvable qu'il puisse estre mis la où il vous plaira ordonner, et, s'il vous plaict, m'en commander vostre volonté. »

IX.

Le Catéchisme de l'Empire en langue basque[1]

Le grand despote qui a mené la France à Waterloo n'avait rétabli l'exercice public de la religion en France que dans

[1] Extrait de l'*Avenir des Pyrénées* des 21 et 23 février 1878.

un intérêt purement égoïste et personnel. Le corps puissant et admirablement discipliné du clergé catholique ne lui apparaissait que comme un instrument précieux de domination qu'il voulait avoir tout entier dans sa main. Aussi se préoccupa-t-il tout d'abord d'imposer à ses nouveaux fonctionnaires un régime, une règle, une doctrine communes, et fit-il rédiger un catéchisme type dont il rendit l'enseignement obligatoire dans toute la France. On eut soin d'introduire dans ce catéchisme un chapitre absolument nouveau et dont la lecture est éminemment instructive.

Bien qu'il soit déjà connu, nous allons le reproduire en français, d'après l'édition originale où il occupe les pages 58 à 60. Le volume est un in-12 de viij-v à xij-151 p. intitulé : « *Catéchisme à l'usage de toutes les églises de l'Empire français*. Paris, veuve Nyon et H. Nicolle, 1806. » La « leçon » est intercalée au milieu de l'explication du IVe commandement de Dieu (Tes père et mère honoreras, etc.).

LEÇON VII.

* SUITE DU MÊME COMMANDEMENT.

D. *Quels sont les devoirs des chrétiens à l'égard des princes qui les gouvernent, et quels sont en particulier nos devoirs envers Napoléon premier, notre empereur?*

R. Les chrétiens doivent aux princes qui les gouvernent et nous devons en particulier à Napoléon Ier, notre empereur, l'amour, le respect, l'obéissance, la fidélité, le service militaire, les tributs ordonnés pour la conservation et la défense de l'empire et de son trône ; nous lui devons encore des prières ferventes pour son salut et pour la prospérité spirituelle et temporelle de l'État.

D. *Pourquoi sommes-nous tenus de tous ces devoirs envers notre empereur?*

R. C'est, premièrement, parce que Dieu, qui crée les empires et les distribue selon sa volonté, en comblant notre empereur de dons, soit dans la paix, soit dans la guerre, l'a établi notre souverain, l'a rendu le ministre de sa puissance et son image sur la terre. Honorer et servir notre empereur est donc honorer et servir Dieu même. Secondement, parce que notre Seigneur Jésus-Christ, tant par sa doctrine que par ses exemples, nous a enseigné lui-même ce que nous devons à notre souverain ; il est né en obéissant à l'édit de César-Auguste ; il a payé l'impôt prescrit ; et de même qu'il a ordonné de rendre à Dieu ce qui appartient à Dieu, il a aussi ordonné de rendre à César ce qui appartient à César.

D. *N'y a-t-il pas des motifs particuliers qui doivent plus fortement nous attacher à Napoléon premier, notre empereur?*

R. Oui : car il est celui que Dieu a suscité dans les circonstances difficiles pour rétablir le culte public de la religion sainte de nos pères, et pour en être le protecteur. Il a ramené et conservé l'ordre public par sa sagesse profonde et active ; il défend l'État par son bras puissant ; il est devenu l'oint du Seigneur par la consécration qu'il a reçue du souverain pontife, chef de l'Église universelle.

D. *Que doit-on penser de ceux qui manqueroient à leur devoir envers notre empereur?*

R. Selon l'apôtre saint Paul ils résisteroient à l'ordre établi de Dieu même, et se rendroient dignes de la damnation éternelle.

D. *Les devoirs dont nous sommes tenus envers notre empereur nous lieront-ils également envers ses successeurs légitimes dans l'ordre établi par les constitutions de l'Empire?*

R. Oui, sans doute ; car nous lisons dans la sainte Écriture que Dieu, Seigneur du ciel et de la terre, par une disposition de sa volonté suprême et par sa providence, donne les empires, non-seulement à une personne en particulier, mais aussi à sa famille.

D. *Quelles sont nos obligations envers nos magistrats?*

R. Nous devons les honorer, les respecter et leur obéir, parce qu'ils sont les dépositaires de l'autorité de notre empereur.

D. *Que nous est-il défendu par le quatrième commandement?*

R. Il nous est défendu d'être désobéissants envers nos supérieurs, de leur nuire et d'en dire du mal.

On aura remarqué l'astérisque qui est en tête du chapitre; il indique que la leçon est une des plus nécessaires et que toutes les demandes doivent en être toujours apprises.

L'impression du *Catéchisme de l'Empire* avait été réservée par le ministre des cultes aux éditeurs parisiens; néanmoins il fut réimprimé dans presque tous les diocèses. Celui de Bayonne est précédé d'un très-long mandement de l'évêque concordataire J. J. Loison. En 1814, le même évêque prescrivit la réimpression des anciens catéchismes des divers diocèses dont le sien était formé (Dax, Aire, Tarbes, Oloron, Bayonne et Lescar). Dans un nouveau mandement, daté du 8 août 1814, M. Loison déclarait qu'en 1806 il lui avait fallu « céder à l'autorité », que d'ailleurs l'œuvre napoléonienne portait le sceau pontifical surpris au moyen de « copies infidèles ».

Quoi qu'il en soit, le catéchisme impérial paraît avoir été tellement répandu qu'il fut traduit en deux dialectes basques. La première traduction, en labourdin, a eu, à notre connaissance, deux éditions, d'ailleurs identiques, dont voici le titre complet: « Francesen | imperadorearen | eremuetacoj | eliça gucietacotz | eguina-den, | catichima | . Unus Dominus, una Fides, unum Baptisma. | Jaun D. Paul *Ad Eph. c. IV, v. 5.* | *J. J. Loison, Bayonaco Iaun Aphezpicuaren* | *manuz imprimatua,* | Haren Diocesan bakharric iracatsia içateco. | (armes épiscopales.) |

Bayonan, | Cluzeau anayen baithan, Jaun Aphezpicuaren | imprimatçaileac, Orbeco carrican. » — In-12 de 96 p., sans date (le mandement inaugural est du 16 janvier 1807).

La seconde édition, dont un exemplaire est conservé à la Bibliothèque Nationale à Paris, sous le n° D 35,556, est mentionnée au *Journal de la Librairie* de 1812 (n° 4,920); elle a été tirée à 2,000 exemplaires. Le livre est pourtant devenu assez rare dans le pays. La permission de réimprimer est datée du 9 mai 1812. — Voici le relevé de quelques différences entre les deux éditions : 1re (1807) rien au verso du titre; p. 3 l. 2 Presbyter; p. 7 l. 36 dakharzque; p. 65 l. 14 gaucic; p. 68 l. 7 abaretsia; 2e (1812) permis de réimprimer au dos du titre; p. 3 l. 2 Presbiter; p. 7 l. 36 dakharsque; p. 65 l. 14 gaucei; p. 68 l. 7 abarecia.

Voici la traduction de la leçon VII, qui va de la p. 59 à la p. 61 :

VII. LECCIONEA.

MANAMENDU BERAREN SEGUIDA.

G. *Cein dire guiristinoen eguinbideac gobernatcen dituen princen alderat, eta bereciqui gureac, Napoleon lehenbicico, gure Imperadorearen alderat?*

I. Çor diote, eta guc bereciqui çor diogu Napoléon lehenbicico, gure Imperadoreari, amudioa, errespetua, obediencia, leyaltassuna, harmetaco cerbitçua, erreinuaren, eta tronuaren mantenitceco galdetcen tuen cergac; obligatuac gare oraino kharsuqui othoitz eguiterat haren salbamenduaren, eta estatuaren dohaxutassun ispiritual, eta temporalarençat.

G. *Cer arraçoinez diotcigu çor horiec guciac gure Imperadoreari?*

I. 1° Ceren, erregueac bere nahira eguiten, eta errepartitcen tuen Jaincoac, eguin baidu gure Soberano, eta bere botherearen ministro, eta eçarri bere lekhutan lur hunen gainean, baqueco, eta guerlaco antceric ederrenez dohaturic. Gure Imperadorearen ohoratcea, eta cerbitçatcea Jaincoaren beraren ohoratcea, eta cerbitçatcea da beraz.

2° Ceren Jesus Christo gure Jaunac iracatsi baideraucu bere hitcez, eta bere exempluz cer diogun çor gure Soberanoari : sorthu da Cesarren alderaco obediencian : pagatu du galdetua cen cerga; eta Jaincoari berea bihur-daquion manatu-duen beçala, manatu du orobat bibur daquion Cesarri Cœsarrena.

G. *Ez dugu arroçoin bereciric sendoquiago itchiquitceco Napoleon lehenbicico, gure Imperadoreari?*

I. Bai : ecen Jaincoac egorri darocu ongui dembora gaitcean gure erreligione Sainduco funcione publicoen altchatcerat, eta haren sustengu içateco ekharri, eta mantenitu du ordre ona bere çuhurtciaz, beguiratu du Francia bere besso podorossaz : Jaunaren gançutua eguina da Eliça guciaren aitcindari, aita saindua gànic içan duen consecracioneaz.

G. *Cer behar da yuyatu gure Imperadorearen alderaco eguin bideac huts-eguin letçaquetenez?*

I. Jondoni Pauloren arabera, Jaincoac berac eguin arrimuaren contra lihu azque, eta seculaco damnacionea mereci leçaquete.

G. *Eguinbide berac dituzquegu constitucionearen arabera haren ondoco içanen direnen alderat?*

I. Bai, duda gabe : Escritua Sainduan iracurtcen dugu, Jainco ceru-lurren jabeac, bere providencia eta borondate, gucien naussi den batez, ematen-tuela tronuac, ez choilqui presuna bati bereciqui, bainan haren familiari-ere.

G. *Cer obligacione dugu gure cargudunen alderat?*

I. Behar ditugu ohoratu, eta errespetu, eta obediencia ekharri behar diotegu, ceren diren Imperadorearen autoritateaz Jaunciac.

G. *Cer debecatcen darocu laur-garren manamenduac?*

I. Debecatcen darocu gure aitcindarei desobeditcea, heyer bidegaberic eguitea, eta hetaz gaizqui minçatcea.

La seconde traduction basque, en dialecte souletin, paraît n'avoir eu qu'une édition. Elle est indiquée au *Journal de la Librairie* de 1812 (n° 5,371) et a été tirée à 1,500 ex. : elle est devenue très-rare. La Bibliothèque Nationale en possède un exemplaire qui porte le n° D 32,703. C'est un in-12 de 92 p. dont le titre est ainsi conçu : « Doctrina khiristia | haurren instruccionetaco, | i dequiric hitcez hitz | franciaco eliza ororen | usageco catichimati. | *J. J. Loison*, Bayonaco, Yaun Aphez- | cupiaren ordrez imprimaturic, | haren Diocesan bera eracaxiric içateco. | épigr. et armes. | Bayounan, Cluzeau anayen, Yaun Aphez cupiaren eta | Clerouaren imprimaçalen etchen ». — Sans date ; le mandement inaugural est du 30 mai 1808. C'est un abrégé ; le chapitre VII, que nous donnons ci-après est réduit, à sa première et à ses deux dernières demandes. On le lit à la p. 35.

ZAZPIGUERREN LECTIONEA.

BER MANIAREN SEGUIDA.

G. *Çouin dira khiristien eguinbidiac prince gobernatcen dutienen eretcian, eta çouin dira particularqui goure eguinbidiac Napoleon lehenaren, goure Emperadoriaren eretcian?*

A. Khiristiec çor dicie prince gobernatcen dutiener, eta guc particularrian çor diçugu Napoleon lehenari, goure Emperadoriari, amourio, errespectu, obediencia, fidelitate, armen cerbutchu, eta legar ordonatiac erresoumaren eta tronouaren conservatceco eta defendatceco ; çor ditçoçugu orano goure othoitziac haren salvamentiaren eta estatiaren oioustarçun spiritual eta themporalaren.

G. *Çouin dira goure obligationiac magistraten eretcian?*

A. Beharciti çugu onhouratu, errespectatu eta hayer obeditu, ceren eta goure Emperadoriaren autoritatiaren depositari beitira.

G. *Cer defendatcen deicu lauguerren Maniac?*

A. Defendatcen deicu goure guehiener desobedient ez içatia, hayer gazquiric ez eguitia ez etare emaitia.

X.

Le Septième commandement de l'Église[1]

Monsieur et cher confrère, — Eh quoi! c'est en 1877 que vous découvrez le septième commandement! Mais, en cherchant bien, peut-être en trouveriez-vous huit, neuf ou même dix, dans d'autres catéchismes que celui du diocèse d'Annecy; car, dans la plupart des livres de ce genre antérieurs au Concordat, le nombre des commandements de l'Église n'est point partout le même. Du reste, votre ignorance à ce sujet est si naturelle qu'elle est certainement partagée par quatre-vingt-dix-neuf Français au moins sur cent, et si je suis à ce point de vue plus avancé que la plupart de vos lecteurs, c'est parce que des études de linguistique et de bibliographie m'ont amené à m'occuper incidemment de la question.

Elle a été d'ailleurs déjà discutée dans *l'Intermédiaire*,

[1] Extrait du *XIXe Siècle* du 9 février 1877. — Lettre à M. Fr. Sarcey, qui avait parlé de la question dans les numéros du 1er et du 4 février.

en 1868 et 1869; j'emprunte à cette intéressante collection quelques-uns des détails qui vont suivre.

Il paraît certain que très-anciennement, avant et même après l'époque où un versificateur anonyme a libellé la formule actuelle à rimes en *ras* et en *ment*, on ne connaissait que *cinq* commandements de l'Église. « Vendredi chair, etc. » n'en faisait point partie, on ne le voit pas dans les *Heures* imprimées en 1525 à Paris, ni dans un *Manuale curatorum* du commencement du seizième siècle (diocèses de Clermont-Ferrand et Saint-Flour). Encore aujourd'hui, les catéchismes espagnols n'ont que nos cinq premiers commandements, en prose.

Quant au septième :

Hors le temps noces ne feras,
Payant les dîmes justement;

il figure sous cette forme dans le catéchisme de Chartres antérieur à 1789, dans celui de Saint-Flour (1710), dans celui d'Agen (1731), dans celui de Cambrai (1736), dans celui de Troyes (vers 1530), dans celui d'Oloron (1742) et dans celui de Dax (1740); dans ces deux derniers il est divisé en deux, par des chiffres, de la façon suivante :

7. Hors le temps noces ne feras,
8. Payant les dîmes justement.

Et le texte explique qu'il y a là deux commandements distincts : « que nous défend le VIIe commandement : *hors le temps*, etc.? que nous ordonne le VIIIe commandement : *payant*, etc.? » La preuve, du reste, qu'il n'y avait point connexion entre ces deux prescriptions, c'est que ces deux vers sont traduits par quatre et sont tout à fait séparés dans le *Formulaire de prône* du diocèse de Bayonne, en langue basque, de 1651 (on ne connaît point l'édition française, et le catéchisme de Bayonne publié en 1731 ne contient que les six commandements ordinaires).

On y lit, pour les septième et huitième commandements :

Ezteic eguinen eztuçu
Dembora eztenian cilhegui
Eta Detchemac porgaitçaçu
Primiciarequin chuchenqui[1].

Dans tous les formulaires et catéchismes en langue basque du diocèse d'Oloron de 1676 à 1815, ainsi que dans ceux de Dax de 1740 à 1788, les deux commandements sont au contraire réunis :

Dembora devetatiez eztaguiala ezteyic
Eta Detchema Primiciac paca itçac chuchenqui,

disait-on, dans la Soule (Mauléon) qui dépendait d'Oloron. On récitait de même dans le pays de Mixe, où le clergé relevait de l'évêque de Dax :

Dembora devecatiez eztac eguinen ezteyic;
Detchema primicinhac pagaçac chuchenqui[2].

L'ancien catéchisme d'Oloron, en patois béarnais, portait de même :

7. Hors lou tems nouces ne haras,
Pagan la desme justamen.

En réimprimant quelques-uns de ces anciens catéchismes, on a quelquefois supprimé tout le commandement; d'autres fois on avait conservé la première partie, relative aux noces.

Le catéchisme actuel de Tarbes renferme encore les mots : *hors le temps noces ne feras*. Le catéchisme de Cambrai, de 1601, a au contraire son quatrième comman-

[1] C'est-à-dire : « Vous ne ferez pas de noce — quand le temps n'est pas permis, — Et vous paierez les dîmes — avec les prémices exactement. »

[2] C'est-à-dire : « Que tu ne fasses pas de noce aux temps défendus — et paie exactement les dîmes et prémices » (Oloron). — « Tu ne feras de noce aux temps défendus; — paie les dîmes et prémices exactement » (Dax).

dement correspondant au septième des autres que nous avons cités, ainsi libellé :

> Les droits et dixmes payeras
> A l'Eglise fidellement.

Les deux prescriptions étaient donc originellement séparées. Au Canada, on récitait naguère le septième commandement comme à Cambrai en 1601. A Saint-Claude, le septième commandement est encore enseigné dans les termes suivants :

> Hors le temps noces ne feras,
> Les célébrant chrétiennement.

Le neuvième et le dixième commandement, qu'on retrouve aussi dans les anciens catéchismes d'autres diocèses, sont ainsi conçus dans celui de Dax :

> 9. Les excommuniez tu fuiras,
> Les dénoncez expressément.
> 10. Quant excommunié tu seras,
> Fais-toi absoudre promptement.

Vous savez que, dans certains catéchismes, les sixième et dixième commandements de Dieu sont remplacés par cette périphrase honnête :

> Désirs impurs rejetteras,
> Pour garder ton cœur chastement.

Puisque nous en sommes sur la question des catéchismes, laissez-moi vous signaler une perle que j'ai découverte dans le *Catéchisme à l'usage du diocèse de Toulouse,* Toulouse, 1855; livre destiné à être mis entre les mains des petits enfants : « D. Peut-on adorer le cœur de Jésus? — R. On le peut et on le doit, parce que le cœur de Jésus-Christ est uni *hypostatiquement* à la personne du fils de

Dieu. » — J'aurais voulu vous citer également, mais je ne retrouve plus ma note, le passage d'un manuel de piété où il est dit que la récompense de ceux qui auront gardé le vœu de chasteté sera de chanter, pendant l'éternité, les louanges de l'agneau sans tache.

J. V.

LE TYPE MONGOLIQUE[1]

Il n'est point de science qui ne nous fournisse des exemples de systématisations hâtives et de synthèses prématurées. L'anthropologie a connu ces malheureuses tentatives, aussi bien que toutes les autres branches des connaissances naturelles. On a longtemps parlé d'une race blanche, d'une race jaune, d'une race noire, sans tenir compte du sens singulier qu'on donnait dans cette acception au terme de race, et sans s'occuper de savoir s'il existait ou n'existait point de races ne rentrant, par la couleur de leur peau, dans aucune de ces catégories : blanche, jaune, noire. Ajoutez que la qualité commune de posséder une peau de couleur jaune (étant admise une soi-disant race jaune) ne peut évidemment effacer toutes les autres caractéristiques différentielles : diversité de la forme crânienne, diversité de la taille, etc., etc. Ce que nous disons de la soi-disant race jaune, nous le pouvons dire tout aussi bien de la prétendue race blanche et de la prétendue race noire. Ces trois termes sont autant de fictions.

Et combien d'autres fictions n'a-t-on pas tenté de faire admettre dans le langage anthropologique courant, comme répondant à des faits avérés et acquis de classification scientifique !

On commence aujourd'hui seulement à ne plus parler d'une race aryenne. On commence enfin à reconnaître qu'il

[1] Extrait de la *Revue internationale des sciences*, 1878.

y a bien une famille linguistique aryenne (langues de l'Inde du nord, persan, grec, langues romanes, germaniques, slaves, lettiques), qu'il existe bien des langues aryennes, mais que l'on ne saurait parler en aucune façon d'une race aryenne. Nous rencontrons encore çà et là quelques attardés, mais, en somme, sur cette question la lumière est faite et bien faite.

Il est loin d'en être de même en ce qui concerne la soi-disant race mongolique, le type soi-disant mongolique. Ici, de nouveau, on est en présence d'une entité, et cette entité promet d'avoir cours longtemps encore si elle n'est résolument attaquée.

C'est par l'exposé pur et simple des faits que nous pouvons en venir à bout.

Ou les mots n'ont plus de sens, ou le nom de type mongolique, de races mongoliques, de mongoloïdes, appartient aux groupes d'individus dont les caractéristiques ethniques sont, absolument parlant, ou à peu de chose près, les caractéristiques des Mongols proprement dits. Le domaine géographique de ceux-ci a pour limites : au nord, la frontière de Sibérie (au sud du lac Baïkal); à l'est, le pays des Mandchous; au sud, la Chine proprement dite; à l'ouest, la haute Tatarie. Le désert de Gobi est donc situé au centre de leur pays.

Dans son ouvrage (en russe) sur la Mongolie[1], Bitchourin décrit le Mongol comme un individu de taille moyenne, maigre, cependant fort. Visage brunâtre et joues teintées de rouge; cheveux noirs; yeux petits, oreilles écartées de la tête; mâchoire proéminente, mais petite, ce qui donne au

[1] Traduit en allemand par v. d. Borg : *Denkwürdigkeiten über die Mongolei*, Berlin, 1832. Cf. Fr. Müller, *Allgemeine ethnographie*, p. 365.

visage l'apparence d'être pointu vers le bas; lèvres petites, dents blanches; barbe rare.

Si nous consultons l'ouvrage du célèbre voyageur Pallas, nous y lisons ceci :

« On distingue très-facilement par les traits du visage les principales nations asiatiques, qui se mêlent rarement par les mariages; mais parmi ces peuples, il n'en est aucun où cette distinction soit aussi caractérisée que chez les Mongols. Si l'on fait abstraction de la couleur, un Mongol ressemble moins aux autres peuples qu'un nègre à un européen. Cette conformation particulière se distingue surtout dans le contour du crâne des Kalmouks; mais les Mongols et les Bouriates ont une si grande conformité avec ceux-ci, tant pour le physique que pour les mœurs et l'économie rustique, que tout ce qu'on peut rapporter sur une de ces nations, peut s'appliquer aux autres. » (Traduct. franç., t. I, p. 495.) Le même auteur dit dans un autre passage: « La plupart des historiens qui n'ont pas compris tous les nomades asiatiques sous la dénomination générale de Tatars, classent avec raison parmi les peuples de race mongole les Kalmouks et les Bouriates, qui ont une grande affinité avec ces mêmes Mongols par leur langue, leurs mœurs et leur figure.... Les Mongols diffèrent autant des Tatars et de tous les peuples occidentaux que les nègres des Maures. » (*Ibid.*, p. 485.) Il dit encore, parlant plus particulièrement des Kalmouks, dont il a déjà signalé la « peau assez blanche, surtout chez les enfants » (p. 496) :

« Les traits caractéristiques de tous les visages kalmouks sont : des yeux dont le grand angle, placé obliquement, en descendant vers le nez, est peu ouvert et charnu; des sourcils noirs, peu garnis, et formant un arc fort rabaissé; une conformation particulière du nez, qui est ordinairement camus, et écrasé vers le front; les os de la joue saillants; la tête et le visage fort ronds. Ils ont aussi la prunelle fort brune, les lèvres grosses et charnues, le menton court et les dents très-blanches; ils les conservent belles et saines jusque dans la vieillesse. Ils ont tous les oreilles d'une grosseur énorme et détachées de la tête. » (*Ibid.*, p. 497.) A la page suivante : « Ils ont naturellement la barbe très-forte. » Ailleurs : « Les Kalmouks sont généralement d'une taille médiocre; on en trouve plus de petits que de grands » (p. 495). Ailleurs encore :

« Je n'ai pas vu un seul homme chez eux, et principalement parmi les hommes du peuple, qui eût beaucoup d'embonpoint, tandis que les Kirguis et les Baschkirs, qui mènent le même genre de vie, sont si gros qu'ils peuvent à peine se remuer » (p. 496); et enfin, p. 486 :

« Les Mongols et les Kalmouks, malgré leurs guerres et leurs migrations, ont conservé des traits si caractéristiques, qu'ils en ont communiqué l'empreinte à beaucoup d'autres peuples qu'ils ont asservis, et surtout aux Kirguis Kaïsaks, aux Solones orientaux, aux Tongouses qui habitent la Daourie, et aux Chinois septentrionaux. »

Desmoulins, dans son *Histoire naturelle des races humaines* (Paris, 1826), écrit qui doit tenir une place importante dans l'historique de l'anthropologie, divise en deux souches la *race mongole* de son *espèce mongolique :* à savoir, la *souche tongouse* et la *souche mongole proprement dite.* Outre les Mongols au sens spécial du mot, il place avec raison dans cette variété les Kalmouks, qui habitent plus à l'ouest, dans la Djoungarie (au nord de la haute Tatarie), et les Bouriates des environs du lac Baïkal (dans la Sibérie méridionale). On a dépeint le Kalmouk comme un individu ramassé et robuste, à la tête grosse, au front étroit : œil brun et enfoncé; nez petit et droit; mâchoires fortes, mais menton court; dents fortes et blanches; barbe peu développée; cou court; épaules puissantes; jambes un peu torses, comme celles des Mongols. Couleur de la peau : blanc jaunâtre[1]. Ils sont, dit Desmoulins, les plus barbus et les plus vigoureux de tous les Mongols. En tout cas, le groupe des Kalmouks est loin d'être parfaitement uniforme. La Motraye distingue d'une façon positive des Kalmouks « d'un noir approchant de la suie » et des Kalmouks « fort blancs » (p. 102, cf. Desmoulins, *op. cit.*, p. 249). Il est de fait que cette race a pu subir bien des mélanges et qu'elle s'éloigne en plus d'un individu, du type mongol du désert de Gobi. Quant aux Bouriates, Desmoulins les regarde, avec Pallas, comme les moins barbus et les moins robustes de toute la race.

L'autre *souche* de la race mongole de Desmoulins est formée par les Mandchous et les Tongouses; en unissant ces deux populations, l'auteur suit l'opinion de Klaproth. Les Mandchous habitent l'extrême nord de la Chine, ayant à l'ouest les Mongols, à l'est la mer du Japon; les Tongouses, plus au nord, habitent la Sibérie orientale.

En somme, Desmoulins caractérise ainsi l'ensemble de ces deux *souches :* taille de cinq pieds à cinq pieds trois pouces; poitrine large, épaules voûtées; membres forts et trapus; jambes courtes et arquées en dehors; tête grosse et enfoncée dans les épaules; visage large et aplati; yeux petits à fente linéaire; peau jaune-bistre; pommettes élargies; tempes rentrées; cheveux roides et droits, parfois très-longs; corps et visage glabres; cheveux noirs; iris brun; maigres par tempérament; fortement musclés.

La description de la race mongole de M. F. Müller (*op. cit.*, p. 363) concorde avec celle-ci en ce qui concerne le cou court, le visage rond et particulièrement fort dans sa partie supérieure, les yeux petits et noirs, les dents fortes et blanches, les cheveux roides et noirs, la barbe peu développée; mais elle en diffère en ceci qu'elle admet parfois une teinte

[1] Bergmann, *Nomadische streifereien unter den Kalmüken.* Riga, 1804. Cf. Fr. Müller, *Allg. ethnographie*, p. 366.

jaune de la peau, parfois une teinte noirâtre, et, d'une façon générale, une disposition à l'embonpoint.

D'où proviennent ces deux divergences, qui, en réalité, sont très-importantes?

Du fait que l'auteur comprend sous le nom typique de Mongols des peuples qui sont à tort réputés tels.

C'est ce que nous pouvons démontrer en examinant avec soin les principaux caractères des populations qui environnent le groupe ethnique dont nous nous occupons.

Un mot, toutefois, avant d'entrer dans cette recherche, un mot sur la forme générale du vrai crâne mongolique.

Blumenbach, dans ses *Décades,* publiées à Gœttingen à la fin du siècle dernier, donne la description de deux crânes Kalmouks. Voici ce qu'il dit du premier (première Décade, p. 19) : « Facies complanata, vertex depressus, ejusque ossa utrinque protuberantia. Nasi ossa minutissima, ad perpendiculum fere declinata. Arcus superciliares vix ulli; et nasi radix tam parum depressa ut frontis arcus per planam glabellam ad nasi jugum vix sensili flexura transeat. Narium apertura perexigua. Malaris fovea planissima. » Description du second crâne (Décade II, p. 9) : « Globosa fere calvariæ forma; facies lata et depressa; frons esplanata; jugalia ossa extrorsum prominentia; orbitæ amplissimæ patulæ; arcus superciliores elatæ; habitus totius cranii quasi inflatus et tumidus. » Dans une série d'observations secondaires, l'auteur signale l'étroitesse de l'orifice nasal. En somme, les deux descriptions concordent bien l'une avec l'autre en ce qui concerne les caractères principaux.

Ajoutons que, d'après tous les renseignements recueillis, le Kalmouk, comme le Tongouse, est sous-brachychéphale : son crâne a pour indice 82 ou 83, c'est-à-dire que la largeur maxima représente les 82 ou 83 centièmes de la plus grande longueur. M. Welcker donne pour 7 Kalmouks et 10 Tongouses l'indice céphalique de 81 (*Archiv. f. anthro-*

pol., t. I), mais les chiffres de cet auteur doivent être toujours forcés d'environ deux unités, en raison de son mode de mensuration (cf. Topinard, *l'Anthropologie*, sec. édit., p. 243).

***

Nous avons maintenant à jeter les yeux sur les populations qui entourent le groupe des Mongols proprement dits, des Bouriates, des Kalmouks, ainsi que des Mandchous et des Tongouses, et à rechercher quelles sont celles d'entre ces populations que l'on peut rattacher plus ou moins directement à la race mongole.

Commençons par les Chinois.

Ici la question est complexe. La population chinoise, en effet, est excessivement mélangée. Tout d'abord nous avons à remarquer qu'un grand nombre de soi-disant Chinois sont de véritables Mongols. Blumenbach, dans sa troisième Décade, décrit un crâne de Chinois qu'il rapporte sans hésitation au type mongol : « Characteres primarii. Omnes ac singuli habitum mongolicum spirant. Facies plana, depressa ; naso simo, fossa malari livissime tantum sinuata, et ossibus jugalibus utrinque ad latera exporrectis. Mentum prominulum. » Les Chinois de cette sorte ne le sont que de nationalité.

Quant à l'ensemble de cette prétendue race, nous nous demandons s'il forme bien un groupe homogène, et nous n'osons répondre affirmativement à cette question. M. Frédéric Müller décrit ainsi ce qu'il appelle le type chinois : « Apparence de taille moyenne, bien bâtie, un peu plus faible que celle des Européens, avec une certaine tendance à prendre de la graisse. Les femmes sont petites et délicates. Le visage est rond et poli ; les os maxillaires hauts. Le nez est petit et un peu déprimé. Les yeux sont petits et noirs, avec des paupières obliques, les lèvres charnues mais non pas en bourrelets. Le cheveu est grossier, roide, noir et brillant. La barbe peu abondante; la plupart du temps on ne rencontre que la moustache et une faible touffe au menton. Le poil fait totalement défaut sur le reste du corps. La couleur du poil de la barbe est constamment noire... La couleur de la peau est jaunâtre avec une nuance de brunâtre... Au sud la peau est noirâtre... Dans sa jeunesse, jusqu'à une quinzaine d'années, le Chinois est d'apparence jolie, engageante; mais lorsqu'il a atteint sa maturité ethnique, il devient laid, en général, à cause de la projection de sa mâchoire. » (*Op. cit.*, p. 368.)

Cette description est le résumé d'un grand nombre d'autres auteurs, mais elle est loin d'avoir une valeur générale. Si même nous l'acceptons, nous nous trouvons dans l'impossibilité de rattacher le Chinois au Mongol. Voici, d'ailleurs, nos objections. On nous dit que le Chinois a une tendance à l'obésité : neigung zum fettwerden. Par là il peut se rapprocher de certaines populations dites turques, mais par là aussi il s'éloigne tout à fait du vrai Mongol, qui, nous l'avons vu plus haut, a une disposition toute contraire. Secondement. Le teint jaunâtre du Chinois (noirâtre au sud) n'a rien de commun avec celui du Mongol. Troisièmement. Ce dernier est de complexion beaucoup plus robuste que le Chinois. Quatrièmement. Le Chinois a la paupière beaucoup plus oblique que le Mongol : sous ce rapport c'est plutôt de l'œil esquimau que se rapproche l'œil chinois. Cinquièmement. Le Chinois est notablement plus prognathe que le Mongol. Sixièmement. Le crâne du Chinois est moins capace que celui du Mongol. Septièmement : « Le nez des Chinois n'est point plat comme celui des Mongols et des Kalmouks. » (Desmoulins, *op. cit.*, p. 209.) Huitièmement. La forme générale du crâne des Chinois est en complète opposition avec la sous-brachycéphalie (et parfois même la brachycéphalie) des Mongols. Certains Chinois ont bien la tête arrondie, mais la plupart d'entre eux l'ont ou moyenne, ou allongée. Vingt et un spécimens ont donné à M. Barnard Davis l'indice de 76 (soit 76 de largeur maxima pour 100 de longueur maxima). M. Welcker donne 76 (soit 78, d'après ce qui a été dit plus haut) ; M. Topinard a pris sur vingt-huit pièces un indice de 77.6. Si nous enlevons d'entre tous les crânes qui ont servi à prendre ces mesures, ceux qui appartenaient (comme celui de Blumenbach décrit ci-dessus) à de vrais Mongols, nous constatons que l'ensemble des crânes chinois n'appartient même pas à la mésaticéphalie, mais qu'il est nettement sous-dolichocéphale.

Voilà en somme un grand nombre d'arguments qui nous empêchent de rattacher les Chinois au véritable groupe mongolique. Nous pouvons simplement dire que la race mongole a joué un rôle important dans les métissages multiples de la population chinoise, mais nous ne devons pas aller plus loin.

De la Chine passons au Japon.

Les Japonais (immigrés du continent dans les îles qu'ils occupent actuellement) ont vraisemblablement une origine mongolique. La taille du Japonais est celle du véritable Mongol ; il est relativement trapu, robuste, a la tête forte et souvent enfoncée dans les épaules, qui sont larges. Les jambes sont arquées. Dents blanches et fortes, yeux noirs, paupières analogues à celles des Mongols. Teint jaunâtre chez les hommes, plus blanc chez les femmes. Cheveux noirs et roides. Peu de barbe, mais plus, cependant, que chez les Chinois. Indice céphalique : 78, c'est-à-dire crâne moins arrondi que celui du véritable Mongol[1]. En somme nous pensons que le type japonais se rattache au type mongol,

[1] Consultez sur le type japonais : Mohnike, *Die Japaner*, Münster, 1872 ; Fr. Müller, *op. cit.*, p. 366.

mais nous pouvons constater chez les Japonais l'influence de croisements ethniques, qui, entre autres résultats, ont eu, par exemple, celui d'allonger parfois la forme de la tête.

Le Coréen procède également du type mongolique, mais il a souffert aussi de croisements très-évidents.

***

Si nous descendons vers le midi, nous trouvons au sud et au sud-ouest de la Chine des populations que l'on qualifie couramment de populations mongoliques. Ce sont les Annamites, les Siamois, les Birmans, les Tibétains et les différents peuples qui se rattachent à ces principaux groupes indo-chinois. Ces différents groupes rentrent-ils bien par leurs caractères extérieurs dans la famille des Mongols, ou devons-nous, contre l'opinion générale, les en détacher? c'est ce que nous allons rechercher.

Dans l'ouvrage que nous avons cité plusieurs fois déjà, Desmoulins, tout en rattachant les Birmans et les Siamois à l' « espèce mongolique », trace cette description : « Les Birmans et les Siamois, les plus grands de toute l'espèce, ont de cinq pieds deux et trois pouces à cinq pieds cinq pouces. Leurs têtes offrent un losange plus allongé verticalement que chez tous les autres mongoliques. Leur visage, large et élevé par le travers des joues, se rétrécit tout à coup à la hauteur des yeux, et leur front se termine presque autant en pointe que leur menton : forme plus ou moins apparente selon qu'ils se rasent la tête, ou la laissent couronnée d'une grosse touffe de cheveux comme les Siamois. Leur nez, droit et assez bien caréné par en haut, est court et arrondi par le bout. Leurs yeux, relevés obliquement, fendus en amande et d'une plus grande ouverture chez les femmes, ont une vivacité extrême. L'iris en est noir et la conjonctive jaune. La saillie des pommettes creuse un peu les joues, ce qui fait paraître plus grande leur bouche, dont les lèvres sont grosses et pâles. » P. 205. Et plus loin : « Les peuples du Laos, du Tsiampa et surtout de la Cochinchine et du Tunkin, ont la peau moins foncée que les Siamois, les Peguans et les Birmans. La nuance particulière des Tunkinois est olivâtre, tirant un peu sur le brun... Quoique voisins des Chinois, les peuples du Tunkin ont le nez bien plus droit et saillant, sans approcher pourtant des Européens. »

En fait, Desmoulins n'arrive à décrire aucune unité du type dans ces populations méridionales, et surtout il n'arrive nullement à montrer comment elles procéderaient de la race mongole. La tête d'un bon nombre d'Annamites est ovoïde[1], ce qui la distingue déjà nettement de celle du Mongol et la rapproche d'un grand nombre de têtes chinoises. Par contre, d'autres Annamites ont la tête « cylindrique, à sommet aplati ; son diamètre antéro-postérieur est plus petit que chez les Européens, et, d'après l'examen du crâne, on voit que le trou occipital est placé très en arrière de la ligne médiane ». Le même auteur, M. Zinquetti[2] ajoute à cette description les caractères suivants : face plate et large, front large et bombé, yeux petits, nez écrasé à la racine, bouche grande, lèvres grosses, barbe rare, cheveux noirs. Tronc carré, bassin très-large. Muscles volumineux mais très-peu puissants. Peau jaunâtre, taille peu élevée. Dans son *Rapport sur l'Anthropologie du Cambodge,* M. Hamy rappelle (d'après MM. Pallu et Richard) que l'Annamite est de couleur cannelle, que sa barbe est peu fournie, ses cheveux noirs et lisses ; que son visage est plat, son nez épaté et à racine écrasée, ses narines larges et aplaties, ses pommettes saillantes. Sans doute plusieurs de ces caractères concordent avec ceux du Mongol, mais quelques-uns d'entre

[1] *Bulletins de la Soc. d'anthropol. de Paris,* 1863, p. 646.

[2] *Une année en Cochinchine* (Recueil de mémoires de médecine, de chirurgie et de pharmacie militaire, février 1864, t. XI). Cf. *Bulletins de la Soc. d'anthropol.*, 1864, p. 431.

eux, par exemple l'épatement du nez, semblent tout à fait s'en écarter. Le fait est que toute cette population de l'extrême est du continent asiatique est des plus métissées.

M. Gréhan, dans son ouvrage sur *le Royaume de Siam* (Paris, 1869), décrit ainsi le Siamois proprement dit : taille de 1m70, membres inférieurs forts et bien proportionnés, corps long, épaules larges, cou court, tête proportionnée, teint olivâtre. Partie supérieure du front étroite, visage large entre les pommettes, menton étroit ; yeux noirs ; nez un peu aplati : cheveux roides et noirs. Ici encore nous pouvons trouver quelques caractères mongoliques, mais que les Mongols partagent d'ailleurs avec bien d'autres populations, et, en définitive, nous ne voyons rien qui autorise à ranger les Indo-Chinois avec les Mongols.

M. Fr. Müller, qui s'en rapporte principalement ici à Finlayson[1], fait le portrait général que voici de l'Indo-Chinois : taille de cinq pieds et deux ou trois pouces ; couleur de la peau jaune ou brun clair, presque dorée dans les hautes classes. Manque de barbe, mais chevelure noire abondante. Nez petit et non aplati ; fosses nasales divergentes. Bouche large, lèvres petites. Yeux petits. Os malaire large et haut. La partie postérieure du maxillaire inférieur est grande et forte et donne à la figure une apparence losangique.

Passant au Tibétain, le même auteur, s'appuyant en particulier sur les voyages de Schlagintweit-Sakünlünski dans la haute Asie (t. II, p. 48), le décrit ainsi : taille moindre que celle des Européens du centre, poitrine large, muscles très-puissants. Front bas et large ; cheveux noirs ; maxillaire large, menton petit. Cela peut concorder davantage avec les caractères du Mongol et nous ne nierions pas une parenté qui, après tout, est possible ; mais, pour revenir aux races du sud-est de l'Asie, nous ne pouvons que formuler à nou-

[1] *The mission to Siam and Hué* ; Londres, 1826.

veau toutes nos réserves. Il est vraisemblable à un très-haut point que toute cette région du continent asiatique a été peuplée anciennement par des races noires, non-seulement par des Négritos, mais aussi par des noirs aux cheveux lisses. C'est sur ce premier fonds de population que des races au teint clair sont venues s'implanter. Les mélanges de toutes sortes ont donné naissance aux populations plus ou moins claires, mais toutes très-métissées, dont les plus importantes viennent de nous occuper.

Quant à penser que les Mongols aient joué un rôle autre que très-indirect dans ces nombreux mélanges, nous ne pouvons l'admettre. L'élément au teint clair, ou relativement clair, qui a coopéré dans la plus large part à la formation de toutes ces variétés a été, si nous ne nous trompons, non pas l'élément mongolique, mais bien l'élément malai.

Nous ne nous arrêterons pas à discuter l'opinion des auteurs qu'un esprit enclin à un extrême besoin de simplification, a porté à apparenter le Malai au Mongol. Il suffit de rappeler que le premier a la taille plus petite que le second; que son indice nasal, caractère de premier ordre, est plus élevé de trois unités environ que l'indice nasal du Mongol; que son prognathisme est plus accentué; que la couleur de sa peau est plus foncée, etc., etc.

Mais n'a-t-on pas regardé également les Dravidiens comme des Mongols[1] !

***

Avant de nous diriger vers l'ouest, — c'est-à-dire vers l'Asie centrale, l'Asie Mineure et l'Europe orientale, — rappelons au lecteur quel est l'ensemble de la famille *linguistique* altaïque. On la divise en cinq groupes principaux, dont voici l'énumération et les grandes subdivisions :

[1] Maury, *la Terre et l'Homme*, p. 375.

Groupe tongouse, comprenant le mandchou, le lamoute (au nord-est du mandchou) et le tongouse proprement dit;

Groupe mongol : mongol proprement dit (ou mongol oriental), kalmouk, bouriate;

Groupe tatar ou turc, comprenant les idiomes yakout, ouigour, djagataïque et turcoman, nogaïque, kirghiz, turc, tchouvache (au sud-ouest de Kazan); baskir;

Groupe finnois, comprenant le suomi (en Finlande) avec le karélien, le vepse, le live, l'esthonien; le lapon; le zyriène, le permien, le votiaque; le mordvin et le tchérémisse; le magyar (en Hongrie), le vogoul et l'ostiaque;

Groupe des idiomes samoyèdes.

Nous avons parlé des Mongols et des Kalmouks, puis des Tongouses, qui, par leur origine, ainsi que le dit Pallas, ne se rattachent peut-être pas aux Mongols, mais qui, en fait, sont fort mongolisés. Il nous reste à parler des populations dont la langue appartient à l'un quelconque des trois derniers groupes de la famille linguistique dite ouralo-altaïque, ou plus simplement altaïque.

Il est certain qu'un grand nombre de Tatars portent la trace de mélanges anciens avec les Mongols. Pallas signale entres autres, comme fort mélangés, les Tatars de Katchinzi qui habitent à l'ouest de l'Iénisséi (*op. cit.*, t. III, p. 428; t. IV, p. 498). D'autres, par contre, sont indemnes de ce mélange. C'est ainsi que le célèbre voyageur dit, au tome quatrième de son ouvrage, p. 498 :

« Les [Tatars] Saïgaks diffèrent beaucoup des Tatars de Katschinzi, en ce qui concerne les traits de la figure et leur constitution physique; ils ressemblent, au contraire, beaucoup en cela aux Beltires et aux autres Tatars qui habitent les montagnes de Kousnez, c'est-à-dire qu'on rencontre rarement parmi eux des visages où il y ait des traits kalmouks; les leurs sont, au contraire, caractérisés tatars, sans qu'on y aperçoive aucun mélange : ils ont la barbe très-forte, et sont très-velus sur le corps; ils sont plus grands et plus nerveux que les Tatars de Katschinzi. On pourrait même croire que ces peuplades, habitant des contrées sauvages et montagneuses, ont su se préserver du mélange du sang mongol, qui existe généralement, à ne pouvoir s'y tromper, dans les tribus des Tatars de Katschinzi. » Ailleurs, parlant des Tchouvaches, Pallas décrit le type tatar : « Les traits des Tchouvaches dénotent un mélange bien marqué de sang tatar. On ne voit point chez eux de cheveux blonds, roux, ni châtain clair; mais ils les ont généralement, comme les Tatars, d'un brun tirant sur le noir (*op. cit.*, traduct. franç. de 1788, t. I, p. 134).

Un caractère important du Tatar est sa tendance à l'obésité; le Kirghiz prend facilement de l'embonpoint (Pallas, t. I, p. 616), il en est de même de tous ses parents : or nous avons dit plus haut que tel n'était jamais le cas des Mongols. Desmoulins dit fort bien, en parlant de ces derniers, que « maigres par tempérament, quoique fortement musclés, on ne voit chez aucun d'eux, malgré la meilleure nourriture, de cet embonpoint si commun chez les peuples turcs, leurs voisins de l'occident, dont les habitudes et le régime sont pourtant semblables » (*op. cit.*, p. 235).

Ce dernier auteur a grand soin, dans sa classification, de distinguer les Turcs (ou Tatars) des Mongols. Il reconnaît les mélanges qu'ont subis les Nogaïs et les Yakouts, mais il les sépare cependant des Mongols. Les Yakouts, dit-il, se divisent pour ainsi dire en deux peuples, l'un d'hommes petits, l'autre d'hommes très-grands : « La grandeur de la stature est le caractère le plus vivace de la race turque, celui qui résiste le plus longtemps à l'empreinte de l'espèce mongolique. La couleur des cheveux, des yeux et la forme du visage sont les traits les plus rapidement altérés » (*op. cit.*, p. 252).

Décrivant dans ses Décades un crâne de Yakout, Blumenbach a pour premier soin de faire remarquer combien ce crâne est différent du crâne kalmouk dont il avait parlé précédemment : « In universum prope abest ab illo Calmucci cranio quod priore decade exhibui. Forma ipsi fere quadrata. Orbitæ vægrandes amplissimo osse cribriformi ab invicem disjunctæ; glabella tumide prominens; nasi ossa coarctata et superne in acutiorem apicem confluentia; verticis ossa utrinque in tubera elata, » *tab.* XV. Dans la première Décade le même auteur décrit comme il suit un crâne turc : « Calvaria fere globosa; occipitio scilicet vix ullo, cum foramen magnum pene ad extremum baseos cranii positum sit. Frons latior. Glabella prominens. Fossæ malares leviter depressæ.... Narium apertura angustior inferius hemicycli in modum rotunda, » p. 15; et il ajoute, parlant de la brachycéphalie bien connue de cette race : « Denique vero et globosam cranii in Turcis formam uno ore testantur auctores; sufficiat ex his excitasse Vesalii locum *de c. h. fabr.* p. 23, ed. 1555 : *plerasque nationes peculiare quid in capitis forma sibi vindicare constat. Genuensium namque, et magis adhuc Græcorum et* Turcarum capita globi fere imaginem exprimunt. » M. Welcker donne le chiffre de 82 comme indice céphalique de quatre Turcs, soit près de 84 en tenant compte du procédé de mensuration particulier à cet auteur. Pour trois spécimens de même race, M. Barnard Davis trouve précisément un indice de 84. Les crânes turcs ayant pour indices 80, 81, 82, c'est-à-dire appartenant à la sous-brachycéphalie, sont assurément métissés.

Dans sa description d'un crâne kirghiz (seconde Décade, p. 8), Blumenbach distingue encore très-nettement le type tatar du type mongol.

En fait, il est clair qu'il y a eu là, originellement, deux types primitifs; mais si l'un de ces types a pu se conserver relativement pur chez les Mongols du désert de Gobi, l'autre a considérablement souffert. Les Turcomans de l'Asie centrale nous sont représentés par tous les voyageurs comme une nation des plus mêlées. Les Turcomans sont, en général, de taille élevée, mais il s'en rencontre dont la stature est réellement petite; ceux qui habitent sur la frontière du Khorassan sont tous métissés (Girard de Rialle, *Mémoire sur l'Asie centrale*, 2e édit., p. 103). Le baron de Bode distingue le vrai tatar turcoman par ce fait que le nez est moins plat, les lèvres moins épaisses que chez le Mongol et chez le Kalmouk : il est de taille plus élevée que ceux-ci et ressemble assez au Tatar nogaï et au Tatar du Volga. Quant au Turcoman du désert, ainsi que l'Usbek de Khiva, il a des traits plus mongoliques (*ibidem*). Les Usbeks, de leur côté, ne sont pas moins mélangés.

Quant aux Turcs d'Europe nous savons à quel point ils sont métissés.

Si la langue du Finnois doit être rattachée à celle du Mongol, si ces deux idiomes remontent à une source commune, il s'en faut de beaucoup, par contre, que l'origine ethnique de ces deux groupes soit la même.

Mais, avant tout, expliquons-nous sur ce que l'on appelle le type finnois. Évidemment c'est le type général des individus qui habitent la Finlande actuelle et parlent (s'ils ne sont russifiés) l'idiome « suomi ». On a beaucoup parlé des Finnois sans avoir sur leurs caractères ethniques les moindres renseignements sérieux. Tantôt on en a fait une population à tête allongée, dont les dolichocéphales préhistoriques de l'Europe occidentale auraient été les ancêtres; tantôt on en a fait une petite population brune à tête très-globuleuse. On est enfin revenu de ces errements. M. Topinard, dans son *Anthropologie*, a tracé un excellent portrait du véritable Finnois (2e édit., p. 481) : cheveux ordinairement rougeâtres ou jaunâtres, d'un blond doré ou blanchâtre, plus rarement châtains. Barbe parfois peu fournie, généralement rousse. Les yeux de nuance bleue, gris verdâtre ou châtains, teint blanc, chargé souvent de taches de rousseur. Nez droit, narines petites. Lèvres petites. Menton rond. Oreilles hautes, larges, plates. Taille au-dessous de la moyenne : $1^{m},61$. Cou mince, poitrine étroite et aplatie; bras longs; jambes grêles, pieds plats.

Pallas dit ceci des Ostiaques (des gouvernements de Tobolsk et de Tomsk) : « La plupart des Ostiaks sont de taille médiocre, plus petite que grande. Ils ne sont pas robustes; ils ont surtout la jambe maigre et effilée; ils ont presque tous la figure désagréable et le teint pâle; aucun trait ne les caractérise. Leur chevelure, communément rougeâtre ou d'un blond doré, les rend encore plus laids » (*op. cit.*, t. IV, p. 52).

Il caractérise ainsi les Votiaques (Vjatka, Kazan, Orenbourg) : « Il y a parmi eux très-peu d'hommes grands, bien faits et robustes. Les femmes sont surtout petites et point jolies. L'on ne voit chez aucun peuple autant de rouges ardents que chez les Votiaks. Il y en a cependant qui ont des cheveux bruns, d'autres des cheveux noirs, néanmoins la plupart sont châtains; mais ils ont en général la barbe rousse » (*ibid.*, t. V, p. 31). Il dit des Tchérémisses (du gouvernement de Kazan, sur la rive gauche du fleuve Volga) : « Ils sont de taille médiocre; ils ont en majeure partie les cheveux châtain clair, ou blonds ou rouges. Ces couleurs se distinguent surtout dans leur barbe, qu'ils n'ont pas très-garnie. Ils sont très-blancs de visage, mais ils ont de gros traits; ils ne sont pas robustes de corps » (*ibid.*, t. V, p. 38).

A la vérité, certaines populations finnoises ont subi des mélanges sérieux. Les Tchoudes, par exemple, n'ont pas la chevelure blonde[1]. Les Vogouls de l'Oural septentrional ont,

[1] Kopernicki, *Bullet. de la Soc. d'anthropol. de Paris*, 1869, p. 628.

d'après Castrén, des points de ressemblance avec les peuples mongoliques. Dans l'article sur les Vogouls de l'Archimandrite Platon, publié dans le *Magasin asiatique* de Klaproth (1825), nous lisons que parmi eux « ... quelques-uns ressemblent beaucoup aux Kalmouks, d'autres aux Votiaks et aux Permiens... Ils ont le regard sombre, les cheveux ordinairement noirs ou brun rougeâtre... » p. 247.

Blumenbach décrit comme suit, dans sa quatrième Décade, un crâne tchoude : « Universa forma medium quasi inter caucasiam et mongolicam tenet. Facies quidem, maxime circa malarum ossa, latior quam in illa, neutiquam tamen tantopere explanata et extrorsum eminens ac in genuinis Calmuccorum craniis. Calvaria subglobosa. Glabella tumidula. Orbitæ rotundiores » (*tab.* XXXIII). — M. Welcker donne pour les Finnois un indice céphalique de 79 (soit 81 avec la rectification ci-dessus indiquée comme nécessaire) ; M. Barnard Davis 82 pour huit spécimens. D'après M. Kopernicki (*ibid.*, p. 631), le type brachycéphale est le plus répandu chez les Finnois, « bien qu'on y rencontre des sujets à la forme allongée ». Sur quatre crânes d'hommes esthoniens M. Broca a trouvé une moyenne de 81.82; sur ces quatre mêmes crânes et un crâne de femme, 80.59. L'indice orbitaire enfin est plus faible que chez les peuples de l'Asie orientale.

En somme l'on ne peut rapprocher les Finnois des Mongols qu'à la condition de n'avoir jamais étudié l'une ou l'autre de ces races.

Quant aux Lapons, il est tout aussi évident qu'ils n'ont rien de commun ni avec les Mongols, ni avec les Finnois. Le Lapon est de beaucoup plus petite taille que le Mongol ; sa stature moyenne est de $1^{m}53$: il ne voit guère au-dessous de lui, sous ce rapport, que le Négrito et le Bochiman. Il est au plus haut point brachycéphale : indice de 85 et plus. Sa face est extrêmement ramassée. Le nez est plus large chez lui (par rapport à la hauteur) qu'il ne l'est chez le Mongol[1].

Le type du Samoyède n'est pas encore parfaitement déterminé. On s'accorde à le dire très-brachycéphale, à ouverture nasale plus large que ce n'est le cas chez le Mongol. Face large et aplatie, pommettes saillantes, nez déprimé. (Topinard., *op. cit.*, 2e édit., p. 490; Desmoulins, *op. cit.*, p. 263.) Certains auteurs le rattachent aux Lapons, d'autres aux Esquimaux, d'autres aux Mongols; c'est assez dire l'incertitude qui règne sur la question, car chacun de ces rapprochements écarte forcément les deux autres.

Arrivons aux populations dites plus spécialement hyperboréennes.

Nous devons tout d'abord éloigner des Mongols les Youkaguirs (qui habitent à l'est des Yakouts et des Tongouses). C'est une population au teint clair et de haute stature, au visage allongé. Les Tchouktches du nord-est de la Sibérie sont également d'une taille fort élevée. Les Kamtchadals se distinguent par leur face allongée. Rien de tout cela n'est mongolique.

Quant aux Esquimaux, on se demande en vain comment un grand nombre d'auteurs ont pu les classer avec les Mongols. A s'en tenir uniquement à la forme du crâne il y a entre ces deux populations un écart considérable. Tandis que le crâne du Mongol est relativement globuleux (moins pourtant que celui du Lapon, du Turc, du Finnois), le crâne de l'Esquimau est l'un des plus allongés que l'on connaisse. Son indice moyen est de 71 (comme celui de l'Australien et du Néo-Calédonien). Ce caractère seul suffirait à empêcher tout

[1] Consultez Bertillon, *Sur les Lapons* (*Bull. de la Soc. d'anthropol. de Paris,* 1869, p. 52, et *Dictionn. encyclop. des sciences méd.*); Topinard, l'*Anthropologie,* 2e édit., p. 490.

rapprochement : il y a, sous ce rapport, autant de différence entre les deux races qu'il y en a entre l'Arabe et le Bas-Breton. La voûte cranienne de l'Esquimau forme une sorte de toit allongé, une espèce de carène qui est essentiellement caractéristique, et qui présente souvent, dans sa ligne médiane, comme une crête longitudinale. L'indice nasal du Mongol varie généralement de 48 à 49 : chez l'Esquimau il n'est que de 42 0/0 ; c'est le plus faible de tous ceux que l'on connaisse[1]. En fait les différences sont tellement considérables qu'il nous paraît inutile d'insister sur ce point.

Nous avons enfin à nous demander si c'est avec juste raison que l'on a fait rentrer les Indiens d'Amérique dans la classe des Mongols, et notre réponse est tout à fait négative. M. Topinard a montré sans peine combien l'Américain s'éloignait du Mongol par la faible capacité de son crâne, par sa stature généralement très-élevée. Les Patagons ont en moyenne 1^{m}78 ; les Iroquois 1^{m}73 à 1^{m}74. Ajoutons que l'Américain dont le crâne n'est pas déformé artificiellement, n'est ni brachycéphale, ni même sous-brachycéphale : il est simplement mésaticéphale, parfois même sous-dolichocéphale et dolichocéphale. Son nez est saillant, souvent convexe. Que l'on distingue un ou plusieurs types dans les populations américaines, nous pensons qu'en tout état de cause, il faut nettement séparer ces populations d'avec les Mongols et les Kalmouks.

Notre conclusion est que l'expression de type mongolique doit être, sinon abandonnée totalement, au moins restreinte

[1] Les Bochimans tiennent le haut de la série avec le chiffre de 58 ; les Nègres ont de 54 à 55 ; les Lapons 50 ; les Basques 45.

au groupe des vrais Mongols et de leurs plus intimes parents.

Sans doute il est commode de diviser l'humanité en trois grandes familles, de parler d'un type caucasique, d'un type mongolique, d'un type éthiopien; mais lorsqu'il s'agit de sortir de ces vagues théories et de décrire exactement les types en question, la difficulté devient insurmontable. On groupe dans une seule famille les Bretons, les Berbers les blonds de la Belgique; dans une autre famille les nègres, guinéens et les Bochimans; dans une même famille, enfin, les Mongols, les Malais, les Finnois, les Américains, les Esquimaux. En un mot, pour créer trois types abstraits, trois vaines entités, on tient comme non avenues les descriptions ethniques les mieux acquises, les plus vraies, les plus réelles.

Ces grands types n'ont pas seulement contre eux d'être de pures conceptions métaphysiques; leur premier défaut est de synthétiser sans méthode, contre toute méthode, et d'être la négation même de toute l'anthropologie descriptive.

A. H.

NOTICE

SUR LES SUBDIVISIONS DE LA LANGUE COMMUNE INDO-EUROPÉENNE[1]

I.

Commencées il y a plus d'un demi-siècle, les recherches méthodiques entreprises sur les langues dites *indo-européennes*, ou *aryennes*, ont abouti depuis une vingtaine d'années à la restitution sommaire de l'idiome parlé par nos « ancêtres linguistiques »[2]. Aujourd'hui la science du langage en est arrivée à ce résultat qu'il n'y a plus à mettre en doute l'existence préhistorique d'une population dont la langue était celle que l'on a pu rétablir d'après les idiomes hindous[3], éraniens[4], helléniques, italiotes, germaniques, lettes, slaves, méthodiquement comparés. Au point de vue phonétique (voyelles, demi-voyelles, consonnes), et au point de vue morphologique (formation des thèmes, dérivation, composition, déclinaison, conjugaison), l'on est parvenu, dans cette restitution, à des conclusions peu affirmatives sans doute en ce qui touche certains détails et même quel-

[1] Ce mémoire a été communiqué à la *section d'anthropologie de l'Association française pour l'avancement des sciences*. Première session, tenue à Bordeaux. Séance du 11 septembre 1872.

[2] Le terme d'*indo-européen* ne laisse entendre qu'une parenté glottique sans préjuger aucune communauté de race.

[3] Le sanskrit en est le plus correct représentant.

[4] Entre autres, le zend ou vieux baktrien, langue dans laquelle fut rédigé l'*Avesta*, et le vieux perse.

ques faits importants, mais du moins parfaitement nettes et décisives en ce qui concerne l'ensemble du système. Ces conclusions ne sauraient guère rencontrer d'objections que de la part des personnes auxquelles est étrangère la science du langage, ce qui, dès lors, et par là même, enlève aux yeux des juges compétents toute valeur à ces objections. En somme, si nous ne nous trouvons pas fixés d'une manière définitive sur certains points du phonétisme commun indo-européen, si nous sommes renseignés d'une façon moins précise encore sur certains faits morphologiques [1], nous possédons au moins, non-seulement l'ensemble du système, mais encore, sur une foule de détails, des renseignements très-exacts, si bien qu'un idiome indo-européen quelconque ne peut plus être étudié scientifiquement que dans l'unité linguistique indo-européenne.

II.

Encore un coup, ce sont là des faits qui, aux yeux des spécialistes, valent comme monnaie courante. Ce qu'il y a de beaucoup moins évident, de beaucoup moins prouvé, et, à notre point de vue, de singulièrement hasardeux, ce sont ces restitutions de souches linguistiques secondaires auxquelles depuis quelques années l'on semble accorder une valeur réelle. L'opinion la plus générale, la plus communément répandue, est que la langue commune indo-européenne se serait partagée, à une certaine époque, en deux tronçons, c'est-à-dire aurait donné naissance à deux branches secondaires, l'une indo-éranienne, l'autre européenne. La première de ces branches se serait divisée subséquem-

[1] Par exemple, à l'égard des noms de nombre. Nous ignorons quel a pu être le mot servant à exprimer le nombre *un;* la racine des nombre *sept*, *huit* est connue, mais la forme thématique organique ne l'est point. Dans la déclinaison, il nous faut encore hésiter sur la restitution précise de certains suffixes.

ment en deux rameaux, l'un hindou (sanskrit, etc.), l'autre éranien; à son tour, la langue commune éranienne aurait donné naissance au perse, au zend, etc. Quant à la branche européenne, les opinions relatives à ses subdivisions sont singulièrement divergentes. Un certain nombre d'auteurs admettent une unité secondaire helléno-italique; de la branche commune européenne (détachée elle-même du tronc indo-européen) aurait procédé un idiome bien déterminé dont seraient nés, à leur tour, d'une part les dialectes grecs, d'autre part le latin, l'osque, l'ombro-samnite. Cette théorie, défendue par des linguistes de premier ordre[1], n'a malheureusement rien ajouté à la réputation des auteurs qui la soutiennent, et, dès le premier abord, elle se trouve discréditée par de singulières violences aux principes phonétiques, violences que nécessite son acceptation. Schleicher, notamment, était absolument opposé à cette manière de voir. D'après lui, de la langue commune indo-européenne se seraient détachés non pas un rameau indo-européen et un rameau européen, mais bien, et simultanément[2], d'une part un rameau slavo-germanique, d'autre part un rameau indo-érano-gréco-italo-celtique : celui-ci aurait donné à son tour d'un côté un idiome commun indo-éranique, d'autre côté un idiome commun gréco-italo-celtique, d'où le grec d'une part et de l'autre part une langue commune italo-celtique; cette dernière enfin se serait plus tard subdivisée à son tour. Ce qui caractérise spécialement cette théorie, c'est le rapprochement intime des idiomes celtiques et italiques, rapprochement que d'excellents auteurs ont d'ailleurs appuyé avec un grand luxe d'arguments. Il est vrai que d'autres auteurs, non moins compétents, crurent trouver

[1] Entre autres, par MM. Curtius et Ascoli. La prétendue branche helléno-italique a reçu parfois le nom de *pélasgique*, mais cette dénomination manque de tout fondement positif.

[2] *Compendium der vergleich. gramm.*, introduction.

des liens d'une parenté plus rapprochée entre les langues celtiques et germaniques. En ce qui concerne les langues slaves et le groupe letto-lithuanien, les points de contact grammaticaux sont assez manifestes pour que l'opinion générale se prononce en faveur d'une unité secondaire, ou tertiaire, letto-slave.

III.

Il ne rentre pas dans le cadre de cette courte notice d'indiquer, même brièvement, les motifs sur lesquels s'appuient, chacun de leur côté, les auteurs partagés d'opinions pour soutenir leurs vues respectives. C'est en particulier à l'égard de la position occupée par les langues celtiques que la question a été débattue par les auteurs les plus compétents dans les deux recueils spéciaux publiés par M. Ad. Kuhn[1]; c'est là que doivent avant tout se reporter les personnes qui désirent examiner la question d'une manière approfondie. Ebel, si parfait connaisseur de la phonétique et de la morphologie des divers idiomes celtiques, et si versé, en même temps, dans l'étude de la linguistique générale indo-européenne, sans partager l'opinion émise par M. Lottner que les Celtes aient formé, à une époque donnée, une population commune avec les Germains et les Letto-Slaves, déclare sans hésitation que les langues celtiques se relient intimement au groupe germanique; mais, d'autre part, il leur trouve une bien grande affinité avec les langues italiques, et, en définitive, il arrive à cette conclusion qu'à l'exception du lette et du slave, il n'y a point dans la famille indo-européenne d'idiomes plus rapprochés l'un de l'autre que les idiomes celtiques et italiques; de plus le groupe qu'ils forment ensemble lui paraît plus proche des langues germaniques que de l'hellénisme. Cette théorie, comme on

[1] *Beitræge zur vergleich. sprachforschung*, 1858 et suiv.; *Zeitschrift f. vergl. sprachf.*, Berlin.

le voit, diffère notamment de la formule de Schleicher par l'écart plus considérable dans lequel elle place les Grecs dans le prétendu groupe européen. Personnellement cet écart ne nous choque en aucune façon, vu les très-nombreuses analogies que nous rencontrons entre les idiomes grecs et éraniens; une connaissance plus approfondie des langues aryennes de l'Asie Mineure fortifiera peut-être encore cette opinion.

IV.

C'est affaire à une publication spéciale que de passer au crible les arguments de détail fournis sur cette question par les différents linguistes qui l'ont traitée. Si les résultats de la linguistique, comme ceux de toutes les sciences naturelles, doivent être manifestes pour les personnes qui ne font point de cette sorte de recherches une étude particulière, ses analyses, du moins, ne peuvent être appréciées, selon leur plus ou moins grande valeur méthodique, que par les spécialistes. Nous nous abstenons donc ici de toute critique particulière.

V.

Toutefois, et tel est précisément le but de cette notice, nous tenons à mettre en garde les anthropologistes peu versés dans la science du langage contre cette opinion, inadmissible à notre sens, qu'entre la langue commune indo-européenne et les groupes hindou, éranien, hellénique, italique, celtique, germanique, lette, slave, il y ait eu des unités secondaires intermédiaires, celto-italique, par exemple, ou celto-germanique, ou letto-slave, ou quelque autre encore. Si l'on acceptait ces groupements secondaires, ces unités intermédiaires, l'on serait bien forcé d'admettre également des populations ayant parlé ces sortes d'idiomes; or, cette conclusion, nous estimons que la linguistique ne la fournit en aucune façon à l'anthropologie. Sans doute quelques idiomes sont plus rapprochés de quelques-uns de leurs congénères que de quelques autres d'entre eux, et cela sous nombre de rapports, par exemple l'hindou de l'éranien, le lette du slave. Mais est-ce à dire qu'il faille conclure de là à une langue spécialement commune letto-slave, indo-éranienne? En aucune manière. Nous ne savons pas encore à l'heure actuelle, et sans doute nous ne saurons jamais pour quels motifs les Indo-Européens entreprirent les lointaines émigrations que l'on connaît; mais ce qu'il y a de fort vraisemblable, de hautement probable, c'est qu'avant leur dispersion, ou, si l'on veut, leurs dispersions, ils pouvaient déjà se compter en nombre considérable et qu'ils s'étendaient sur de vastes espaces. Qu'y aurait-il eu d'étonnant à ce qu'en ces larges limites le parler commun se fût modifié, altéré, corrompu dans les différentes tribus établies sur ce territoire? Rien, assurément. Ces altérations, ces modifications ne durent point se montrer toutes et partout les mêmes : ici elles affectèrent plutôt la phonétique, là elles s'attaquèrent de préférence aux formes. De plus, il nous paraît singulièrement admissible que les modifications acceptées par une tribu, durent parfois, souvent même, être à peu près de la même nature que les modifications acceptées par la tribu voisine. Plus les groupes se trouvaient distants, plus ils devaient être différenciés; en un mot, par exemple, entre le groupe ouest et le groupe nord, il devait y avoir plus de diversité qu'entre le même groupe ouest et le groupe nord-ouest. De nos jours il est loisible de constater dans les patois cette sorte de sériation. Nous n'avons pas à rechercher les causes qui déterminèrent la direction générale planant sur un ensemble de tribus voisines; peut-être nous resteront-elles à jamais inconnues; mais ce que nous pouvons admettre très-aisément, c'est que ces groupements secondaires et intermédiaires dont il a été question ci-dessus n'ont jamais eu d'existence réelle. La singulière divergence des auteurs qui prétendent les établir est déjà une première preuve négative. Ajoutons que, si nous voulions pousser à l'extrême ce procédé de groupement linguistique, rien ne nous serait plus aisé que de constituer un idiome érano-celtique, helléno-slave, helléno-germanique, et ainsi de suite; il ne s'agirait que d'élargir quelque peu le domaine élastique de la fantaisie.

VI.

En définitive, la conclusion à laquelle nous estimons être arrivé peut être formulée de la façon suivante :

Les unités secondaires intermédiaires (sur lesquelles les auteurs autorisés ont des vues si différentes) ne sont nécessitées en aucune façon par le plus ou moins de rapprochement des divers idiomes indo-européens. Si quelques-uns de ces idiomes possèdent avec tels ou tels de leurs congénères une apparence plus vive de fraternité, cela tient à ce qu'ils étaient, dans l'unité indo-européenne, plus rapprochés géographiquement des congénères en question.

A. H.

L'AVESTA [1]

L'Avesta est le livre sacré des sectateurs de Zoroastre; c'est la bible du mazdéisme. Pour être moins généralement connu que les Védas de l'Inde, et surtout que l'Ancien Testament, il n'en occupe pas moins une place de premier ordre parmi les écrits religieux et cosmogoniques de l'antiquité. Ce que l'on connaît communément de l'Avesta, c'est son nom et son existence. De sa composition et de sa doctrine, le plus souvent on ne sait rien ; nous nous proposons donc de donner ici quelques renseignements généraux sur ce sujet.

I.

Au milieu du siècle dernier, un jeune Français, Anquetil-Duperron, s'embarquait pour l'Inde en qualité de simple soldat. Il partait à la recherche d'anciens documents sanskrits. De Chandernagor, trompé dans son attente, il gagne seul et sans ressources, à travers mille dangers, Pondichéry ; il se rend à Mahé, puis gagne Surate, au nord, où il se retrouve en pays aryen. De sa longue pérégrination dans la région dravidienne, il ne semble avoir rien rapporté ; le but particulier qu'il se proposait en quittant la France ne devait pas être atteint non plus, mais son expédition allait avoir cependant un résultat considérable.

A Surate, en effet, Anquetil lia connaissance avec les

[1] Extrait de la *République française* du 4 mai 1877.

prêtres d'une colonie de Parses. On sait que l'invasion islamite avait chassé de Perse les derniers croyants du zoroastrisme : les Parses, ou Parsis, emportant de l'ancienne patrie leurs livres religieux et leurs traditions, vinrent s'établir dans l'Inde du nord-ouest, à Bombay, à Surate, à Baroda, dans le Goudjerate, où leurs communautés prospérèrent et où ils purent vivre sous leurs propres lois. C'est à ces lois religieuses, c'est à la connaissance de l'Avesta qu'Anquetil put se faire initier. En 1762, il regagnait la France, sans fortune, mais avec plus de cent manuscrits. En 1771, il publiait une traduction sous le titre de : *Zend-Avesta, ouvrage de Zoroastre*, après avoir déposé ses manuscrits à la Bibliothèque royale.

II.

Quelle est la langue de l'Avesta?

C'est le *zend* ou *ancien baktrien*, un idiome indo-européen. L'ancienne langue commune indo-européenne, en même temps qu'elle donnait naissance au sanskrit de l'Inde du Nord, au grec, au latin, aux langues slaves, etc., etc., donnait naissance également à la famille linguistique « éranienne », qui comprenait deux idiomes principaux : à l'ouest, le *perse*, la langue des Achéménides (Darius, Xerxès, et autres) ; à l'est, le *zend*, parlé, selon toute vraisemblance, en Baktriane, et que l'on appelle également l'ancien baktrien. A la vérité, le nom de zend, appliqué à la langue même, est peu exact, mais son usage est tellement répandu qu'on ne peut guère faire autrement que de l'accepter.

Le perse ancien se transforma dans la suite des âges, et il est probable que le persan actuel en est le représentant direct. Quant au zend, il disparut sans laisser de rejetons. Les prêtres parsis, en fait, ne le comprenaient que très-imparfaitement, et ce qu'ils en saisissaient, ce n'était point d'une façon immédiate, c'était par l'entremise de certaines versions, faites au moyen âge en un idiome moins ancien que le zend.

Cet idiome est le *huzvârèche,* — auquel on applique parfois le nom un peu trop général de *pehlvi,* — et qui était parlé à l'époque des princes sassanides. Il serait difficile de faire remonter plus haut que le troisième siècle de notre ère la version de l'Avesta, du zend en huzvârèche. On comprend quel secours apportait cette traduction, avec ses gloses, pour l'intelligence du texte primitif. Ajoutons que plus tard un lettré hindou, Nériosengh, traduisit en sanskrit (un sanskrit parfois quelque peu fautif) un des livres de l'Avesta (d'après la version huzvârèche, bien entendu), et qu'il existe également plusieurs traductions en langage goudjerati, c'est-à-dire en langue hindoue moderne; le goudjerati est l'un des idiomes actuels de l'Inde du nord.

III.

La traduction d'Anquetil ne valait naturellement que ce que valaient les connaissances de ceux qui la lui avaient en quelque sorte dictée. Parfois elle avait un fond d'exactitude: le plus souvent elle était remplie d'obscurités ou de non-sens. Elle fut violemment attaquée par les orientalistes anglais. « Ou Zoroastre n'avait pas le sens commun, écrivait le célèbre William Jones, ou il n'écrivit pas le livre que vous lui attribuez: s'il n'avait pas le sens commun, il fallait le laisser dans la foule et dans l'obscurité; s'il n'écrivit pas ce livre, il était impudent de le publier sous son nom. Ainsi, ou vous avez insulté le goût du public en lui présentant des sottises, ou vous l'avez trompé en lui débitant des faussetés: et de chaque côté vous méritez son mépris. — Vous faites dire au bon principe des Guèbres des saletés qu'une sage-femme rougirait de répéter parmi ses commères. — Il résulte, monsieur, de tout ceci, ou que vous n'avez pas les connaissances que vous vous vantez d'avoir, ou que ces connaissances sont vaines, frivoles, et indignes d'occuper l'esprit d'un homme de quarante ans[1]. »

Anquetil, pourtant, avait fait tout ce qu'il lui avait été possible de faire. Il avait répété de bonne foi ce qu'on lui avait dit de bonne foi également. Pour qu'un nouveau pas fût franchi dans la connaissance des textes et des doctrines de l'Avesta, il fallait que la langue même de ce vénérable monument fût réellement comprise. Les maîtres d'Anquetil, les prêtres parsis ne l'entendaient plus : Eugène Burnouf vint et en donna l'explication. Eugène Burnouf partage avec Lassen la gloire d'avoir déchiffré les inscriptions cunéiformes perses : il est le seul créateur de la grammaire zende et de l'interprétation scientifique des textes rédigés en cette langue. Remettons à tout à l'heure la question de l'explication de l'Avesta et de la méthode propre à cette explication, et disons avant tout de quels livres se compose ce recueil sacré.

IV.

Il est certain que la plus grande partie de l'Avesta a péri pour toujours ; la tradition veut que l'on n'en possède que la vingtième partie environ. Alexandre le Grand aurait, dans la destruction des livres mazdéens, une grande responsabilité : il aurait fait réunir et brûler, lors de sa campagne en Asie, tous les écrits religieux de la Perse. On ne peut croire, cependant, que cette mesure odieuse ait suffi à anéantir tous les morceaux qui nous manquent, et la perte de nombre d'entre eux est due vraisemblablement à d'autres événements. Quoi qu'il en soit, ce qui nous reste de l'Avesta constitue trois livres importants : le *Vendidad*, le *Yaçna*

[1] *Lettre à M. A*** du P***, dans laquelle est compris l'examen de sa traduction des livres attribués à Zoroastre.* (Londres, chez P. Elmsly, dans le Strand.)

et le *Vispered*, plus une série de pièces diverses connues sous le nom particulier de « Petit Avesta ».

Le livre du *Vendidad* contient, entre autres passages qui sont d'une importance capitale pour la mythologie comparée, la révélation du dieu Ahura Mazdâ (Ormuzd) au saint Zarathustra (Zoroastre) concernant la création des mondes; la tentation de Zoroastre par la divinité suprême du mal, Anra Mainyu (Ahriman). On y trouve aussi une suite d'indications extrêmement intéressantes sur les péchés que peuvent commettre les Mazdéens (c'est-à-dire les sectateurs d'Ahura Mazdâ), sur les pénitences expiatoires de ces péchés, sur les nombreux cas d'impureté et sur les purifications non moins nombreuses.

Le *Yaçna* renferme principalement des invocations, des prières ; la seconde partie de ce livre comprend plusieurs morceaux qui, sous le nom de « Gâthâs » (c'est-à-dire cantiques), ont exercé tout particulièrement et exerceront longtemps encore la sagacité des commentateurs : morceaux dont la grande obscurité réside, selon nous, en ce fait qu'ils supposent connues des notions qui nous échappent tout à fait. Mais on peut assurer, sans crainte d'erreur, que l'enseignement des « Gâthâs » n'a rien qui le distingue spécialement de celui du reste de l'Avesta.

Le livre du *Vispered* est moins important que les autres : c'est un livre liturgique. Il est, d'ailleurs, beaucoup plus court.

Quant au petit Avesta, ou *Khorda Avesta,* il renferme une quantité d'invocations particulières, dans lesquelles les mythologues ont pu puiser une foule de renseignements que les livres principaux ne leur fournissaient point.

Lorsque l'on attribue à Zoroastre la paternité et la rédaction de l'Avesta, on emploie simplement une façon de parler. Les auteurs classiques offrent bien des passages sur Zoroastre, mais ils donnent sur l'âge où vécut ce législateur de la Perse les avis les plus contradictoires. Nous n'avons pas à les reproduire ici. Il nous suffira de dire qu'il y a eu un certain nombre de Zoroastres; que l'on ne saurait attribuer à un seul auteur la composition de tout l'Avesta; qu'un Zoroastre, à moitié fabuleux, a dû exister cependant, qui a joué un rôle important dans la constitution du mazdéisme, mais que l'on ne saurait déterminer l'époque à laquelle il a vécu.

Quant à l'âge de la rédaction de l'Avesta sous la forme que nous possédons, on ne saurait le placer bien après celui où furent gravées les inscriptions cunéiformes de la Perse (les Achéménides régnèrent du milieu du sixième au milieu du quatrième siècle avant notre ère), car la langue du texte baktrien et celle des inscriptions perses sont très-rapprochées l'une de l'autre, et, par la même raison, on ne saurait reporter l'époque de cette rédaction à un âge beaucoup plus reculé que le sixième siècle. Il y a, nous semble-t-il, un millier d'années, dans les limites desquelles il est possible d'hésiter.

Mais prenons bien garde que cette question de l'*âge de la rédaction définitive*, de la rédaction que nous possédons, ne préjuge rien de la question, toute différente, de l'*âge des idées et des conceptions* contenues dans le livre! La forme peut être relativement récente, le fond est d'une haute antiquité : il reflète sans doute moins fidèlement que les Védas hindous la pensée du groupe antique indo-européen, mais en bien des circonstances on peut dire qu'il la reproduit encore avec assez de pureté.

V.

Nous arrivons à ce point très-important de la méthode de l'interprétation de l'Avesta.

Anquetil, nous l'avons dit, avait suivi strictement la version que les prêtres parsis lui communiquaient. Il ne les avait point jugés, point critiqués, point amendés : il les avait reproduits avec toute la fidélité possible. Eugène Burnouf n'hésita pas à lui rendre justice : l'œuvre d'Anquetil-Duperron était, à ses yeux, « l'exemple du plus noble et du plus difficile usage qu'on pût faire de la patience et du savoir ». Voici, d'ailleurs, ce qu'il en dit dans la préface de son Commentaire sur le Yaçna : « Tout devait confirmer les savants dans l'opinion qu'il ne restait presque rien à faire après Anquetil : son dévouement à des études qu'il aimait et dont il avait dû atteindre le terme, tant de soins bien faits pour porter leurs fruits, une confiance qui ne pouvait naître que de la certitude du succès, et qui devait être partagée par le lecteur; enfin cette bonne foi dont l'expression est aussi naturelle au vrai savoir que l'imitation en est difficile au charlatanisme. Aussi éprouvai-je une surprise que les personnes habituées aux recherches philologiques concevront sans peine, lorsque, comparant pour la première fois la traduction d'Anquetil au texte original, je m'aperçus que l'une était d'un faible secours pour l'intelligence de l'autre. Un examen suivi me persuada qu'avec le seul appui de son interprétation, ce ne serait pas une entreprise aussi aisée que je l'avais supposée d'abord, que d'acquérir la connaissance de la langue dans laquelle était écrit le *Zend-Avesta;* et je reconnus bientôt que la traduction d'Anquetil était loin d'être aussi rigoureusement exacte qu'on l'avait cru : et cela d'autant plus facilement que l'auteur, en déposant à la Bibliothèque du Roi les textes originaux, avait lui-même livré à la critique les moyens de la juger. Mais, si cette épreuve fut peu favorable à la traduction du Zend-Avesta, je dois me hâter d'affirmer qu'elle ne diminua en aucune façon ma confiance dans la probité littéraire de l'auteur. En donnant au public une version que tout l'autorisait à croire fidèle, Anquetil a pu se tromper, mais il n'a certainement voulu tromper personne; il croyait à l'exactitude de sa traduction, parce qu'il avait foi dans la science des Parses qui la lui avaient dictée. Au moment où il la publiait, les moyens de vérifier les assertions des Mobeds, ses maîtres, étaient aussi rares que difficiles à rassembler. L'étude du sanskrit commençait à peine; de sorte que, quand même Anquetil, à la vue des obscurités et des incohérences qui restaient dans l'interprétation des Parses, eût éprouvé un sentiment de défiance que, nous osons le dire, rien ne devait éveiller en lui, il n'eût pu aisément discuter leur témoignage avec quelque espoir d'en découvrir la fausseté. Il n'est donc pas responsable des imperfections de son ouvrage; la faute en est à ses maîtres qui lui enseignaient ce qu'ils ne savaient pas assez. » Ainsi que nous l'avons dit également, il manquait à Anquetil cette connaissance de la langue zende, qu'Eugène Burnouf allait si merveilleusement s'approprier.

Burnouf exerça sa critique sur les premiers passages du Yaçna. A notre sens, il détermina du premier coup la méthode vraie d'interprétation de l'Avesta. Sans doute il tint compte partout et toujours de la comparaison des mots zends avec les mots sanskrits, mais il ne tomba point dans le piége de donner à cette comparaison linguistique une valeur plus considérable que celle qu'elle pouvait réellement avoir. Deux mots, l'un sanskrit, l'autre zend, provenant d'une seule et même forme organique, d'une même forme commune, peuvent posséder chacun un sens très-différent dans l'idiome particulier dont ils font partie. C'est ainsi que nous voyons tels ou tels mots latins prendre une signification nouvelle dans leur passage au français : *exterminer*, en latin, voulait dire « expulser » (Racine l'emploie encore dans cette acception); *danger* signifiait « pouvoir, possession »; *merci* voulait dire « prix ». Burnouf demanda avant tout au texte zend lui-même, c'est-à-dire au rapprochement des différents passages de ce texte, ce que ce texte seul pouvait donner. Ce procédé semble bien simple, bien naturel : il est de fait, cependant, que tous les commentateurs de l'Avesta sont loin de l'avoir adopté.

Eugène Burnouf trouva un successeur, un continuateur plein de méthode et de sagacité, dans M. Frédéric Spiegel, professeur à Erlangen, dont le nom vient sans aucun doute le premier — et de beaucoup — après celui d'Eugène Burnouf, sur la liste de ceux qui ont fondé les études mazdéennes. La version de l'Avesta due à M. Spiegel (en allemand, 3 vol., 1852-63) et le remarquable commentaire qui la suivit (2 vol., 1865-69) procèdent directement de la méthode de Burnouf. M. Spiegel a dû soutenir une lutte perpétuelle sur cette question de la méthode d'interprétation. Il fallait, avant tout, protester contre le système qui consistait à expliquer l'Avesta par les Védas et par le sanskrit. Si les Védas et si l'Avesta reflétaient parfaitement l'un et l'autre la mythologie commune indo-européenne, l'identification serait possible; mais il est loin d'en être ainsi : les Védas sont hindous, l'Avesta est éranien. C'est donc un pur et simple jeu d'esprit que de traduire en sanskrit tels ou tels morceaux de l'Avesta, et de montrer que la forme linguistique est à peine altérée dans cette version. Qui a jamais mis en doute la grande similitude grammaticale et lexique du zend et du sanskrit? Assurément personne. Mais ce n'est point de cela qu'il s'agit : c'est du sens même des vieux écrits mazdéens, non pas du plus ou moins d'antiquité et de conservation de l'idiome dans lequel ils sont rédigés.

La saine méthode pour l'interprétation de l'Avesta consiste, en premier lieu, dans la confrontation constante des différents passages du texte les uns avec les autres. Ce premier rapprochement accompli, il s'agit de s'adresser à la *tradition*. Or, les premières sources de la tradition, ce sont les traductions en langue huzvârèche. La version huzvârèche de l'Avesta a été faite à une époque où le sens vrai du texte sacré commençait déjà à s'oblitérer. A l'époque des Sassanides, l'influence sémitique (araméenne) était grande sur une bonne partie des pays de langue éranienne, et il était à craindre qu'elle ne s'infiltrât avec grands dommages dans toute la doctrine mazdéenne. La traduction du texte saint en langue populaire fut donc une œuvre capitale; nous ne pourrons jamais l'estimer à son prix. Elle ne suit pas toujours le texte mot à mot, mais c'est là, pour nous, un grand avantage : ses gloses sont plus précieuses que ses plus exactes, ses plus fidèles transcriptions de tels ou tels noms propres, de tels ou tels mots géographiques. En seconde ligne viennent la traduction sanskrite de Nériosengh, faite sur la traduction huzvârèche, et les traductions en langage goudjerati; cette seconde source d'informations a aussi ses enseignements, et on ne pourrait impunément les négliger. Il faut tenir compte enfin des informations que nous ont laissées les auteurs de l'antiquité, notamment Hérodote, et des renseignements (si peu critiques qu'ils soient) des prêtres parsis actuels.

L'interprétation *traditionnelle* a été violemment attaquée par un homme qui, sans doute, avait une valeur personnelle, mais qui alla lui-même, par ses polémiques grossières et outrecuidantes, au-devant du discrédit le plus justifié. Haug rendit de véritables services à la littérature sanskrite, même à l'étude des textes mazdéens, mais ses efforts pour bouleverser tout ce qui avait été acquis peu à peu, depuis Burnouf, sur le terrain de l'interprétation de l'Avesta, demeureront comme un exemple de l'aberration où peuvent conduire la folle créance en sa propre individualité et la haine des succès d'autrui. Haug débuta par repousser aveuglément toute tradition : l'étymologie expliquait pour lui tous les mots zends, et ces mots, expliqués étymologiquement, donnaient, par cette explication même, la complète et entière interprétation du texte. Les premiers travaux de Haug ne reposent point sur une autre méthode. Mais Haug, un beau jour, trouva son chemin de Damas. Étant allé dans l'Inde et ayant noué connaissance avec les prêtres parsis, il devint tout d'un coup le plus fervent soutien de la tradition. Mais quelle tradition ! Non point la tradition ancienne, celle qui, par son rapprochement du texte sacré, offrait les plus grandes chances d'exactitude, mais bien la tradition sous sa forme la plus récente, celle des Parsis contemporains. A cette complète volte-face les écrits de Haug ne gagnèrent pas beaucoup. Cet esprit, pourtant sagace et ingénieux, ne pouvait se résoudre à battre le sentier commun ; il lui fallait du nouveau et du personnel, quitte à marcher dans une voie tout à fait fausse. On relèvera dans son œuvre des morceaux de véritable et saine critique, des inductions pleines de perspicacité, mais cette œuvre n'a point d'ensemble : trop souvent elle ne donne l'idée que d'un Avesta de fantaisie.

VI.

La doctrine de l'Avesta repose tout entière sur l'admission de deux principes primitifs, lesquels luttent *à armes égales,* l'un pour le bien (Ahura Mazdâ), l'autre pour le mal (Anra Mainyu). Quoi de plus logique que cette division primordiale, du moment que l'on accepte une *création* de l'univers, de ses biens, de ses maux ? Toutes les théologies monothéistes ont échoué à expliquer l'origine du mal ; le christianisme, malgré les subtilités de ses docteurs, n'est jamais venu à bout de cette question et, évidemment, n'en viendra jamais à bout. Il n'y a pour la résoudre que le polythéisme dualistique qui admet franchement la coexistence des deux principes, ou la philosophie désintéressée qui prend les faits tels qu'ils sont et pour ce qu'ils sont.

Anquetil-Duperron avait vainement cherché à soumettre

les deux principes éraniens, Ormuzd et Ahriman, à un principe d'ordre supérieur, le « temps incréé ». Rien de pareil ne se trouve dans l'Avesta, rien absolument. On peut dire, sans aucune crainte d'erreur, qu'il n'y a pas un seul passage de l'Avesta où soit exposée plus ou moins nettement l'idée monothéiste. On a cité tels ou tels passages des Gâthâs. Mais les Gâthâs sont-ils expliqués? En aucune façon. On peut y trouver à peu près tout ce que l'on y veut chercher. M. Spiegel reconnaît bien la conception essentiellement dualistique des anciens livres mazdéens, mais entre le polythéisme des Indo-Européens primitifs et le dualisme des Baktriens, il suppose une période monothéiste. Au premier abord, cela paraît invraisemblable; puis, en examinant les choses de près, on arrive à constater que M. Spiegel avance cette assertion sans aucune espèce de preuve à l'appui. A vrai dire, le mauvais principe, d'après les conceptions éraniennes, est destiné à céder un jour devant le principe du bien; mais quant à leur origine et quant à leur puissance, ils sont l'un et l'autre parfaitement égaux. Les auteurs de l'antiquité qui ont parlé des croyances de la Perse ne s'y sont point trompés, et nulle part, dans la littérature éranienne du moyen âge, il n'est question d'un principe supérieur à Ormuzd et à Ahriman. Il est certain que si l'Avesta avait eu la moindre idée de ce prétendu principe supérieur, il en eût parlé explicitement et en eût laissé le souvenir aux écrits religieux et cosmogoniques qu'il inspira dans la suite.

Le panthéon de l'Avesta est riche en divinités, surtout en divinités bienfaisantes. A la tête des dieux bons est Ahura Mazdâ (Ormuzd). Outre les dieux isolés, tels qu'Ahura Mazdâ, Mithra, Haoma, et bien d'autres, il existe des groupes plus ou moins indissolubles, tels que celui des *Amesas Çpentas,* les « saints immortels » (les Amchaspands plus récents), au nombre desquels cette *Haurvatât* et cette *Ame-*

retât (la santé et l'immortalité) dont M. J. Darmesteter a donné récemment une judicieuse et intéressante histoire (1875). A la tête des divinités malfaisantes, à la tête des *daévas* (les *divs* du moyen âge), est Anra Mainyu, qui à chaque création bonne et pure du principe bienfaisant opposa une création mauvaise et impure. Dans tout le cours de l'Avesta, la lutte est ouverte entre les deux créations : à chaque instant le mazdéen est tenté par les daévas, et c'est par la vertu du texte sacré, par la récitation des saintes paroles qu'il repousse leurs attaques incessantes.

La vigilance du sectateur d'Ahura Mazdâ n'est pas mise, d'ailleurs, à une faible épreuve. A tout moment, il se heurte à des occasions de péché ; le nombre des créatures impures dont il doit éviter le contact est considérable. De là, dans l'Avesta, cette foule de préceptes pour la purification. La « pureté mazdéenne » est le plus grand des biens, mais qu'il est difficile de la conserver en tout et toujours !

Des cérémonies particulières accompagnent les différentes actions de la vie : les plus importantes concernent l'époque de la naissance, celle de l'entrée dans l'adolescence, celle du mariage, surtout celle des funérailles. Quant aux cérémonies du sacrifice proprement dit, elles tiennent une large part dans les morceaux de l'Avesta qui nous sont parvenus. Nous savons par le menu comment procédait l'officiant et quel était le service de ses acolytes.

Une partie non moins intéressante de l'Avesta est celle de la morale. Cette morale est soumise à une révélation, — la révélation d'Ormuzd à Zoroastre, — et il s'ensuit trop souvent que l'observance de la loi procure par elle-même la rémission des péchés. Ici le mazdéisme ne l'emporte pas sur le christianisme. Ce dernier, toutefois, remet tous les péchés, tandis que le premier (au moins dans l'antiquité) en considérait quelques-uns comme absolument inexpiables.

En tous cas, aucune religion n'a été plus hostile à l'hypocrisie que celle de Zoroastre, aucune n'a prêché avec plus d'ardeur la pratique de la vérité. Aucune n'a porté plus haut le respect de la pudicité : quel contraste entre les turpitudes des héros de la Bible et la chasteté des Mazdéens ! Le respect de la femme est commandé sous les peines les plus sévères; le célibat est vivement condamné, la vie de famille est prônée à chaque instant. Et ce n'est pas seulement en cela que les préceptes du mazdéisme l'emportent sur ceux du christianisme : il prêche la vie active, la culture de la terre, le travail constant, sain pour les bras, sain pour l'esprit, sain pour le cœur. Pour les Juifs et les Chrétiens, le labeur est un châtiment; pour le Mazdéen, c'est une vertu : celui-là, dans l'Avesta, est le plus honorable, le plus digne d'envie, à qui son travail a rapporté le plus de récompenses matérielles. La civilisation mazdéenne était avant tout une civilisation laborieuse.

A coup sûr, cette morale était viciée dans son fondement même, par ce fait qu'elle reposait sur une révélation, sur la croyance à des puissances surnaturelles, sur l'amour d'un dieu bon et la crainte d'un dieu méchant; mais si nous la jugeons dans son ensemble, et si nous la comparons à la morale judaïque, à la morale des églises chrétiennes, nous devons reconnaître qu'elle leur est infiniment supérieure.

On sait que le mazdéisme, avec sa doctrine des deux principes, a grandement contribué à la formation de plusieurs sectes philosophiques du moyen âge. Mais c'est là un sujet qui franchit les limites du présent article, et que nous n'avons pas à aborder.

A. H.

LES INSCRIPTIONS CUNÉIFORMES
DE LA PERSE[1]

Déchiffrement d'une écriture inconnue. — La langue de Cyrus, de Darius et de Xerxès.

Il y a peu de monuments historiques dont l'intérêt soit plus puissant que celui des *inscriptions cunéiformes de la Perse.* Ces inscriptions, qui n'ont été déchiffrées que de notre temps, ont démontré d'une façon éclatante la fidélité des récits d'Hérodote; elles ont fourni, d'ailleurs, nombre de renseignements que l'on ne trouve pas dans le célèbre et véridique historien. Elles ont apporté de nouveaux éléments à la science du langage, et leur interprétation a mis une fois de plus en lumière l'importance et la sûreté des découvertes auxquelles peut conduire un esprit sagace et ingénieux procédant avec méthode.

I.

Les plus célèbres inscriptions cunéiformes de la Perse sont appelées *inscriptions trilingues,* par ce fait qu'elles sont rédigées en trois langues différentes. Disons tout de suite que la première colonne de ces monuments trilingues est rédigée en langue perse, en perse ancien; la seconde en un idiome encore peu connu, que l'on a appelé successivement scythique, médique, ou (plus simplement et avec plus

[1] Extrait de la *République française* du 19 octobre 1877.

de sûreté) idiome de la seconde colonne des inscriptions cunéiformes ; la troisième, enfin, est rédigée en assyrien.

Ajoutons aussi que les travaux sur la langue perse ont précédé de beaucoup les écrits relatifs aux deux autres langues ; que sur l'une de ces dernières, celle de la seconde colonne, plane encore une grande incertitude ; puis que l'idiome de la troisième colonne, l'assyrien, est aujourd'hui parfaitement connu, grâce surtout aux travaux de M. Oppert. Tandis que le perse (première colonne) est une langue indo-européenne, sœur du sanskrit et du grec ; tandis que la langue de la seconde colonne appartient, par sa forme, à la classe des langues agglutinantes ; l'assyrien est un idiome sémitique, frère de l'hébreu et de l'arabe.

Ces observations préalables une fois faites, nous abordons plus facilement notre sujet.

II.

Dans quelles localités de la Perse se rencontrent les principales des inscriptions qui nous occupent ?

La plus importante de toutes est sans conteste celle du rocher de Béhistân (Béhistoun, Bisoutoun), non loin de la ville de Kermanchâh. Cette montagne, élevée d'environ dix-sept cents pieds, présente un flanc abrupte, dont une partie, fort petite relativement parlant, mais, en fait, encore assez importante, a été soigneusement polie pour recevoir la sculpture. La moitié supérieure du tableau représente un personnage royal (on a compris que c'était Darius), accompagné de gens de sa suite et recevant neuf captifs enchaînés par le col à la suite les uns des autres. La moitié inférieure est consacrée à une très-longue inscription.

Dans les gorges d'Alvend, près de la ville d'Hamadan, un assez fort morceau de roc porte, à côté l'une de l'autre, deux inscriptions trilingues. A Van, sur la montagne qui domine la ville, une triple inscription de même nature est gravée, à soixante pieds environ au-dessus du sol. Les ruines de Persépolis en présentent plusieurs autres, les unes assez intéressantes, les autres sans importance; près de la même ville il s'en rencontre quelques-unes, toutefois, dont la valeur est de premier ordre : ce sont les inscriptions avec sculptures des rochers de Nakch i Roustam. Cette énumération est fort incomplète, mais nous ne pouvons ici entrer dans les détails des ouvrages spéciaux. Nous indiquerons ci-dessous, d'ailleurs, les principaux écrits à consulter pour l'étude des inscriptions cunéiformes perses.

III.

Ce n'est pas de date récente que l'on connaît en Europe les monuments en ruine de la Perse. L'Espagnol Garcias de Silva de Figueroa mentionnait et décrivait, dès le commencement du dix-septième siècle, les inscriptions cunéiformes qu'il avait vues de ses yeux. Le célèbre voyageur Pietro della Valle en parlait également peu de temps après; au commencement du siècle suivant, Chardin les signalait aussi. Les premières études ne commencèrent toutefois qu'avec Niebuhr. Ce dernier copia en 1765 quelques-unes de ces inscriptions, et il reconnut que l'une des colonnes offrait un moins grand nombre de caractères que les deux autres.

L'écriture des trois colonnes n'est pas, en effet, la même. Sans doute elle est toujours composée d'espèces de clous ou de coins (d'où le nom de *cunéiforme*), les uns plus grands, les autres plus petits, disposés longitudinalement, horizontalement ou obliquement; mais la concordance s'arrête à ce fait général. Les cunéiformes assyriens et ceux de la seconde colonne ne sont pas tout à fait les mêmes, mais ils constituent cependant un seul et même groupe; leur origine commune est évidente, elle saute immédiatement aux yeux. Quant aux signes de la première colonne, c'est-à-dire les cunéiformes perses, beaucoup moins nombreux que ceux des autres colonnes, ils sont aussi beaucoup plus simples. L'origine de ces deux groupes est vraisemblablement la même : ils proviennent d'anciens caractères hiéroglyphiques, c'est-à-dire de véritables dessins. L'écriture assyrienne est une simplification, celle de la première colonne une simplification plus grande encore. Ajoutons, d'autre part, que les cunéiformes assyriens constituent (ainsi que le signalait l'Irlandais Hincks, dès 1846) une écriture *syllabique*, tandis que les cunéiformes perses constituent une écriture *alphabétique*. Dans l'une, en d'autres termes, un caractère rend une syllabe entière, et non pas telle consonne ou telle voyelle ; dans l'autre, un signe donné ne représente que telle consonne ou telle voyelle de l'alphabet, non pas une syllabe entière.

IV.

Niebuhr ne fut qu'un précurseur. Il était réservé au Hanovrien Grotefend de fonder la méthode de déchiffrement des vieux monuments perses. C'est de ceux-ci que nous allons nous occuper uniquement, sans parler des travaux qui ont été faits postérieurement sur les idiomes de la seconde et de la troisième espèce.

Grotefend partit de cette supposition très-naturelle, que des monuments aussi importants (et dont plusieurs avaient demandé au graveur des soins et des peines extraordinaires) ne pouvaient être que des inscriptions historiques, et encore des inscriptions ne concernant que les grands faits de l'époque, le récit des conquêtes et des événements principaux, l'apologie des souverains, l'histoire des familles royales. Le lieu d'où provenaient les inscriptions et les caractères des monuments indiquant, d'autre part, qu'il fallait se reporter au temps des rois de la dynastie achéménide (environ 550 à 330 ans avant l'ère chrétienne), Grotefend supposa que les inscriptions en question étaient les fastes mêmes des rois achéménides, Darius, Xerxès et autres, puis, hypothèse non moins légitime, que la langue de la première colonne était celle que parlaient ces rois eux-mêmes, c'est-à-dire l'ancien perse. Les deux autres colonnes ne devaient contenir qu'une traduction de la première, traduction faite en deux autres idiomes également parlés dans l'empire, mais non point officiels.

Cette série de suppositions allait être pleinement justifiée. Mais, en attendant, comment attaquer la lecture de ces caractères étranges? Comment assigner telle valeur certaine à tel signe, telle autre valeur à tel autre signe? Il ne s'agissait pas seulement de légitimer une induction plus ou moins hasardée, il s'agissait de hasarder une induction qui ne fût pas absolument invraisemblable.

Grotefend triompha de cette difficulté avec une perspicacité rare. Il commença son étude par deux petites inscriptions de Persépolis.

En premier lieu, il remarqua qu'un groupe de signes se répétait dans chacune des deux inscriptions, c'est-à-dire que le même mot venait deux fois de suite, mais avec cette particularité que, la seconde fois, il était un peu plus long que la première. Il en conclut qu'il avait affaire à une formule telle que celle de *rex regum*, roi des rois; le premier terme, ou, pour mieux dire, le mot sous sa première forme, devait être un nominatif singulier, *rex;* sous sa seconde forme, sous sa forme plus longue, il devait être un génitif pluriel, *regum*. Il s'agissait là, d'ailleurs, d'une formule honorifique, roi des rois, usitée en Perse de tout temps, depuis la plus haute antiquité jusqu'à nos jours. Il allait de soi que les groupes de caractères qui précédaient cette formule de « roi des rois » devaient désigner l'individu en question, celui qui était roi des rois : un tel, roi des rois. Après cette première formule venait un mot inconnu, puis se répétait le mot « roi »; le mot inconnu devait, dans l'esprit de Grotefend, être le nom du père du personnage dont il s'agissait, lequel père avait été roi lui-même. D'où la formule plus complexe : un tel, roi des rois, fils d'un tel, roi.

Ce procédé était fort ingénieux, et le savant Hanovrien l'employa avec beaucoup de sagacité; mais il faut dire, pour rendre justice à qui de droit, que le célèbre Silvestre de Sacy l'avait déjà mis en usage pour l'étude des inscriptions persanes du moyen âge, c'est-à-dire des inscriptions pehlvies de l'époque des rois sassanides (du troisième au septième siècle de notre ère).

Quoi qu'il en soit, et pour en revenir à Grotefend, en supposant qu'il eût eu quatre ou cinq noms différents, soit A, B, C, D, etc., tour à tour suivis des groupes « roi des rois » et « roi », il eût obtenu cette série de déterminations :

D, roi des rois, fils de C, roi;

C, roi des rois, fils de B, roi;

B, roi des rois, fils de A, etc., etc.

Il restait à prouver, étant donné qu'on se trouvait en face de monuments dus aux Achéménides, que tel groupe, c'est-à-dire A, B, C, ou quelque autre encore, était le nom d'Hystape, tel autre celui de Darius, tel autre celui de Xerxès, et ainsi de suite. Si Grotefend avait pu connaître quelle était la forme perse des noms grécisés Dareios, Kuros, Hustaspès et autres, la question eût été bien avancée, mais il n'en était pas ainsi. Sur la forme authentique de ces différents noms, sur leur véritable forme perse, il en était réduit aux conjectures. C'est ce qu'il expliqua fort bien, du reste, dans son rapport à l'Académie de Gœttingen sur le déchiffrement des deux inscriptions mentionnées ci-dessus (dont l'une signifiait, comme on le comprit plus tard : « Darius, grand roi, roi des rois, roi des régions, fils d'Hystaspe, a fait cet édifice », et l'autre : « Xerxès, grand roi, roi des rois, fils de Darius, roi, achéménide »). Voici d'ailleurs la traduction de ses propres paroles : « Tout à fait convaincu qu'il fallait chercher ici deux rois de la dynastie des Achéménides, vu que je considérais comme la plus croyable de toute l'histoire racontée par les Grecs de ce temps, je commençai à parcourir la liste des souverains et à chercher quels étaient parmi leurs noms ceux qui cadraient le plus facilement avec les caractères des inscriptions. Ce ne pouvait être Cyrus ni Cambyse, car les deux noms propres que présentaient les inscriptions ne commençaient pas par le même caractère. Ce ne pouvait être ni un Cyrus, ni un Artaxerxès, car le premier de ces noms était trop court pour répondre à toutes les lettres du premier mot perse, et le second, par contre, était trop long. Il ne me restait donc que Darius et Xerxès, et ces deux noms s'accommodaient si bien aux signes perses (relativement à la longueur des mots et à la différence de la lettre initiale de chacun de ces mots), que je ne doutai point du bon succès de mon choix. A cela s'ajoutait que, dans l'inscription du fils (Xerxès), le titre de roi était donné également au père (Darius), tandis qu'il n'en était pas ainsi dans l'inscription de ce dernier (lequel était seul qualifié de roi, non son père). Toutes les inscriptions de Persépolis confirmaient ce fait. » Il était donc acquis que dans la seconde des deux inscriptions il s'agissait de Xerxès, roi des rois, fils de Darius, roi, et dans la première de Darius, roi des rois, fils d'Hystaspe.

Se disant que le nom de ce dernier était consigné dans l'*Avesta* (récemment traduit en français par Anquetil-Duperron), Grotefend admit, d'après cet ancien livre religieux, que le nom en question était Gochasp, Gustasp, Kistasp ou Vistasp, et dès lors il crut tenir les sept caractères cunéiformes perses du nom d'Hystaspe. En réalité, on voit qu'il y avait hésitation sur la première des lettres; disons que le vrai nom zend, celui que présente l'*Avesta*, est Vîstâçpa, en perse Vistâçpa.

Telle est la découverte de Grotefend, découverte véritablement fondamentale. Nous n'avons pas à regretter pour lui qu'ayant voulu pousser plus loin le déchiffrement, il se soit mépris sur un grand nombre d'autres signes de l'alphabet perse. Son idée de puiser un secours dans l'Avesta, dans la langue zende qui, en fait, est très-voisine du perse, était une idée excellente; mais elle ne pouvait, à l'époque où écrivait Grotefend (1802 ss.), aboutir à des résultats définitifs, car on peut dire que la langue zende était encore à peu près inconnue. En tous cas, la voie était tracée, et l'honneur de l'avoir ouverte revient sans conteste au savant hanovrien.

V.

Silvestre de Sacy, dont le procédé de déchiffrement des inscriptions pehlvies avait inspiré (nous l'avons dit plus haut) l'entreprise de Grotefend, prêta à ce dernier l'appui de son autorité (*Magasin encyclopédique* an VIII, tome V). Un autre de nos compatriotes, Saint-Martin, apporta à cette difficile question de nouveaux renseignements qui ne furent par tous inutiles (1820-1822) ; le Danois Rask détermina la forme du génitif pluriel et la lecture des deux lettres très-importantes *m* et *n* (1826). Dix ans après, en 1836, s'ouvrait, avec Eugène Burnouf et Christian Lassen, la période du déchiffrement définitif des cunéiformes perses.

A cette époque, en effet, deux nouveaux éléments étaient acquis, grâce auxquels le problème, si ardu jusque-là, devait être résolu. Nous voulons dire la constitution générale de la grammaire commune indo-européenne, et la connaissance de la langue zende. Les admirables travaux d'Eugène Burnouf avaient fondé la grammaire de ce dernier idiome, et il allait se trouver que le perse des inscriptions cunéiformes était, pour ainsi dire, un frère jumeau du zend; entre le zend et l'ancien perse, il y a beaucoup moins de différence qu'entre telles ou telles des langues issues du latin. On pourrait presque les regarder comme deux dialectes, non point comme deux langues proprement dites.

A quelques jours de distance l'un de l'autre, au printemps de l'année 1836, parurent à Paris et à Bonn l'écrit de Burnouf et celui de Lassen ; le premier intitulé : *Mémoire sur deux inscriptions cunéiformes trouvées près d'Hamadan;* le second (en allemand) : *les anciennes inscriptions cunéiformes perses de Persépolis.* Burnouf interprétait dans son mémoire l'inscription de Darius trouvée à Alvend, composée d'une quarantaine de mots, et une inscription de Xerxès d'une longueur à peu près égale; le texte était d'ailleurs, dans l'une et dans l'autre, à peu de chose près identique. Dans la première, Darius, après avoir fait l'éloge du dieu Ormuzd, déclinait ses propres titres de grand roi, de roi des rois; dans la seconde, Xerxès, après le même éloge, se proclamait grand roi, roi des rois, fils de Darius, roi, achéménide. L'alphabet que proposait Burnouf, pour le déchiffrement et la lecture des caractères cunéiformes perses, réalisait un progrès considérable sur celui de Grotefend; toutefois, s'il approchait de la vérité, il ne la rendait pas d'une façon parfaite. Il regardait, par exemple, comme des lettres figurant telle ou telle voyelle des caractères qui, au contraire, représentaient des consonnes. C'est ce que les recherches de ses successeurs ont clairement établi. Ce qui avait ici trompé Burnouf, c'est qu'il s'en rapportait trop au système des voyelles zendes, lequel est plus varié, plus nuancé que le système des voyelles du perse ancien.

Lassen, de son côté, avait suivi avec non moins de méthode et non moins de succès la voie ouverte par Grotefend. Lassen avait connaissance des recherches de Burnouf, mais son travail porte cependant la marque d'une entière originalité. Il découvrit, entre autres faits importants, qu'une inscription de Darius, trouvée à Persépolis sur une muraille extérieure, contenait un grand nombre de noms géographiques (Perse, Susiane, Médie, Arabie, Assyrie, Cappadoce, Arménie, Égypte, etc., etc.), et ce fut là une des principales causes de l'enrichissement de son alphabet. Ce dernier ne concordait pas d'une façon complète avec celui de Burnouf, mais il était identique pour une quinzaine de caractères au moins, et des plus communs. Burnouf et Lassen avaient franchi simultanément un pas immense; ils différaient sur plus d'un détail, mais, pris d'une façon générale, les résultats auxquels ils étaient arrivés chacun de leur côté n'étaient pas seulement comparables : ils étaient bien les mêmes. Cet accord n'a rien de surprenant. Les deux concurrents partaient des mêmes faits, procédaient avec la même méthode, et mettaient l'un et l'autre, au service du déchiffrement, leur grande connaissance des langues qui étaient les plus proches parentes de l'idiome de Darius et de Xerxès. Rask avait très-certainement entrevu la toute-puissante valeur de cette méthode, et s'il avait écrit non pas en 1826, mais bien dix ans plus tard, il est certain qu'au lieu des deux écrits de Burnouf et de Lassen, on eût vu apparaître simultanément trois mémoires identiques.

VI.

Tout à côté des travaux de Burnouf et de Lassen, nous avons à mentionner ceux de Beer (1838), de Jacquet, et particulièrement ceux du célèbre orientaliste anglais Rawlinson.

Ce dernier, privé de toute espèce de relations avec les savants européens, commença en 1835, durant son séjour en Perse, l'étude de l'idiome de la première colonne des inscriptions cunéiformes. Les inscriptions d'Alvend, auxquelles s'était attaqué Burnouf, formèrent également le sujet de sa première étude, et il déchiffra, tout comme l'avait fait Grotefend, les noms d'Hystaspe, de Darius, de Xerxès.

C'est alors qu'il prit copie de la grande inscription de Béhistân et qu'il tenta la lecture de ce texte important. Les écrits de Grotefend et de Saint-Martin lui étaient, entre temps, parvenus à Téhéran, et il avait eu la joie de constater que ses propres découvertes l'avaient conduit dans la bonne direction, mais beaucoup plus loin que n'avaient été ses deux prédécesseurs inconnus. Le mémoire de Burnouf lui arrivait à son tour; celui-ci lui parut le travail d'un maître : il l'était, en effet, mais il apportait, du même coup, la confirmation éclatante des heureux succès de Rawlinson.

Nous ne pouvons donner le nom de tous les auteurs qui, après Burnouf, Lassen, Rawlinson, ont aidé au déchiffrement des cunéiformes perses : Hincks, Holtzmann, Benfey, d'autres encore. M. Oppert a puissamment contribué à ces progrès; dès 1847, il publiait un écrit sur le système phonétique de l'ancien perse, et, depuis ce temps, tout en s'occupant de l'idiome de la seconde colonne des inscriptions, tout en fondant la grammaire assyrienne (idiome de la troisième colonne), il n'a cessé de faire paraître des mémoires plus ou moins importants, sur la langue des Achéménides, particulièrement dans la *Revue de linguistique.* M. Oppert annonce depuis plusieurs années une grammaire de l'ancien perse.

Cette grammaire a été donnée, d'ailleurs, dès 1862, par M. Spiegel, l'auteur des travaux si connus et si méthodiques sur la langue zende, sur l'Avesta, sur les idiomes éraniens du moyen âge. L'ouvrage de M. Spiegel sur les inscriptions perses contient le texte transcrit en caractères latins, la traduction de ce texte, une courte histoire du déchiffrement, une grammaire, un glossaire. C'est, jusqu'ici, le manuel indispensable du commençant.

Dix ans après l'ouvrage de M. Spiegel, a paru celui de M. Kossowicz, un livre tout à la fois de luxe et de science, publié par l'Académie de Pétersbourg : ce magnifique volume comprend le texte même, en caractères cunéiformes, de toutes les inscriptions perses actuellement connues, une version littérale en langue latine, un glossaire perse-latin et de nombreux commentaires. Il renferme, en outre, un grand nombre de figures représentant les localités où ont été trouvées les différentes inscriptions des Achéménides et la figure même de ces précieux monuments. M. Kossowicz a fait un livre excellent, et dont le seul défaut (mais ce défaut ne pouvait guère être évité) est d'être inaccessible à la plupart des bourses d'étudiants.

VII.

Nous ne terminerons pas cette rapide revue sans dire quelques mots du contenu même des inscriptions perses.

Ce sont de pures et simples annales, mais qui ont apporté de précieux renseignements à l'histoire et à la géographie anciennes.

L'époque de Cyrus n'en a laissé qu'une seule : « Je suis Cyrus, roi, achéménide. » C'est la plus ancienne de toutes celles que l'on possède ; on l'a découverte à Mourghâb, au nord-est de Persépolis.

Nous avons parlé à plusieurs reprises de l'inscription importante de Béhistân. Darius fait avant tout consigner sur ce tableau sa généalogie : Mon père fut Hystaspe, Arsamne fut père d'Hystaspe, Ariaramne père d'Arsamne, Téispe, père d'Ariaramme. Achéménès, père de Téispe. Il est roi par la grâce d'Ormuzd et énumère les pays qui composent son empire : Perse, Susiane, Babylonie, Assyrie, Egypte maritime, Ionie, Médie, Arménie, Cappadoce, Parthie, Arie, Baktriane, Sogdiane, Arachosie, etc., etc., en tout, dit-il, vingt-trois contrées, où il accueille bienveillamment l'étranger et châtie l'ennemi. Il rapporte ensuite l'histoire de Cambyse et de Smerdis, la mort de ce dernier, l'entreprise du faux Smerdis et son triomphe, à lui Darius, sur cet imposteur : ses expéditions en Susiane, en Babylonie, ses victoires sur de nombreux rebelles. Enfin il récapitule ses hauts faits : J'ai livré aux rebelles dix-neuf batailles : par la grâce d'Ormuzd, j'ai détruit leurs armées et j'ai fait captif neuf rois. Le mage qui s'appelait faussement Smerdis fils de Cyrus, souleva la Perse ; Atrina, la Susiane ; Naditabire, la Babylonie ; Martiya fit à nouveau révolter la Perse ; Phraorte, la Médie ; etc., etc.... Ces neuf rois, je leur livrai bataille et je les pris. Voilà ce que j'ai accompli ; sachez-le, vous qui lirez cette inscription. J'ai fait bien d'autres choses encore que cet écrit ne relate pas. Longue vie à toi, si tu fais connaître au peuple ce que j'ai consigné ici ; puisses-tu périr, toi et ta souche, si tu le caches et ne l'expliques point !

A Alvend, dans la petite inscription étudiée par Burnouf, le même Darius disait : C'est un grand dieu qu'Ormuzd, qui a créé cette terre, qui a créé ce ciel, qui a fait Darius roi ; je suis Darius, grand roi, roi des rois, roi de ce vaste empire, fils d'Hystaspe, achéménide. — Plusieurs des inscriptions de Persépolis sont dues également à Darius ; il y vante de même sa puissance et ses exploits. — A Nakch i Roustam, même énonciation des pays soumis à son pouvoir, même glorification de la faveur que lui accorde Ormuzd.

Les inscriptions de Xerxès sont presque aussi importantes ; elles se trouvent à Persépolis, à Alvend, à Van. Le roi répète l'éloge d'Ormuzd, se proclame fils de Darius, apprend à la postérité qu'il a édifié telles et telles constructions, et indique également celles qui sont dues à son père.

D'Artaxerxès premier et du second Darius nous ne possédons que quelques mots tout à fait insignifiants ; enfin les rares inscriptions d'Artaxerxès Mnémon et d'Artaxerxès Ochus n'offrent point d'intérêt après celles qui précèdent.

Nous n'avons parlé jusqu'ici que des monuments découverts dans les pays éraniens, c'est-à-dire en Perse et dans les régions voisines. Il en est un autre, bien précieux, que nous signalerons en finissant : c'est l'inscription découverte dans les travaux du canal de Suez et qui remonte au premier Darius. Ce texte a été étudié pour la première fois par M. Oppert (*Mémoire sur les rapports de l'Égypte et de l'Assyrie dans l'antiquité, éclaircis par l'étude des textes cunéiformes*, 1869), et a été reproduit par M. Kossowicz dans l'ouvrage ci-dessus indiqué. La stèle présentait d'un côté le texte trilingue, à savoir la version originale perse, la traduction en langue soi-disant médique, puis la traduction sémitique (assyrienne); sur la face opposée se trouvait le même texte en hiéroglyphes égyptiens, chose bien naturelle, puisque l'écrit était destiné à être lu par des Égyptiens. Ce dernier texte, d'ailleurs, était plus développé que l'original. Le commencement du morceau a été déchiffré sans trop de difficulté. Darius commence par cette formule connue : C'est un grand dieu qu'Ormuzd qui a créé ce ciel, qui a créé cette terre, qui a fait Darius roi, qui a donné à Darius la grande autorité royale. Darius dit ensuite : Je suis Darius, roi des rois, roi de ce vaste pays, fils d'Hystaspe, achéménide. Tout cela est banal et se retrouve ailleurs ; mais voici la partie toute spéciale : Je suis Perse, et, à l'aide des Perses, j'ai conquis l'Égypte. J'ai ordonné que l'on creusât ce canal, depuis le fleuve du Nil, qui coule en Égypte, jusqu'à la mer qui vient de Perse..... Ici, malheureusement, l'inscription est tout à fait endommagée ; un très-grand nombre de mots ne sont plus représentés que par un ou deux caractères, soit de leur commencement, soit de leur fin; d'autres mots manquent en entier. M. Oppert, qui possède une remarquable faculté d'induction, a tenté de restaurer ce précieux fragment. Si la version assyrienne avait été sauvée, la difficulté eût été levée, ou à peu près ; cette dernière, par malheur, avait été détruite, paraît-il, par les ouvriers employés au creusement du canal. Elle était placée, non pas à côté du texte perse, mais bien au bas de la stèle. C'était une perte irréparable. Quoi qu'il en soit, M. Oppert ne recula point devant cette tâche ardue et il proposa d'interpréter comme suit le passage en question : Puis ce canal fut creusé ici, comme je l'avais ordonné ; alors je dis : Allez, à partir de Bira, jusqu'au littoral, détruisez la moitié du canal, comme c'était ma volonté.

Cette version est pour le moins très-vraisemblable; Strabon rapporte, en effet, que Darius cessa les travaux de canalisation qu'il avait entrepris dans cette région. Nous pouvons supposer qu'il échoua devant un ensablement continu et qu'il voulut, au moins, masquer son insuccès.

La *grâce d'Ormuzd*, ici, lui avait fait défaut.

A. H.

LA LANGUE SERBE[1]

Jusqu'aux derniers événements qui viennent d'attirer l'attention du monde politique sur la région du Bas-Danube, peu de personnes, en France, auraient pu dire ce que c'était que le peuple serbe, quelle était son origine, quelle était sa langue, quelle était l'extension de son aire géographique. La presse, sur ces différentes questions, a beaucoup appris, dans ces derniers temps, au public qui cherchait à se renseigner, mais peut-être n'est-il pas sans intérêt de jeter un coup d'œil d'ensemble sur cet important sujet. C'est ce que nous nous proposons de faire à propos de la langue des Serbes.

I.

STATISTIQUE.

Le groupe des langues slaves, dont le serbe fait partie, est une variété du type primitif dont procèdent également le sanskrit, le grec, le latin, le perse, l'allemand, etc. Il est constitué aujourd'hui par huit idiomes vivants.

A l'est, le *russe,* ou grand-russe ; puis, dans la Russie méridionale et dans une partie de la Galicie autrichienne, le *ruthène,* ou petit-russe ; le *polonais,* parlé en Russie par quatre millions sept cent mille individus (4,700,000), en Prusse par deux millions quatre cent cinquante mille

[1] Extrait de la *République française,* 1877.

(2,450,000), en Autriche par deux millions quatre cent soixante-cinq mille (2,465,000); plus à l'ouest, dans la Prusse méridionale et la Saxe, le *slave de Lusace* — ou *sorabe* — idiome tout à fait en voie d'extinction et parlé par cent trente mille individus seulement (130,000), aux environs de Cottbus et de Bautzen. Au nord de l'Autriche se trouve une autre langue slave, celle-ci beaucoup plus importante : c'est le *tchèque*, ou slave de Bohême, avec le dialecte *slovaque*, parlés, tous deux ensemble, par six millions et demi d'individus (6,500,000) environ. Puis viennent les idiomes slaves du sud : tout à l'est, le *bulgare* (5,500,000 individus), parlé surtout dans la plus grande partie de la Turquie européenne; tout à l'ouest, le *slovène* (1,200,000), dans la Carinthie et la Styrie du sud, dans la Carniole et dans une partie de l'Istrie. Enfin, entre ces deux derniers idiomes, s'appuyant à l'est sur le bulgare, à l'ouest sur le slovène, le *serbe*, dont nous allons nous occuper particulièrement.

On pourrait aussi bien donner à la langue *serbe* le nom de langue *croate*. Le premier de ces noms est celui qu'elle porte dans l'Europe orientale, le second celui qu'elle reçoit dans l'ouest. Certains auteurs, pour tout concilier, l'appellent *serbo-croate* ou *croato-serbe*.

C'est dans le courant du septième siècle de notre ère que les ancêtres des Serbes et des Croates abandonnèrent la région des monts Carpathes et prirent le chemin du pays où nous les trouvons cantonnés aujourd'hui. Vers l'ouest, ils ne tardèrent pas à s'établir en Dalmatie; au sud, ils prirent rapidement possession du territoire compris dans la pointe triangulaire que forment le Danube, la Save, la Drave. C'est là que, dans le cours du neuvième siècle, ils furent catéchisés et convertis par des missionnaires chrétiens. Plus de deux cents ans s'étaient écoulés déjà, et les Slaves de Dalmatie, de Croatie et de Bosnie jouissaient de leur pleine indépendance, quand apparut la nation conquérante des Magyars, peuple asiatique, parent des Vogouls et des Ostiaques, qui s'établit par la force des armes sur la frontière septentrionale des Slaves du sud. A la fin du onzième siècle, le roi de Hongrie Ladislas Ier avait conquis la Slavonie, puis la Croatie. Les princes serbes de l'Orient demeurèrent indépendants plus longtemps. Ce ne fut qu'au quatorzième siècle que la bataille de Kosovo (15 juin 1389) livra aux Osmanlis l'empire serbe de l'est.

Ces détails historiques rappelés d'une façon sommaire, jetons les yeux sur la carte linguistique de l'Europe actuelle et voyons quelles sont les limites géographiques du croato-serbe.

Nous remarquons tout d'abord que cette langue n'appartient pas à un seul et même État, mais qu'elle est répartie, au contraire, entre quatre gouvernements. Il est rare que l'aire géographique d'une langue coïncide avec les limites mêmes d'un État. Pour le serbe, le phénomène est remarquable.

Si nous commençons par l'ouest, nous voyons qu'en Austro-Hongrie le croate occupe l'Istrie (moins une bande du littoral où se parle l'italien), puis la Dalmatie et les îles nombreuses qui en dépendent. Remontant un peu vers le nord, nous trouvons le croato-serbe dans toute la bande méridionale du territoire qui, dans la division de l'empire en deux portions, appartient aux Magyars : c'est à savoir la Croatie (Agram, Varazdin), la Slavonie (Esseck), la Sirmie, puis la plus grande partie du territoire compris entre Temesvar et Semlin.

Au sud de la Save, la principauté de Serbie, vassale de la Turquie, voit la langue serbe s'étendre sur presque tout son territoire. Dans l'est seulement de cette principauté (notamment à Zaïtchar), on parle une langue latine, le roumain.

Dans le domaine propre de l'empire ottoman, la langue serbe est parlée au nord-ouest : dans la Croatie turque, en Bosnie et en Herzégovine. Au sud, enfin, le serbe est la langue unique de la petite principauté du Montenegro.

Sur les 35,920,000 habitants de la monarchie austro-hongroise, on compte bien 16,169,000 Slaves, soit près de la moitié de la population totale. Parmi ces seize millions, les individus de langue croato-serbe compteraient pour environ 3,017,000, ainsi répartis approximativement : en Autriche, 553,000; en Hongrie 2,464,000.

On voit combien l'Istrie et la Dalmatie, qui relèvent de la couronne autrichienne, sont inférieures, sous le rapport de la population, à la Croatie, à la Slavonie et autres pays serbes relevant de la couronne magyare.

En somme, la onzième ou douzième partie des sujets austro-hongrois parle croato-serbe.

En Turquie, on peut compter, dans les provinces de Bosnie, de Novi-Bazar et d'Herzégovine, environ 1,130,000 individus de langue serbe; c'est à peu près le nombre de ceux qui ont le turc pour langue maternelle. Dans la principauté de Serbie, à côté des 140,000 Roumains cantonnés dans l'est, à Zaïtchar et aux environs, on compte 1,140,000 personnes parlant le serbe. Enfin dans la principauté de Tsrnagora (Montenegro), la population — serbe tout entière — est d'environ 200,000 individus.

Nous arrivons ainsi à un chiffre de 5,487,000, qui nous paraît très-rapproché de la vérité. L'ethnographe tchèque Schafarik obtenait un résultat plus élevé; les Croato-Serbes étaient, pour lui, au nombre de six millions quatre-vingt-quinze mille. Czoernig, par contre, n'en comptait que cinq millions cent soixante-six mille cinq cents. L'auteur anonyme de l'excellent livre : *Les Serbes de Hongrie, leur histoire, leurs priviléges, leur église, leur état politique et social,* porte à cinq millions deux cent cinquante mille environ (5,250,000) le nombre des Croato-Serbes de tous pays. Ce dernier chiffre, comme l'on voit, ne diffère pas très-sensiblement de celui que nous proposons nous-même.

II.

LA LANGUE SERBE ET SES DIALECTES.

Quelle est la place qu'elle occupe dans la famille linguistique slave ?

L'ancien idiome slave, celui qui a donné naissance au russe, au polonais, au serbe et autres variétés de la même famille, est une langue qui a disparu sans laisser de monuments. On a bien donné le nom d'*ancien slave* à l'idiome dans lequel furent traduits les Évangiles dans le courant du neuvième siècle, mais cette dénomination est tout à fait inexacte. La langue des apôtres Cyrille et Méthode ne peut pas être acceptée par des linguistes pour la mère commune du russe, du polonais, du serbe, etc. Il est évident, par exemple, que certaines des formes de cette langue sont moins bien conservées — non-seulement sous le rapport phonétique, mais encore sous le rapport morphologique — que les formes serbes correspondantes. Le nom de cette langue slave aujourd'hui éteinte, et qui n'est plus employée que dans les offices ecclésiastiques, est celui de *slave liturgique*. Il se peut qu'elle ait donné naissance au bulgare moderne, mais à coup sûr ce n'est qu'une sœur du croato-serbe : ce n'est point son ancêtre.

Que le croato-serbe se rapproche davantage du bulgare, et surtout du slovène, qu'il ne se rapproche d'aucun autre idiome slave, le fait semble incontestable; mais voilà, nous paraît-il, tout ce qu'il est permis de dire sur l'origine de cette langue. Les idiomes slaves, en effet, n'ont pas été suivis dans leur passé, dans leur évolution, comme ont pu l'être les idiomes germaniques ou, mieux encore, les idiomes d'origine latine. En fait, on a proposé quatre ou cinq classifications différentes pour la famille des langues slaves, mais aucune de ces classifications n'a pu s'imposer d'une façon évidente.

En tous cas, l'unité de la langue serbe est nettement établie, bien que cette langue se divise en plusieurs dialectes.

Si nous faisions le compte des variétés locales qui n'ont pas grande importance, nous arriverions sans doute à un nombre assez élevé de sous-dialectes; mais ce serait vraiment pousser trop loin l'amour des groupements et des divisions. On peut dire, en somme, que le croato-serbe comprend trois grands dialectes : le dialecte de l'est, celui du sud, celui de l'ouest.

Le premier est celui de Belgrade et de toute la Serbie. Il est également en usage chez les Serbes proprement dits de la Hongrie, c'est-à-dire au sud de Temesvar, à Zombor, à Novi-Sad. Le dialecte méridional fleurit surtout en Dalmatie : à Zara, à Raguse (Dubrovnik, en serbe). Enfin le dialecte occidental — qui certainement est le moins littéraire de tous — est le dialecte de la Croatie. Ce dernier est pénétré de formes slovènes venant de l'ouest : ainsi, à Zagreb (Agram), le serbe vulgaire, la langue populaire, offre des traces évidentes de cette influence.

La caractéristique principale qui les distingue les uns des autres est très-facile à saisir, et nous pouvons l'exposer en quelques lignes sans craindre de nous lancer dans des explications linguistiques qui seraient ici hors de propos.

Tandis que, dans le dialecte de l'est (à Belgrade, par exemple), la voyelle radicale *e* se prononce *é*, il arrive que dans le dialecte de l'ouest elle se change en *i*.

Exemples : à Belgrade on dit *vetar*, le vent; *selo*, le village (prononcez *vétar*, *sélo*); mais dans l'ouest on dit *vitar*, *silo*.

Qu'arrive-t-il dans le dialecte du sud, en Dalmatie? Ici on ne dit ni *e* ni *i*, mais on écrit *je* ou *ije*, que l'on prononce *yé* ou *iyé*. Exemples : *vjetar*, *sijelo* (prononcez *vyétur*, *siyélo*).

Évidemment cela ne peut être une difficulté. L'étranger qui parle serbe devra se conformer à l'usage de chaque dialecte, mais il peut, en toute sûreté, user à Belgrade de la prononciation de Raguse, à Raguse de celle de Belgrade; il lui suffit d'être fidèle à un seul et même système dans le cours d'une seule et même conversation.

Quant à l'ensemble de la grammaire serbe, il est certain qu'elle est assez difficile pour nous, comme, d'ailleurs, la grammaire de toutes les langues slaves.

Les lois euphoniques sont nombreuses, et il n'y a pas à songer à en faire bon marché; la déclinaison est très-compliquée, les cas sont nombreux, et les désinences varient suivant que le nom est masculin, féminin ou neutre. La conjugaison donne beaucoup moins de peine, mais elle offre aussi ses difficultés.

Ajoutez à cela l'écueil de l'accentuation.

Dans certaines langues slaves, l'accent se place sans peine aucune. Ainsi, en tchèque, il porte toujours sur la première syllabe du mot; en polonais, il porte (quand il ne s'agit pas de mots empruntés à des langues étrangères) sur l'avant-dernière syllabe. Mais en croato-serbe il peut affecter toute syllabe, quelle que soit la position de cette syllabe dans le mot. C'est ce qui se rencontre également en russe. C'est là, pour l'étranger, une difficulté considérable, et qui est d'autant plus augmentée que les lois d'accentuation ne sont pas encore scientifiquement expliquées.

Quoi qu'il en soit, et pour en revenir à la grammaire proprement dite, nous n'hésitons pas à penser que le serbe est, de toutes les langues slaves vivantes, celle que peuvent étudier avec le plus de profit les personnes curieuses de ces sortes de recherches. Elle a moins souffert assurément dans sa phonétique et dans le mode de structure de ses mots que n'ont souffert les autres langues congénères. L'apprenti « slavisant » ne devra passer au russe et au tchèque qu'après s'être familiarisé avec le slave liturgique et le serbo-croate.

Nous ne voudrions pas, dans un article du genre de celui-ci, entrer dans des détails linguistiques tout à fait spéciaux. Cependant, quelques lecteurs aimeront peut-être à apprendre par un ou deux exemples quel est le genre de phénomènes qui distingue le serbe (de même que les autres langues slaves) des autres idiomes indo-européens, tels que le latin et le grec. Ces phénomènes sont de deux espèces : ils appartiennent, soit à la phonétique, soit à la morphologie.

Nous voyons d'abord, en ce qui concerne le tableau des voyelles et des consonnes, que le serbe, à côté de la consonne *r*, possède une voyelle *r*, inconnue au grec et au latin : par exemple dans les mots : *prvi* « premier », *prst* « doigt ». C'est une voyelle particulière, un peu étrange pour nous, mais dont la prononciation n'offre aucune difficulté. — Le serbe a nos consonnes *j* et *ch* (de : « je cherche) » : on les transcrit dans l'alphabet croate par les signes *z* et *s* surmontés d'un accent circonflexe renversé. On sait que ni le grec ni le latin ne possèdent cette paire de sifflantes. — Nous trouvons également, en serbe, les consonnes que l'on peut figurer en français par « tch » et « dj », puis ces mêmes consonnes légèrement « mouillées » ; ces derniers sons n'offrent pas pour nous une difficulté bien sérieuse.

Les lois du passage de l'ancienne forme commune indo-européenne aux formes slaves, et particulièrement aux formes serbes, sont très-bien établies. Une des plus curieuses consiste en ce fait, que très-souvent le *k* de l'indo-européen commun devient *s*. Tandis, par exemple, que le grec *deka* « dix » et les formes celtiques *dec*, *deac*, conservent la consonne organique, le serbe dit *deset* « dix », *deseti* « dixième ». Le changement d'un *g* organique en un *z* serbe est tout aussi fréquent : c'est ainsi que le *z* des mots serbes *znam* « je sais, je connais », *znan* « connu », correspond au *g* des formes grecques *gignôscô,* et latines *i-gnotus*, *co-gnomen, i-gnobilis.*

Au commencement des mots une loi très-importante fait que, dans la plupart des cas, les voyelles initiales *a*, *e*, sont précédées d'un *j* (prononcez comme le *y* français) qui est purement euphonique. Tandis, par exemple, que la forme organique *asti* « il est » devient en grec *esti,* en latin *est*, elle se change dans la langue serbe en *jest* (prononcez « yest »). Le mot *ja* « je » (qu'il faut prononcer « ya ») correspond rigoureusement au latin *ego;* cette forme serbe, en effet, a été précédée d'une plus ancienne forme *jaz,* dont le *j* (notre y) est purement et simplement préfixé, comme il vient d'être dit, et dont le *z* répondait à un *g* du grec et du latin, selon le phénomène indiqué déjà ci-dessus.

Dans la conjugaison nous pouvons remarquer que le serbe — comme les autres langues slaves — a perdu l'ancien parfait, qui était formé par un redoublement de la racine. Ce parfait redoublé, le grec l'a bien conservé, témoin *leloipa,* parfait de *leipô* « je laisse » ; le latin dit *tundo* « je frappe », et au parfait *tutudi*, « j'ai frappé ». En serbe rien de semblable : le parfait se rend par une périphrase, par les formes du verbe auxiliaire « je suis, tu es... », accompagnées d'un participe dont le sens est celui-ci : « ayant fait telle chose... » Ainsi la formule *sam vidio* « j'ai vu », *sam dao* « j'ai donné », veut dire, à proprement parler : Je suis ayant vu, je suis ayant donné.

On comprend dès lors que si la personne qui parle est une femme, le participe se met au genre féminin. Un homme dit *sam vidio* « j'ai vu », une femme *sam vidila.*

Même observation pour le pluriel : *smo vidili,* « nous

avons vu » (c'est-à-dire : nous sommes ayant vu), est du genre masculin, et *smo vidile* est du genre féminin.

En fait, ceci n'est qu'un phénomène d'analytisme, et le français use d'un procédé analogue lorsqu'il dit : « J'ai dit, j'ai fait », alors que le latin, langue synthétique, dit en un seul mot *vidi, feci.*

Il serait superflu d'étendre la liste de ces exemples. Toutefois il ne faudrait pas croire que, parce qu'ils mettent le serbe en infériorité évidente vis-à-vis du latin ou du grec, il en soit toujours ainsi. Loin de là ! Le latin et le grec sont, en maintes circonstances, plus éloignés que le serbe de la langue commune indo-européenne.

III.

LA LITTÉRATURE SERBE.

Les anciens monuments du douzième et du treizième siècle en langue slave méridionale (inscriptions, diplômes, écrits liturgiques) ne sont pas encore du serbe proprement dit.

La véritable littérature croate et dalmate ne vient au monde qu'à la fin du moyen âge; elle précède la littérature du serbe oriental. Au quinzième siècle, Raguse prend une influence littéraire considérable et garde cette prépondérance intellectuelle durant tout le cours du seizième et du dix-septième siècle.

Nous ne saurions nous étonner de voir ce mouvement se localiser chez les Dalmates et les Croates. Entre eux et leurs frères de l'est, les Serbes, il y avait en effet une puissante barrière, une barrière que l'esprit moderne était seul capable de briser : la diversité du culte. La Serbie se rattachait à l'Église orientale, la Croatie à l'Église romaine; la première ne connaissait que les caractères alphabétiques slaves, la seconde usait des caractères latins. C'est seulement au milieu du dix-huitième siècle que la Serbie orientale va secouer définitivement le joug liturgique qui pesait sur sa langue.

Dosithée Obradovitch fut l'instigateur de ce mouvement[1]. Cet homme dont la vie, consacrée tout entière au développement de la littérature de son pays, fut pleine d'événements, parcourut — poursuivant toujours son but — une grande partie de l'Europe. Il étudia tour à tour en Dalmatie, en Grèce, à Venise, à Vienne, à Constantinople, à Moscou, à Leipzig, en Angleterre. Lorsqu'il mourut, à Belgrade, en 1811, son but était pleinement atteint : la Serbie avait une littérature propre.

Son œuvre fut continuée et puissamment développée par Vouk Stefanovitch Karadjitch, né dans un petit village de Serbie. « Il fit, dit l'auteur des *Serbes de Hongrie,* il fit ses premières études à Karlovci et à Belgrade, mais c'est en lui-même, dans son infatigable énergie, dans son amour du travail, qu'il puisa les trésors de science qu'il amassa. Lors de la chute de Kara-Georges il quitta la Serbie, vint s'établir à Vienne et put s'y adonner à l'étude. Son premier ouvrage décida de sa vocation : ce fut une petite grammaire écrite d'après le langage vulgaire. Cette grammaire fut bientôt suivie d'un petit recueil de chants populaires. Stefanovitch allait plus loin qu'Obradovitch, en ce sens qu'il ne se bornait pas à écrire dans un style simple, mais recherchait partout les monuments de la littérature populaire, chants, contes, proverbes, pour en extraire les vrais principes de la langue.

« Dès l'année 1818, il fit paraître son dictionnaire serbe-allemand-latin, qui fit époque, non-seulement chez les Serbes, mais chez les Slaves en général. En même temps, il introduisait une orthographe simplifiée qui devait faciliter

[1] *Les Serbes de Hongrie*, p. 109 et suiv. — Paris, Maisonneuve, 1873-74.

la lecture et l'écriture, enfin il donnait un lexique du véritable idiome populaire.

« Malgré leur haute valeur, il ne faudrait pas croire que les travaux de Karadjitch n'aient pas trouvé d'ardents adversaires. Tout novateur doit s'attendre à des attaques, et celles contre lesquelles le modeste et savant écrivain eut à lutter furent d'autant plus vives qu'elles vinrent du clergé. On lui reprocha de sacrifier les traditions reçues dans l'Église, où l'ancienne langue bulgare faisait presque partie du dogme.... L'opposition qui porta quelques prêtres exaltés jusqu'à détruire les exemplaires de ce livre qui leur tombèrent sous la main, ne l'empêcha pas d'avoir un immense retentissement. Karadjitch était d'ailleurs sur la brèche et défendait vigoureusement ses doctrines. En 1821, il publia un premier recueil de contes nationaux et répondit à ses principaux adversaires. »

A la fin, Vouk sortit vainqueur d'une lutte de cinquante années. Il était arrivé à faire accepter pour ce qu'elle valait en réalité la langue véritable du pays, et à montrer comment elle était digne de servir d'idiome littéraire.

Le fond de cette littérature est, comme on le comprend aisément, le chant populaire, le *pesma*, *pisma* ou *piesma* (selon les prononciations dialectales que nous avons signalées ci-dessus).

Tantôt le *pesma* est héroïque : il raconte le désastre de Kosovo, le joug détesté de l'Osmanli ; il pleure sur les malheurs de la patrie et ravive l'espérance d'un meilleur avenir. Tantôt il évoque des idées pleines de grâce et de charme ; il est naïf, souvent tendre, souvent aussi passionné : rarement précieux et de goût affecté.

Voici, d'ailleurs, un ou deux exemples de cette dernière espèce de pièces. Je traduis le texte à peu près mot à mot et aussi simplement que possible :

« Une jeune fille est assise près de la mer et se demande

à elle-même : Ah ! doux et cher Dieu ! y a-t-il quelque chose de plus vaste que la mer ? Y a-t-il quelque chose de plus long que la plaine ? Y a-t-il quelque chose de plus rapide que le cheval ? Y a-t-il quelque chose de plus doux que le miel ? Y a-t-il quelque chose de plus cher qu'un frère ?

« De la mer un poisson répond : O simple jeune fille ! Le ciel est plus vaste que la mer ; la mer est plus longue que la plaine ; l'œil est plus rapide que le cheval ; le sucre est plus doux que le miel ; celui qu'on aime est plus cher qu'un frère. »

Autre *pesma*, celui-ci un peu plus recherché :

« Si j'étais la pauvre eau froide, je saurais bien où prendre ma source : Je prendrais ma source sous la chère fenêtre où celui qui m'est cher se vêt et dévêt, pour que celui qui m'est cher s'abreuve de moi, pour qu'il me porte à son cœur. »

Ces deux pièces sont prises au hasard, entre une foule d'autres. Ce ne sont ni les meilleures ni les moins bonnes : on peut dire que tous ces morceaux ont la même valeur. Ce sont des pièces essentiellement populaires et que leur origine naïve sauve précisément du maniérisme et du mauvais goût.

Les progrès de la littérature serbe furent puissamment encouragés par la fondation d'une société patriotique, la *Matica srbska* (reine des abeilles serbe), qui eut d'abord son siége à Pest. Cette société publia les « annales serbes » *letopisi srbske*, qui, en 1865, se transportèrent à Novi-Sad, au milieu des Slaves de la Hongrie méridionale.

Vers 1835, le rapprochement commença à se faire entre la littérature des Serbes occidentaux (Croates) et des Serbes orientaux. Ce rapprochement était dû surtout au mouvement politique, et il est certain qu'en retour il favorisa puissamment ce même mouvement. Des journaux politiques parurent chez les Slaves du Sud, rédigés en langue croato-serbe, et les Magyars, — qui certes étaient des hommes de liberté, mais lorsqu'il s'agissait seulement de la liberté pour eux-mêmes et du maintien de leurs privilèges féodaux, — les Magyars se trouvèrent en présence d'une nation qui avait enfin conscience d'elle-même, de son passé, de son présent, de son avenir.

L'auteur des *Serbes de Hongrie* a tracé, à la fin de son ouvrage, l'histoire de la presse serbe de 1835 à 1874. C'est un tableau bien intéressant et qui montre d'une façon frappante les progrès de cette nation, ou, pour mieux dire, de ces fragments de nation dont le vœu constant est de se réunir les uns aux autres en un seul et même corps, mais que les rivalités et le manque de programme des puissances européennes tiennent toujours séparés.

Aujourd'hui, la littérature scientifique des Croates et des Serbes est d'une importance réelle. L'Académie d'Agram a considérablement aidé à la développer. A côté de travaux purement scientifiques, nous remarquons, dans cette littérature, des œuvres de pure érudition qui lui font grand honneur et que pourraient envier bien des pays qui passent pour être aujourd'hui au nombre des premières puissances de l'Europe.

Il reste aux Slaves du Sud, pour arriver à une union plus complète encore (en dépit des barrières politiques qui peuvent les séparer, au moins en apparence), à perdre le souvenir de leurs dissidences religieuses. Il y a là un sujet de discorde que leurs ennemis entretiendront toujours. A eux de terminer ce désaccord en renvoyant dos à dos popes grecs et prêtres latins; il leur suffit, pour hâter la venue du jour qu'ils attendent, d'être patriotes comme leurs pères, et de lutter sans relâche, comme ils l'ont fait depuis tant de siècles, pour leur organisation fraternelle et leurs institutions véritablement démocratiques.

A. H.

LES SLAVES DU SUD EN HONGRIE[1]

La plupart des États européens, ceux-là même qui paraissent les plus homogènes, offrent le spectacle d'une agglomération d'individus différant par la langue aussi bien que par la race. Jetons les yeux sur notre pays, sur la France actuelle. Tout au nord, à Dunkerque, à Gravelines, à Hazebrouck, on parle un dialecte germanique, le flamand; à l'extrême ouest, dans le département du Finistère et dans la moitié du Morbihan et des Côtes-du-Nord, on parle un dialecte celtique, le breton; au sud-ouest, dans les Basses-Pyrénées, à Saint-Jean-de-Luz, à Saint-Palais, à Mauléon, 130,000 individus se servent de la langue basque; sur notre frontière du nord-est, quelques localités de peu d'importance nous restent encore où l'on parle la langue allemande.

L'Allemagne, sous ce rapport, est tout aussi bigarrée. A l'ouest, on y parle français; à l'est, lithuanien et polonais; au milieu même de son territoire, les Vindes de Lusace parlent un idiome slave assez voisin du tchèque. La Russie, la Turquie offrent des exemples tout aussi frappants de l'accumulation d'idiomes très-différents dans un seul et même État. Mais parmi tous les empires de l'Europe, il n'en est point que l'on puisse comparer sous ce rapport à l'empire austro-hongrois. La population de langue allemande y est de 9 millions d'individus cantonnés, pour la plupart, dans les deux duchés d'Autriche, dans le nord du Tyrol, de

[1] Extrait de la *Réforme économique*. — 1er avril 1876.

la Carinthie et de la Styrie, et dans certaines parties de la Transylvanie, près de la frontière roumaine. Le nombre des Roumains soumis aux Habsbourg peut être évalué à 2,900,000; celui des autres individus dont la langue est également d'origine latine dépasse le chiffre de 600,000; ils habitent le Tyrol du sud et le Frioul autrichien. Les Magyars forment un quatrième groupe. On sait que la langue hongroise ou magyare est absolument isolée sur le cours du Danube; alliée au finnois, au lapon, elle n'a aucun rapport avec les idiomes germaniques, slaves et latins qui l'entourent et qui appartiennent tous à la famille indo-européenne.

Le recensement officiel publié en 1870 donnait un nombre de 5,553,000 Magyars; les progrès continus de la langue allemande, au cœur même du pays magyar, ne permettent toutefois de regarder ce chiffre que comme un maximum. Il est présumable que l'on ne s'écarterait pas beaucoup de la vérité en acceptant un chiffre rond de 5 millions. A l'est aussi bien qu'à l'ouest de la partie du Danube qui traverse la Hongrie, on trouve de fortes enclaves de langue allemande, non-seulement dans la contrée hongroise voisine de la basse Autriche et de la Styrie allemande, mais encore dans la région voisine du pays de langue roumaine, tout à l'est de l'empire; par exemple aux environs d'Arad et de Temesvar.

Les Slaves forment le cinquième groupe, le plus considérable de tous : il comprend certainement plus de 16 millions d'individus, 16 millions et demi peut-être. Les uns occupent le nord de l'empire, les autres en occupent le sud. Au Nord, ce sont les Tchèques avec les Moraves et les Slovaques, puis les Polonais et les Ruthènes de la Galicie; au sud, ce sont les Slovènes, les Dalmates, les Croates, les Slavons et les Serbes septentrionaux.

Cette dernière partie du groupe slave des populations austro-hongroises sera l'objet de la présente notice. Depuis quelques années les Slaves du Sud ont attiré l'attention de tous ceux qui s'intéressent à la politique extérieure. La question d'Orient n'est, en grande partie, que la question du mode d'autonomie des Slaves du Sud. Pour résoudre cette question, on a fait sur lé papier bien des plans, bien des projets, mais les intérêts de la plupart des puissances européennes s'y trouvent si diversement engagés, qu'il serait fort téméraire de croire à la possibilité d'un règlement à l'amiable. La Russie, l'Angleterre, la France et l'Allemagne peuvent y jouer une grande part de leur influence dans la politique générale; l'Autriche-Hongrie y peut jouer son existence même; et l'état actuel de l'Europe semble si peu assuré que toutes les puissances, en définitive, ont un intérêt évident à retarder encore de quelques années la crise inévitable.

I.

Les Slaves du Sud ou Iougo-Slaves sont divisés sous le rapport de la langue, en trois branches principales : les Bulgares, à l'est, occupent la plus grande partie de la Turquie d'Europe; les Serbes et Croates, au centre, occupent la Serbie proprement dite, le Monténégro, l'Herzégovine, la Bosnie, la Sirmie, la Slavonie, la Croatie, l'Istrie, la Dalmatie (c'est-à-dire tout le nord-ouest de la Turquie et le sud de l'Autriche-Hongrie); à l'ouest, les Slovènes, alliés de très-près aux Croates, occupent la Carniole, le sud de la Styrie et de la Carinthie. Ces trois groupes forment un ensemble d'environ 12,700,000 individus, qui se décomposent ainsi en chiffres ronds :

Bulgares.	6,000 000
Serbes et Croates.	5,500 000
Slovènes.	1,200 000

Comme on a pu le voir dans l'énumération que nous avons

donnée quelques lignes ci-dessus, le groupe central des Slaves du Sud, le groupe croato-serbe, ne possède en fait aucune homogénéité politique. De tous les Serbes, les Monténégrins seuls sont autonomes; les Serbes de la principauté sont encore vassaux de la Porte. On connaît assez aujourd'hui quel est le sort misérable de la Bosnie et de l'Herzégovine. Il est difficile, sans doute, de prévoir celui qui leur sera fait dans la reconstitution de l'Europe orientale, lorsqu'elles seront délivrées du joug ottoman; mais on peut supposer qu'elles tendront alors à se rapprocher de plus en plus des éléments congénères qui les entourent presque de toutes parts : le Monténégro, la Dalmatie, la Croatie, la Slavonie et la Sirmie, la principauté de Serbie.

Restent les Croates et les Serbes de l'Autriche-Hongrie. Avec les Dalmates-Slaves, dont le nombre est d'environ 425,000, ils montent d'après le dernier recensement au nombre de 3 millions 16 à 17,000 individus, et forment ainsi près d'un douzième de la population totale de la monarchie austro-hongroise. Leur langue est bien la même : à l'ouest on l'appelle croate ou dalmate, à l'est on lui donne le nom de serbe; mais elle n'offre dans les différentes provinces qu'elle occupe que des divergences dialectales bien peu importantes et, en fait, c'est un seul et même idiome que l'on parle à Agram, à Raguse, à Novi-Sad, aussi bien qu'à Belgrade, à Mostar et à Tsétinié.

Nous nous proposons de jeter un coup d'œil sur l'histoire et l'état politique actuel des populations serbes qui occupent la Hongrie du sud-est, et de dire quelques mots aussi de la condition actuelle de la Croatie. L'histoire de la monarchie austro-hongroise est très-complexe et trop peu connue; cependant elle est pleine d'intérêt. Les nombreuses populations qui composent cet empire y ont joué tour à tour et presque toutes un rôle capital. Aujourd'hui ce sont les Allemands et les Magyars qui règlent les destinées de la monarchie; mais il ne faut pas oublier qu'à côté d'eux, et plus nombreux qu'eux, vivent des Slaves et des Roumains appelés les uns et les autres, par la force même des choses, à se jeter dans le mouvement fédératif et démocratique qui peut seul leur assurer une influence légitime et souhaitable.

Un livre a été récemment publié, auquel nous avons beaucoup emprunté : *les Serbes de Hongrie, leur histoire, leurs privilèges, leur église, leur état politique et social* (à Paris, chez Maisonneuve). L'auteur, qui possède une grande connaissance de son sujet et qui fait preuve dans tout le cours de ce long travail d'un jugement impartial et sûr, d'un vif sentiment du droit moderne, a voulu demeurer anonyme. Il est vraisemblable que ce n'est point sans raisons. Nous pouvons constater au moins qu'il a vu de près les pays dont il parle et qu'il connaît leurs différentes langues. Ces deux conditions essentielles sont trop souvent négligées, et c'est faute de les avoir réunies que tant d'écrits de seconde et de troisième main se perdent, à peine nés, dans un oubli profond et mérité. Ils peuvent heureusement disparaître ainsi quand il naît à côté d'eux un ouvrage de la valeur de celui que nous venons de citer.

II.

Au lendemain de ses désastres en Bohême, l'empereur François-Joseph confiait, comme l'on sait, à un ancien ministre saxon, M. de Beust, le gouvernement des affaires autrichiennes. Nous n'avons pas à raconter ici l'histoire du compromis austro-hongrois. Les Magyars, dont le dévoûment à l'empire avait si souvent périclité dans le cours des siècles; les Magyars qui, une vingtaine d'années auparavant, avaient tenu en échec les plus fidèles soutiens de la maison de Habsbourg; les Magyars enfin qui, au lendemain de Kœnigsgrætz, avaient ouvertement pactisé avec la Prusse, les Magyars furent admis par l'Autriche au partage de l'empire. Deux lots furent faits à peu près égaux : Vienne se réserva la partie allemande de la monarchie, la Bohême, la Moravie, la Galicie polonaise et ruthène, les pays slovènes, l'Istrie, la Dalmatie, les Roumains de Bukovine ; la Hongrie obtint le reste des Slaves du Sud (Croates, Slavons, Serbes de Hongrie) et la partie la plus considérable des Roumains. Ce système reçut le nom de « dualisme » et la convention qui l'établit celui de « pacte » ou de « compromis austro-hongrois ». D'un trait de plume, et sans que les populations aient été entendues, on sacrifiait les 3 millions de Roumains et les 16 millions de Slaves. Un ministère austro-magyar allait veiller aux affaires de l'extérieur, de l'armée, des finances, et le traité fut déclaré valable pour une période de dix années : mis en vigueur au 1er janvier 1868, il devait expirer à la fin de 1877.

En fait, les populations iougo-slaves sont donc soumises aujourd'hui à trois gouvernements différents : celui des Osmanlis et celui des Magyars, peuples d'origine ouralo-altaïque, et celui des Allemands-autrichiens.

Il était nécessaire, pensons-nous, de rappeler ces événements assez récents avant d'aborder la période plus ancienne qui va maintenant nous occuper.

III.

C'est au VIIe siècle de notre ère que les Croates et les Serbes abandonnèrent la région des Carpathes orientaux et vinrent s'établir dans les contrées qu'ils occupent encore aujourd'hui, même en Dalmatie. Au IXe siècle ils étaient christianisés ; à la fin de ce même siècle les Serbes virent arriver les Magyars, et dans les dernières années du XIe, la Slavonie et la Croatie étaient conquises par ces nouveaux envahisseurs. L'auteur anonyme des *Serbes de Hongrie* montre, avec raison, que la vie des Slaves du Sud se concentra alors et pendant longtemps dans l'organisation ecclésiastique. Le grand schisme d'avec l'Église latine date des xe et xie siècles.

Ce schisme, assurément, contribua d'une façon puissante à sauver la nationalité des Serbes dans leur rapprochement avec les rois de Hongrie; il sauvegarda en une grande mesure les apparences de leur individualité; mais il eut, par contre, ce funeste résultat de les éloigner de leurs frères de Croatie et de Dalmatie. Soutenus par la papauté, les Magyars ne manquèrent point de mettre à profit cette discussion religieuse et ils ne tardèrent pas à agrandir leurs domaines aux dépens des schismatiques.

Cependant un ennemi, plus dangereux encore, sinon plus malintentionné, apparaissait à son tour dans l'Europe orientale : le Turc. La bataille de Kosovo (juin 1389) lui livra la Serbie. Une émigration considérable commença aussitôt. Les Serbes, déjà établis en Sirmie, et ceux qui occupaient la rive gauche du Danube et les rives de la Tisza, furent puissamment renforcés par cette arrivée de leurs frères du Sud. Ceux-ci reçurent immédiatement un certain nombre de priviléges.

Les Osmanlis, cependant, continuaient leurs progrès; ils s'emparaient de Smederevo et l'émigration serbe sur la rive septentrionale du Danube prenait de nouvelles proportions. Ce fut pour la Hongrie un secours important. Elle trouva dans ces nouveaux venus toute une pépinière de solides et vaillants soldats : c'étaient eux qui se trouvaient toujours appelés à supporter le premier choc des troupes du sultan. A la fin du xve siècle, ils obtinrent en récompense l'exemption de la dîme qu'il leur avait fallu payer jusqu'à cette époque au clergé catholique.

Le xvie siècle ne fut qu'une longue lutte contre le Turc, et l'on peut assurer que dans cette période critique de son histoire, la maison d'Autriche n'eut pas de plus fidèles soutiens que les émigrés serbes. A vrai dire, ceux-ci combattaient bien aussi pour eux-mêmes, pour leur indépendance, pour leurs nouveaux foyers; mais, en fait, ils n'en sauvaient pas moins l'empire. Triste spectacle, on vit au contraire les Magyars, que l'on pouvait croire acquis à la civilisation occidentale, allier leurs armes à celles du Turc et lancer leur troupes infidèles sur le territoire de l'Autriche et de la Styrie.

La guerre de Trente ans allait ouvrir les temps modernes et avec elle commence une nouvelle période pour les Serbes de Hongrie. Incorporés dans les armées impériales, ils renoncent ainsi, de plein gré, au rôle exclusif qu'ils étaient venus jouer en Austro-Hongrie, le rôle de défenseurs de la civilisation contre l'envahissement des barbares. Le règne de Léopold, qui occupe la seconde partie du XVIIe siècle, tient une place considérable dans l'histoire des Slaves de Hongrie. Proclamé despote des Serbes et anobli par l'empereur, Georges Brankovitch est bientôt arrêté sans prétexte et se voit enfermer jusqu'à la fin de ses jours. Sa disparition devait laisser le champ libre aux manœuvres hypocrites qu'employa Léopold pour attirer en Hongrie une nouvelle immigration de Serbes. L'auteur de l'histoire des *Serbes de Hongrie* estime à 5 ou 600,000 individus le nombre de ces nouveaux immigrants : ils devaient perdre, sous un régime sans scrupules, sinon leur nationalité, au moins leur indépendance. On leur assigna des territoires sur la rive de la Maros, en Sirmie, en Slavonie, dans la Batchka et plus loin encore de leur ancienne patrie.

Nous devons insister ici sur un point capital de l'histoire des Slaves de Hongrie, sur les *privilèges* qui leur furent accordés à l'époque de cette grande immigration et qui leur ont constitué jusqu'à ce jour des droits très-évidents, très-légitimes contre la prescription desquels ils ont toujours protesté.

« En premier lieu, Léopold, en sa double qualité d'em-

« pereur et de roi de Hongrie, reconnaît aux Serbes le droit « de former une nation distincte. Comme nation, ils ne sont « soumis ni à l'autorité des comitats, ni à celle des seigneurs « féodaux ; ils ne relèvent que de l'empereur.

« En second lieu, ceux qui le désireront pourront retour- « ner dans le pays qu'ils habitaient auparavant, dès que ce « pays aura été reconquis par les armées impériales.

« En troisième lieu, les Serbes jouissent du libre exercice « de leur religion, pour laquelle ils ne pourront être in- « quiétés. Ils ont le droit d'élire un archevêque, à qui « appartient le gouvernement de leur église et dont la « juridiction s'étend sur tous les membres du clergé.

« Enfin, en quatrième lieu, ils ont le droit d'élire dans « leur sein un voïévode et de s'administrer d'après leurs « coutumes nationales. » *Op. cit.*, p. 77.

En somme, ce n'est pas un nom exact que celui de *privilèges* qu'on applique à ces différents droits : « Il était intervenu entre les Serbes et l'empereur un véritable contrat qui liait également les deux parties. En retour du sacrifice qu'ils avaient fait de leur pays, en retour de l'impôt du sang qu'ils avaient déjà si souvent payé et qu'ils devaient encore acquitter à l'avenir, les Serbes recevaient certaines concessions expressément déterminées. » *Ibid.* Pour comprendre toute l'histoire moderne de la Hongrie et des différentes nationalités qui s'y rencontrent, il est essentiel de connaître les principaux points de ce pacte, ainsi que les conventions particulières qui furent établies, d'un accord commun, entre l'empire et la population serbe de certaines villes hongroises.

Nous sommes aux dernières années du XVIIe siècle. Les Serbes de Hongrie prennent une part considérable aux grandes luttes qu'eut à soutenir le prince Eugène ; les Turcs, sérieusement battus, durent abandonner tout le pays situé au nord et à l'ouest de Temesvar. Il semblait enfin que les

Serbes, forts de leurs priviléges, allaient pouvoir vaquer à leurs propres affaires, à leur propre institution. Il n'en devait pas être ainsi; un nouvel ennemi surgissait devant eux, plus redoutable, plus puissant, plus ardent que l'Osmanli : le Jésuite.

Entre les mains des jésuites, Léopold ne fut qu'un instrument docile; il songea tout d'abord à retirer aux Serbes les droits ecclésiastiques qu'il leur avait concédés, ou pour mieux dire, qu'il leur avait reconnus. Du rite oriental auquel ils se rattachaient, on voulut tout d'abord les faire accéder au rite grec-uni; cette entreprise fut sans succès, mais la persécution dura soixante ans : il fallut soixante années de résistance et de protestation pour que le gouvernement viennois autorisât le rétablissement d'un évêché de l'église grecque orientale en Transylvanie. A vrai dire, ce fut merveille qu'en cette occasion justice ait été enfin rendue aux Serbes; leur pacte avec l'empire ne reposait sur aucune garantie. On leur avait fait les promesses les plus solennelles, mais l'exécution de ces promesses n'avait aucune caution. Ils n'ignoraient que trop, au moment où leur ancien pacte fut conclu, que l'empire vivait avant tout du désarroi soigneusement entretenu entre ses différentes populations.

En 1718, les Turcs éprouvent de nouveaux revers et sont de plus en plus refoulés vers l'est. L'occasion était bonne pour le prendre de plus haut encore avec les Serbes de Hongrie. L'empereur leur avait promis de faire ériger leurs priviléges en lois par la Diète hongroise : « Quand cette « assemblée se réunit, en 1723, il lui soumit l'affaire avec « un mauvais vouloir si évident que la Diète se refusa à re« connaître les engagements pris par Léopold. Les Magyars « se bornèrent à déclarer qu'ils ne pouvaient consentir au « morcellement du royaume de Hongrie. La Chancellerie « aulique déclara qu'elle n'y pouvait rien et laissa la Diète « voter des lois qui étaient la violation la plus flagrante

« des promesses impériales. » *Op. cit.*, p. 106. Encore un coup, pourquoi les Serbes s'étaient-ils engagés sans exiger des garanties effectives de la bonne exécution du contrat?

Les voici livrés, désormais, à l'aristocratie magyare. La création des confins militaires du Banat, en 1724, leur apparut comme une sorte de bienfait; là, au moins, bien que soumis au commandement d'officiers allemands, ils restaient unis et agglomérés. Mais à l'avénement de Marie-Thérèse, profitant des embarras de l'empire, les Magyars supprimèrent les confins militaires de la Sirmie, de la Slavonie inférieure, du Banat de la Temes, et la population serbe se vit de nouveau livrée directement à leurs exactions. Les jésuites, cependant, avec l'acharnement et la soif intarissable de domination qui les caractérisent, poussaient sans trêve ni merci à la persécution. Un jour arriva où toute mesure fut dépassée — si tant est que l'on puisse parler de mesure en ces sortes de choses — et 100,000 Serbes, répondant à l'appel de l'impératrice Élisabeth, prirent le chemin de la Russie. Cent ans plus tard, ils s'étaient fondus dans le peuple qui leur avait offert une hospitalité fraternelle.

Durant le dernier quart du XVIIIe siècle, le système administratif des Magyars s'introduisit de plus en plus largement dans le Banat. Les désastres qui en résultèrent furent incalculables : la culture est ruinée, la voirie est abandonnée. Ici encore, laissons la parole un instant à l'auteur anonyme; il ne trace point un tableau exagéré : « Ce fut la ruine des « utiles travaux que Mercy et ses successeurs avaient en« trepris avec une si grande et si louable persévérance : les « routes laissées à l'abandon ne seront pas entretenues et « deviendront des fondrières; les canaux, qui devaient « mettre le pays à l'abri des inondations, ne seront pas « achevés; la culture, l'industrie ne recevront plus d'en« couragement: en un mot, les Magyars laisseront une

« contrée d'une richesse et d'une fertilité admirables redeve-
« nir à peu près ce qu'elle était sous les Turcs. »

A dire vrai, l'empereur Joseph II n'hésitait pas à se déclarer partisan de la tolérance la plus complète, mais il dirigeait tous ses efforts vers la germanisation absolue des différents peuples de la monarchie, et cette tendance ne faisait qu'exciter de plus en plus chez les Magyars le désir de magyariser les Serbes et les Roumains avec lesquels ils se trouvaient en contact.

IV.

La Révolution française ouvrait enfin, pour l'Europe entière, l'ère d'un droit nouveau: elle allait sanctionner par la force des armes les revendications démocratiques définitivement associées à la conception de l'indépendance nationale. Le contre-coup qu'eut sur le bas Danube ce grand événement fut considérable; la monarchie autrichienne ressentit de suite les secousses du mouvement philosophique et civil qui allait faire passer à la condition de simples ci-devants les descendants de la vieille aristocratie française.

Les Serbes songèrent tout d'abord à réclamer une représentation au sein de la diète et à obtenir la reconnaissance de leur territoire. Dans la position précaire où se trouvait le gouvernement, on ne put leur refuser le titre de citoyens et l'assurance du libre exercice de leur titre; mais l'aristocratie des comitats magyars devait rendre ces droits à peu près illusoires. Esprit rétrograde, l'empereur François, qui succéda à Léopold, n'était guère disposé à faire honneur au vieux pacte des « privilèges ». Napoléon définitivement tombé, la lutte des différentes populations de Hongrie et d'Autriche reprit avec une intensité nouvelle. Les classes dirigeantes magyares furent les premières à assurer leurs positions et, sous couleur de parlementarisme, elles procédèrent avec plus de résolution que jamais à l'asservissement des populations slaves et roumaines de la Hongrie. Leurs efforts pour propager la langue magyare et la faire passer au rang d'idiome officiel, ne manquèrent pas d'attirer une animosité qui n'était que trop justifiée, et les Serbes, qui venaient précisément d'être témoins de la grande rénovation de leur littérature, en furent profondément émus.

Metternich opposa enfin quelques obstacles à la prépondérance toujours croissante des Magyars; en cela il se montrait fidèle à la politique de bascule de la cour de Vienne, mais il n'était rien moins dans ses intentions que de tirer définitivement les Slaves de Hongrie de la condition misérable qui leur était faite. En tous cas, les relations purent devenir plus intimes entre les Serbes de Hongrie et la Croatie : c'était un réel et grand avantage.

La Révolution de 1848 trouva les Slaves du Sud plus disposés que jamais à revendiquer leurs anciens droits. Les Serbes demandèrent formellement la constitution d'une « voiévodine » serbe, composée des territoires reconquis sur les Turcs, de la Sirmie, de la Batchka, du Banat; sans songer à se détacher de la Hongrie et tout en lui reconnaissant l'action diplomatique, ils réclamaient le respect de leurs droits nationaux dans les affaires intérieures. Kossuth repoussa sans ménagements cette pétition et ne craignit pas d'en appeler à la justice de l'épée. Aussitôt la résistance s'organisa et un comité révolutionnaire prit la direction du mouvement. Le ministère hongrois mit de son côté tout en œuvre pour faire obstacle aux tentatives insurrectionnelles, et les bandes magyares, se jetant sur la Batchka, commencèrent à terroriser le pays.

Tandis que les populations de ses royaumes en venaient aux mains avec la dernière furie, l'incapable empereur Ferdinand se perdait dans l'inaction et l'irrésolution ; il ne se trompait pas cependant sur les menées et les projets des Magyars. Pressé enfin par le mouvement qui éclatait en

Croatie, il se prononça en faveur des Serbes, et Jelatchitch, rétabli dans la dignité de ban, acheva ses préparatifs militaires. Les Serbes passaient ainsi de la condition d'insurgés à celle d'auxiliaires de l'empire. Celui-ci fut sauvé une fois encore; mais une fois encore, également, ses fidèles défenseurs virent leurs droits méconnus et assistèrent à une nouvelle ruine de leurs espérances; il ne leur restait plus même à opter entre la réaction allemande et le despotisme magyar. De ces années de misère, le clergé catholique sortit seul plus puissant et plus accaparant, plus insatiable et plus intolérant, tel que l'histoire nous l'a toujours montré au lendemain des catastrophes nationales. Un lieutenant général fut investi des pouvoirs civils, et le gouvernement de la Voiévodine et du Banat devint à peu de chose près celui d'un simple régiment; les Serbes de Hongrie se trouvaient définitivement séparés en trois groupes : ceux de l'Est, ceux de Croatie, ceux des confins militaires, sans parler des Slaves de Dalmatie.

Nous avons dit quelques mots ci-dessus de l'origine du système dualiste et du partage des populations de l'empire entre Vienne et Pest; nous n'y reviendrons pas. Il nous suffit de rappeler que le pacte austro-hongrois fit passer légalement les « nations de la Hongrie » à l'état de « nation hongroise ».

V.

Que se passait-il cependant chez les Slaves du sud-ouest? La Croatie allait souffrir du nouvel état de choses, tout autant qu'en souffrait la Serbie hongroise.

Une fois l'empereur d'Autriche couronné roi de Hongrie, le gouvernement de Pest confia à l'une de ses créatures, le baron Rauch, les soins d'organiser l'administration croate. Il s'agissait avant tout de constituer une diète formée d'éléments dociles; on y réussit par la terreur. Les députés dont les noms sortirent des urnes dépendaient pour la plupart du gouvernement : ils n'avaient à choisir qu'entre la disgrâce immédiate de l'administration ou l'obtention de ses faveurs. Les patriotes laissèrent le champ libre à cette étrange majorité et les créatures du baron Rauch se trouvèrent ainsi chargées de conclure avec les Magyars le pacte (Ausgleichgesetz) particulier de 1868, qui incorpora formellement la Croatie à la Hongrie. On peut imaginer la garantie qu'allait offrir à la nation croate cette diète de parade, devant laquelle le gouvernement local n'était même pas responsable !

L'instruction publique, la justice, l'administration intérieure étaient du ressort de cette fameuse diète. On lui allouait, pour couvrir ses frais, une somme nette d'un peu plus de cinq millions de francs, mais tout l'impôt du pays devait être versé dans les caisses du gouvernement central. Quant au gouvernement magyar, il retenait, avec les fonds dont cette caisse se garnissait, la direction des affaires militaires et commerciales et celle des voies de communication. Et cela n'était pas tout. Un surnuméraire du gouvernement de Pest, décoré du titre de ministre de Croatie, recevait la mission de s'ingérer constamment dans le peu d'autonomie qui restait encore aux annexés; grâce à ce prête-nom, le gouvernement magyar pourvoyait à toutes les nominations et dressait tous les projets de loi.

Sous un tel régime, l'opposition ne pouvait manquer de se développer et d'apprendre à s'organiser. Réfugiée à Vienne, et surtout dans les confins militaires, la presse indépendante menait une courageuse et chaude campagne contre le gouvernement magyar, les « magyarons » et le ban Rauch. Vivement pressé, celui-ci, sur l'ordre de l'empereur, assigna les journalistes patriotes devant les tribunaux militaires des confins ; un acquittement fut prononcé. Un homme probe et intègre, mais peu fait pour l'administration publique, M. Bedekovitch, succéda au baron Rauch. Les élections nouvelles donnèrent au parti national une majorité considérable, et après que la diète eut été quatre fois ajournée, le président du ministère magyar, M. Lonyay, dut entamer des négociations avec les chefs du parti croate. Elles ne devaient pas aboutir : le 15 janvier 1871, un rescrit royal prononçait la dissolution de l'assemblée, et un homme que son passé semblait peu (ou trop bien) recommander pour la haute fonction de ban, M. Vakanovitch, était placé à la tête de l'administration. L'ordre moral devait régner avec lui, non seulement par la force brutale, mais aussi par les manœuvres les moins avouables. Cette nouvelle tactique n'eut pas un meilleur succès: elle provoqua tout d'abord dans la diète qui venait d'être convoquée la formation d'un tiers parti, le parti des unionistes modérés, recruté dans l'ancienne fraction gouvernementale et composé d'individus qui se séparaient enfin, par pudeur, des créatures de l'ancien ban Rauch.

Dans une adresse qu'elle fit alors parvenir à François-Joseph, la diète exprima le désir de voir enfin réviser le pacte de 1868, dont les intérêts de la Croatie avaient tant à souffrir. Cette demande, on le conçoit aisément, n'aboutit à aucun résultat, et aujourd'hui, comme en 1871, les affaires croates se trouvent à la discrétion absolue du gouvernement magyar et de ses délégués.

Les demandes de la Croatie sont-elles donc incompatibles avec l'existence même de la Hongrie? sont-elles donc immodérées, exorbitantes, inattendues?... Assurément non. Voici d'ailleurs quelles étaient et quelles sont encore les demandes du parti national :

En premier lieu, on voulait voir le gouvernement croate indépendant du ministre-président hongrois : c'est ce dernier en effet qui, d'après l'art. 51 du compromis, proposait au roi de Hongrie la nomination du ban de Croatie. Ce ban n'était point responsable devant l'assemblée croate : on demandait qu'il le devînt.

On demandait en second lieu l'abolition des fonctions du ministre de Croatie qui siégeait à Pest et dont nous avons parlé un peu plus haut : responsable devant le gouvernement magyar, ce fonctionnaire ne l'était point devant l'assemblée croate. Le gouvernement croate devait avoir affaire directement à la Couronne pour les questions locales dans lesquelles il était autonome.

La troisième revendication concernait la séparation complète des finances croates d'avec les finances magyares. A l'établissement du dualisme la Croatie avait gagné de voir son argent dirigé sur Pest au lieu de le voir partir pour Vienne, et elle avouait que ce changement de destination ne suffisait point à la contenter. On réclama donc, disons-nous, l'indépendance financière. Chaque année la Croatie payait plus de neuf millions de florins et n'en recevait que deux millions et quelques cent mille. On offrait de contribuer en une certaine mesure aux dépenses réellement communes, par exemple les frais de la liste civile, du personnel diplomatique, de l'armée, de la marine, de la douane, des postes et des télégraphes, les frais de certaines lignes de chemins de fer; l'on se départait en outre de la législation des impôts indirects, de la détermination des poids et mesures, de la juridiction maritime et de mainte autre prérogative tout aussi importante.

L'ensemble des demandes d'ordre financier était véritablement modéré. Le gouvernement magyar s'était plu à proclamer que la Croatie était pour lui, à ce point de vue, un fardeau considérable; il avait fait répéter sur tous les tons qu'il n'était pas possible, même en surchageant les contribuables, de couvrir avec les revenus du pays les frais de sa propre administration. On publia des exposés de la situation, des relevés officiels, d'où il devait résulter clairement que la Hongrie allait presque se minant par le fait de ce que lui coûtait sa bonne province de Croatie; mais ces relevés avaient reçu une date toute factice et les députés du parti national n'eurent point de peine à les réduire à leur juste valeur. Non seulement la Croatie ne grevait pas les finances magyares, mais elle payait presque le double de ce qu'il lui eût fallu payer si les charges avaient été équitablement réparties; en autres termes, c'est elle qui, à ses frais, soutenait en partie le gouvernement magyar. En effet, tandis que dans le compromis austro-hongrois on avait pris le revenu net comme base de la répartition des charges, on avait au contraire envisagé le revenu brut de la Croatie dans le pacte particulier qui était intervenu entre la Croatie et la Hongrie. Il importait donc absolument aux députés à la diète croate d'obtenir une séparation financière absolument complète.

A côté d'autres réclamations d'un ordre moins général, il s'en trouvait une enfin dont l'importance était capitale, mais pour laquelle, évidemment, on ne pouvait espérer un favorable accueil : la réunion en un seul gouvernement de la Croatie, de la Slavonie et de la Dalmatie. Nous avons dit ci-dessus que cette dernière province avait été dévolue à l'Autriche lors du compromis austro-hongrois, tandis que les deux dernières étaient abandonnées à la Hongrie. Réclamer la réunion des trois provinces, c'était attaquer le système du dualisme qui reposait précisément sur le partage des Slaves du Sud aussi bien que des Slaves du Nord, par les Magyars et les Allemands. L'État tri-unitaire de Croatie, de Slavonie et de Dalmatie sera-t-il jamais rétabli? nous ne pouvons le prévoir; mais il est aisé de comprendre que cette revendication légitime ne doit jamais sortir de la pensée des Slaves de Hongrie et qu'elle doit être consignée dans tous leurs cahiers. Nous la verrons reparaître assurément lorsqu'il sera question de la révision des compromis.

VI.

Nous avons un peu négligé, pour parler des affaires croates, les Serbes de la Hongrie du sud-est; nous devons revenir à eux. Réunis à Betchkérek, en janvier 1869, dans une grande conférence, ils se déclarèrent solidaires des autres nations de la Hongrie tenues par le gouvernement de Pest dans une condition misérable, et ils offrirent alliance au parti démocratique magyar pour le cas où ce parti accepterait sans arrière pensée la notion de l'égalité des races. (*Les Serbes de Hongrie*, p. 313.) Ces avances demeurèrent sans effet auprès de ceux des Magyars qu'il pouvait être possible de gagner, et les Serbes hongrois en furent définitivement réduits à concentrer leur individualité dans les affaires ecclésiastiques. Ils ne négligèrent rien pour l'y sauvegarder. Plusieurs congrès ont été tenus, où ils ont pourvu à leur organisation diocésaine et scolaire, attendant de meilleurs jours et quelque occasion favorable pour agir sur le terrain purement politique.

Les griefs des Serbes hongrois cadrent aisément avec ceux que font entendre les Croates. Au fond, il ne s'agit pour les uns et pour les autres que de recouvrer leur part d'autonomie. Avant tout, ils prétendent exclure toute ingérence allemande et magyare de leurs églises et de leurs écoles et se soustraire à l'influence jésuitique contre laquelle ils ont toujours eu à lutter. Puis, ils protestent avec énergie contre toute prescription des anciens priviléges dont nous avons parlé plus haut. Les souverains austro-hongrois ont solennellement accordé aux Serbes, qui quittaient la rive droite du Danube pour immigrer dans la Hongrie du sud, des droits bien définis et qui devaient sauvegarder leur nationalité. Il n'y avait pas, il n'y a pas de droits mieux établis, mieux fondés, et il n'y en a certainement pas qui aient été plus audacieusement violés que ne le furent ceux-là, lors de la conclusion du compromis organisé par M. de Beust entre l'Autriche et la Hongrie.

Il existe bien en Hongrie un parti serbe et surtout un parti croate qui songent à acquérir une autonomie absolue et à briser tous les liens qui retiennent leur pays à la monarchie austro-hongroise; mais ce parti est peu nombreux. La grande majorité des nationaux ne demandent qu'une fédération équitable et l'autonomie relative, sous la protection et la régence de la maison de Habsbourg. Ce vœu est celui des deux tiers au moins des populations de l'empire, et le plus grand obstacle qui s'oppose à sa réalisation vient, non pas des Allemands de la Cisleithanie, mais bien des Magyars.

La Hongrie est par excellence le pays des droits seigneuriaux et des priviléges. Jusqu'en 1848, la noblesse magyare conserva ses priviléges intacts; le plus important de ceux-ci était l'exemption complète d'impôts : on peut dire qu'une grande révolution eut lieu le jour où elle consentit volontairement à se soumettre au droit de péage que l'on exigeait sur le pont de Bude-Pest. La noblesse magyare ne se recrutait pas seulement en vertu de lettres royales; elle pouvait naître parfois sans la participation du pouvoir central, et certains nobles avaient le droit d'anoblissement. Aujourd'hui encore subsiste en Hongrie la distinction des terres nobles et des terres qui ne le sont point, distinction capitale. Le détenteur d'une terre noble, en effet, n'est justiciable que de l'autorité centrale du comitat; pour lui, la juridiction des maires de village est non avenue et n'existe point. Les paysans détenteurs de terres non nobles doivent acquitter toutes les charges communales, et il arrive souvent que ces charges sont fort élevées; en principe, le seigneur n'est point tenu de les acquitter : il ne les paye au maximum que dans la proportion d'une « cession », alors même qu'il en posséderait plusieurs. Le seigneur, enfin, a le droit exclusif de débit de boissons, d'établissement de péages pour les passages à travers son domaine, de mouture, de patronat sur les communes. Certes, ce sont là des droits inouïs; mais combien étaient-ils encore plus formidables alors qu'ils se trouvaient attachés non pas à la propriété terrienne, mais bien à la personne! D'ailleurs, il reste encore en Hongrie des traces de priviléges personnels, et nous voyons, par exemple, que certains instituts ne sont abordables qu'aux personnes qui se trouvent pourvues de titres nobiliaires.

Les priviléges des Serbes, ou, pour parler plus exactement, les droits que l'on qualifie de ce nom, n'ont rien de commun avec ces prérogatives féodales. On ne saurait trop le répéter, les soi-disant priviléges des Serbes de Hongrie résultent d'un pacte légitime et de traités consentis en toute liberté. Nous ne chercherions certes pas à les défendre s'il s'y trouvait quelque disposition aristocratique et hostile au droit actuel; mais notre conviction est que ces droits sont en général conformes aux principes de la société libérale et égalitaire. Nous abandonnerions volontiers leur qualité de droits historiques, bien qu'ils aient été soutenus de générations en générations; il nous suffit, il doit nous suffire qu'ils répondent aux exigences et aux principes de la civilisation moderne. Le jour est-il proche, est-il éloigné où justice leur sera rendue?... Nous ne sommes pas en mesure de le prévoir; mais nous prenons acte de la persévérance de ceux qui les font énergiquement valoir à travers les persécutions de toute nature, et nous pensons que, même dans la monarchie austro-hongroise, le bon sens, l'intérêt général et la force des choses auront raison quelque jour de la domination des castes guerrières et sacerdotales.

Le pacte constitutif de l'Autriche-Hongrie sera-t-il renouvelé à l'époque de son expiration, et, s'il est remis en vigueur pour une nouvelle période, ses conditions principales persisteront-elles ou seront-elles modifiées ? La question est fort importante, mais elle est aussi fort obscure. Le gouvernement magyar mettra en jeu toutes les manœuvres pour conserver et accroître, s'il le peut, sa part de suprématie, et il est vraisemblable que le concours du cabinet de Berlin lui sera assuré. L'Allemagne, en effet, compte sur la Hongrie pour continuer à s'avancer peu à peu vers le bas Danube, et les Magyars, de leur côté, s'appuient ouvertement sur l'Allemagne pour défendre leur hégémonie en Transléithanie. C'est affaire aux populations slaves et roumaines des deux parties de l'empire que de resserrer entre elles les liens qui peuvent déjà les unir. Dans l'état actuel de l'Europe, il ne semble ni opportun ni souhaitable qu'elles visent à autre chose qu'à une fédération égalitaire, d'où le peuple magyar lui-même ne serait pas exclu ; mais il leur importe aussi d'être prêtes à tout événement, et il se peut que l'avenir réserve à la maison de Habsbourg de nouvelles et prochaines épreuves.

A. H.

ADDITION

à la page 269.

Après l'impression de notre « Variété » sur le septième commandement de l'Église, nous avons découvert qu'il existait deux éditions du *Formulaire de Prône*, en langue basque, daté de 1651 : l'une en dialecte bas-navarrais (c'est celle que nous avons citée), et l'autre en labourdin.

Dans cette dernière, les deux commandements qui nous intéressent sont encore mieux séparés ; ils sont ainsi conçus :

Ezteic eguiñen eztuçu
  Dembora eztenean cilhegui.
Hamarrenac paga etçatçu
  Premiciaquin çucenqui.

« Vous ne ferez pas de noce — quand le temps n'est pas permis. — Payez les dixièmes — avec les prémices justement. »

J. V.

TABLE ANALYTIQUE

TABLE

DES NOMS PROPRES CITÉS

Paris. — Typographie Paul Schmidt, rue Perronet, 5.

Paris. — Typographie Paul Schmidt, 5, rue Perronet.

www.ingramcontent.com/pod-product-compliance
Ingram Content Group UK Ltd.
Pitfield, Milton Keynes, MK11 3LW, UK
UKHW020155250726
13967UKWH00003B/1067

9 782012 885172